Boston & Neuengland

Ole Helmhausen

DUMONT
Reise-Taschenbuch

Reiseinfos, Adressen, Websites

Panorama – Daten, Essays, Hintergründe

Unterwegs in Neuengland

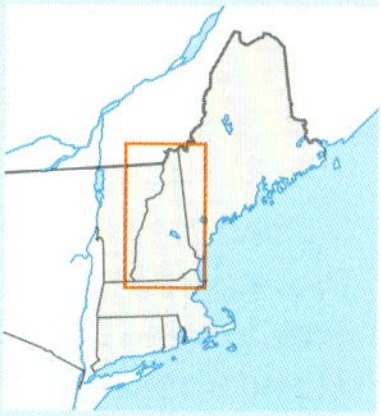

Auf Entdeckungstour

Karten und Pläne

► Dieses Symbol im Buch verweist auf die Extra-Reisekarte Neuengland

Verspricht schöne Abende: Cape Cod

Schnellüberblick

Vermont
Outdoor in den Green Mountains. Lifestylige Postkarten-Dörfer und Aussteigeridyllen in Nord-Vermont. Montpelier, die kleinste Hauptstadt der USA, und Burlington am Lake Champlain. Stowes tolles Outdoor-Angebot. S. 200

New Hampshire
White Mountains, das Dach Neuenglands, mit unberührter Wildnis und grandiosen Hikes über der Baumgrenze. Im Süden der feine Lake Squam. Lifestyle in Portsmouth, Künstlerkolonie Cornish. S. 222

Connecticut
New Haven mit Yale. Auf der »Nautilus« in Groton und im Indianer-Casino in Foxwoods. Den ›Rhein Amerikas‹ flussaufwärts, zu An- und Aussichten. Das Haus »that Mark built« in Hartford, die schönsten Greens Neuenglands in den Litchfield Hills. S. 182

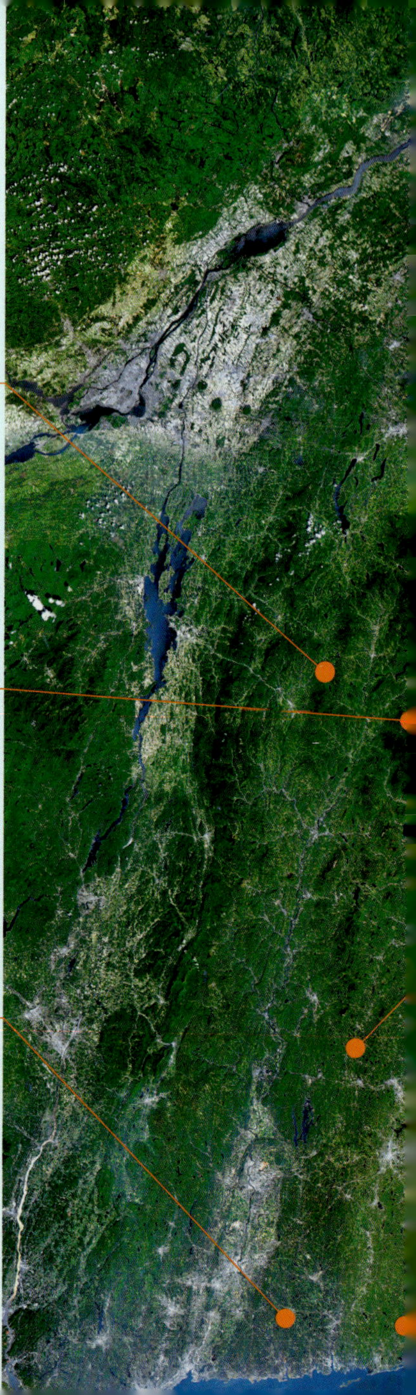

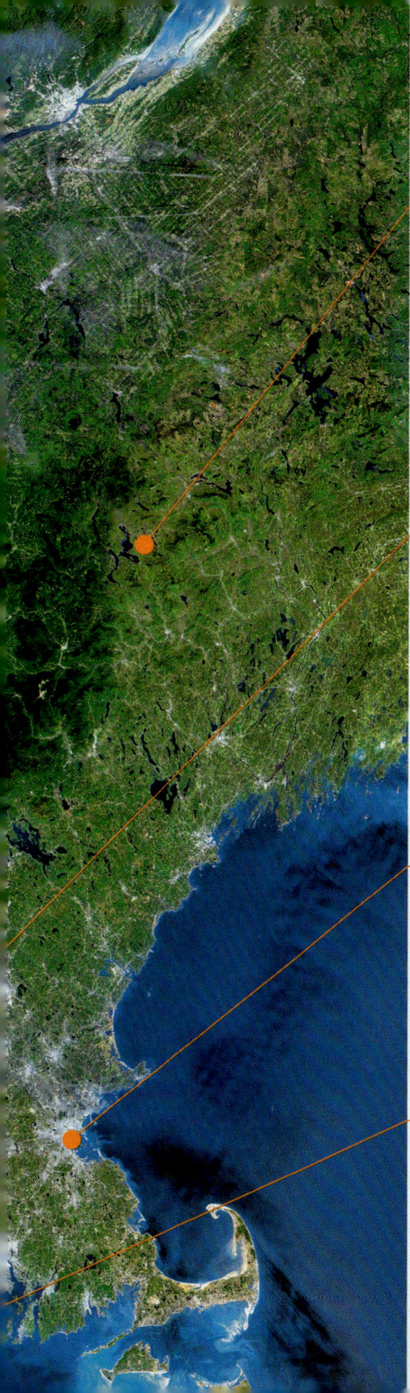

Maine
Felsenküste, Schärenwelten. Alte Strandbäder und das urbane Portland. ›Shop 'til you drop‹ in Freeport, Wandern im Acadia National Park. Im Innern von Maine Wandern rund um Bethel und in der 100-Mile-Wilderness. Paddeln auf dem Moosehead Lake. Rafting rund um The Forks, Hiking im Baxter State Park. S. 248

Massachusetts
Cape Cod mit Stränden und Radwegen, alten Dörfern und dem munteren P-Town. Nach Plymouth der »Mayflower«, nach New Bedford Käpt'n Ahabs wegen. Im Pioneer Valley Uni-Städtchen und Dorfidyllen mit Indianerüberfällen in der Biografie. Grüne Hügel und steile Berge in den Berkshires, mit hochkalibrigem Kulturleben in hübschen Städtchen. S. 128

Boston und Umgebung
Boston, die heimliche Hauptstadt Neuenglands, Wiege der amerikanischen Unabhängigkeit und Epizentrum der Greater Boston Area, wo Kolonisten zu Amerikanern wurden und MIT-Studenten an der Zukunft basteln. S. 84

Rhode Island
Weiße Segel, blaues Meer. Die Newport Mansions und Providence, Neuenglands Musterbeispiel für menschenfreundliche, urbane Erneuerung. S. 166

Mit Ole Helmhausen unterwegs
Ole Helmhausen lebt im kanadischen Montréal. Auf dem Zaun, wie er gerne sagt, von dem aus sich am besten beobachten lässt, was sich gerade beim großen Nachbarn tut. Denn zwei der sechs Neuengland-Staaten, Vermont und New Hampshire, liegen vor seiner Haustür – Grund genug für den Journalisten zu häufigen Nachbarschaftsbesuchen, im Zuge derer er nicht nur Neuenglands gute Stube, sondern auch die Hinterzimmer dieser schönen Region kennengelernt hat. Seitdem faszinieren ihn die Vereinigten Staaten von Amerika, die man in Europa so gut zu kennen glaubt, noch mehr.

Der Autor

Neuenglands viele Gesichter

Himmelstürmende 80 m ragt das Pilgrim Monument über dem alten Walfängerhafen Provincetown empor. Sie reiben sich verblüfft die Augen. Wer in aller Welt hatte die Idee, hier einen toskanischen Campanile zwischen die Dünen zu stellen? Was hat das bloß mit den Pilgervätern der »Mayflower« zu tun, die einst hier ankerte? Wahrlich, das Denkmal ist ein Dorn im Auge. So empfinden es auch die Maler – und bringen begeistert ihre Staffeleien in Stellung, um diese eigenwillige Szenerie am Nordzipfel von Cape Cod auf die Leinwand zu bringen. Provincetown, sagen sie, sei eine Schönheit mit Ecken und Kanten. Und so herrlich unneuenglisch.

Eindrücke

Liebe(r) Leser(in), Sie ahnen: Neuengland hat viele Gesichter. Und die allerwenigsten entsprechen dem, was Sie gemeinhin über die USA wissen. Natürlich werden Sie das idyllische Dorf mit dem strahlend weißen Kirchturm und andere nicht totzufotografierende Postkartenidyllen entdecken. Hingegen werden Sie auf Roadtrips in den Sonnenuntergang verzichten müssen. Das Gefühl endloser Weite unter dem Big Sky, die Übernachtung in billigen Retro-Motels mit flackernder Neon-Reklame, die entwaffnende, oft mit Naivität verwechselte Voraussagbarkeit: Fehlanzeige in Neuengland.

Das kommt Ihnen irgendwie europäisch vor? Zumindest eines stimmt: Neuengland ist unamerikanisch klein und besteht v. a. aus Wäldern, Hügeln und einer filigran zerrissenen Küste. Der Himmel ist nicht »big« und der Horizont auch nicht gekrümmt: Schon am nächsten Hügel läuft Ihr Auge auf Grund. Von Boston aus, heißt es, liege kein Punkt Neuenglands weiter als fünf Autostunden entfernt. Wahrscheinlich werden Sie unterwegs diesen Werbeslogan relativieren. Landeinwärts gibt es nämlich nur zwei von Nord nach Süd laufende Interstates. Eine weitere Autobahn führt quer hin-

Bei Woodstock: Indian Summer wie aus dem Bilderbuch

durch. Mehr Schnellverbindungen ließ die kleinräumige Landschaft nicht zu.

Ursprung der USA

Neuengland ist aber auch eine kompakte Landschaft. Unübersichtliches Terrain, mit verborgenen Winkeln, die immer wieder überraschen. Wohl wirkt Neuengland europäischer als jede andere Landschaft der USA. Zugleich könnte es nicht amerikanischer sein. Hier betrieb man einst die Lösung vom englischen Mutterland am energischsten. Hier wurde die Supermacht USA aus der Taufe gehoben, hier entstanden Amerikas Wertesystem und jene Denktradition, die einige der besten Universitäten des Landes hervorgebracht hat. Neuengland ist traditionsbewusst. Ihre Gastgeber hängen an ihrer Vergangenheit, die vielen ›Colonial‹ und ›Ye Olde‹ im Namen von Inns, Restaurants und Apotheken sind kein Zufall.

Neuengland für Aktive

Eine trockene Bildungsreise droht allerdings längst nicht. Neuengland bietet Natur und Wildnis im Übermaß. Hiking und Trekking, Kanuwandern, Kayaking und Rafting, Angeln und Fliegenfischen, Segeln und Surfen, Radwandern und Mountainbiking, alles ist möglich und in allen Schwierigkeitsgraden.

Sie meinen, Neuengland sei dafür zu klein, zu unaufgeregt, zu wenig, nun ja, amerikanisch? Well ... die Great Outdoors in Neuengland kennen durchaus Superlative. So gilt der Mount Washington in New Hampshire seiner Wetterstürze wegen als einer der gefährlichsten Berge der Welt. In den White Mountains müssen bis heute jeden Sommer erschöpfte Wanderer von Rettungsmannschaften geborgen werden. Und auf den schwierigen Trails durch die endlosen Wälder von Maine geben immer wieder selbst erfahrene Waldläufer entnervt auf.

Grüne Kontrapunkte zum ›klassischen‹ Neuengland-Erlebnis gibt es also genug. Das Schönste dabei: In dieser Landschaft ist es nie weit vom Museum zum Kayakrevier. Oder von der Galerie zum Wanderpfad. Oder vom ›typischen‹ Neuengland-Dorf zu den Forellen an der Biegung des Flusses.

Abendlicher Blick vom Mount Cadillac, Me., S. 272

Steile Steigungen am Tuckerman Ravine Trail, NH, S. 238

Lieblingsorte!

Eine der AMC-Hütten: die Greenleaf Hut, NH, S. 230

Ein Ort mit viel Ruhe und Inspiration: Hancock Shaker Village, Mass., S. 162

Das Mark Twain House, Ct., birgt viele Geschichten, S. 194

Die Reiseführer von DuMont werden von Autoren geschrieben, die ihr Buch ständig aktualisieren und daher immer wieder dieselben Orte besuchen. Irgendwann entdeckt dabei jede Autorin ihre bzw. jeder Autor seine ganz persönlichen Lieblingsorte. Dörfer, die abseits des touristischen Mainstream liegen, eine ganz besondere Strandbucht, Plätze, die zum Entspannen einladen, ein Stückchen ursprüngliche Natur – eben Wohlfühlorte, an die man immer zurückkehren möchte.

Felsen ragen am Popham Beach ins Meer, Me., S. 262

Die MacMillan Wharf im abendlichen Licht, Providence, Mass. S. 138

Reiseinfos, Adressen, Websites

Grüne Idylle im Acadia National Park in Maine

Informationsquellen

Die Internetpräsenz von Neuenglands Tourismus bietet gute Planungshilfen für den Urlaub in dieser Region. Von der coolen Martini-Bar in Bostons Back Bay bis zu der niedlichen Buchhandlung in den Green Mountains finden Sie hier garantiert, wonach Sie suchen.

Allgemeine Infos

www.boston.com
Die Online-Ausgabe der Tageszeitung Boston Globe stellt täglich neue Reiseartikel und -infos aus Boston und Massachusets auf ihre Seiten.

www.discovernewengland.org
Homepage des Marketingverbunds der sechs Neuengland-Staaten. Hintergrundinfos, Tourenvorschläge, Veranstaltungskalender, interessante Links.

gonewengland.about.com
Interessante Neuengland-Reiseseite des Online-Infozentrum about.com.

www.newengland.com
Hinter dieser URL steht das auf Kultur & Lifestyle in Neuengland spezialisierte »Yankee Magazine«. Reisereportagen (auch ausgefallenere Themen), Tourenvorschläge, Wetter, Veranstaltungen, Hotel- und Restaurantverzeichnisse.

Auch zu den einzelnen Staaten bietet das Internet reichlich Informationen (vgl. auch Infobox bei den Kapiteln):

Connecticut
www.ctnow.com: Web-Präsenz des Hartford Courant, mit tgl. aktualisiertem Veranstaltungskalender für Hartford und Connecticut.

Maine
www.mainetoday.com: Online-Präsenz div. Lokalzeitungen. Die Links ›Dining‹, ›Exploring Maine‹, ›Outdoors‹ führen zu Restaurantbesprechungen und aktuellen Reise- und Freizeittipps.

Massachusetts
www.thephoenix.com: Bostons politisch unkorrekte Online-Zeitung. Film- und Theaterkritiken, Veranstaltungs- und Restaurantkalender.
www.allcapecod.com: Aktuelle Veranstaltungen auf dem Cape. Restaurant-, Hotel- und Shoppingverzeichnisse.

New Hampshire
www.nh.com: New Hampshires größte Service-Seite, mit zahllosen Restaurant-, Hotel- und Besuchstipps. Interessantes auch zur Lokalpolitik.

Rhode Island
www.projo.com: Online-Ausgabe des Providence-Journal, unter ›Lifebeat‹ Links zu den neuesten Restaurants der Stadt.

Vermont
www.vtliving.com: Vermonts Internet-Magazin listet neben Unterkünften und Restaurants auch Galerien, Buchhandlungen, Antiquitätenläden, Outfitter, Radwege und die besten Paddelflüsse auf.
www.vermontbridges.com: Wo Sie die schönsten überdachten Brücken der Region finden.

Tourismus-Büros

Die USA unterhalten kein nationales Tourismusbüro mehr in Deutschland. Informationen können stattdessen bei

»Visit USA« (www.usa.de), einer privaten Non-Profit-Gruppe, abgerufen werden. Sie setzt sich u. a. aus den Vertretern der Tourismusbüros der US-Bundesstaaten in Deutschland zusammen (s. auch Allgemeine Infos):

Für Neuengland/Massachusetts:
Discover New England
c/o Buss Consulting
PF 1213, 82302 Starnberg
Tel. 08151 739774,Fax 08151 739785
www.discovernewengland.org

... in Neuengland:
Discover New England
100 International Drive, Suite 352
Portsmouth, NH 03801, USA
Tel. 603 766 0606, Fax 603 766 0607
www.discovernewengland.org

Indian Summer

Die Fremdenverkehrsämter Neuenglands unterhalten auf ihren Homepages Seiten, die sich ausschließlich der Laubfärbung im Indian Summer widmen. Wann und wo die schönsten Farben zu sehen sind – hier erfahren Sie's.

Connecticut Fall Foliage Report:
www.ct.gov/dep/cwp/view.asp?a=2697

Maine's Fall Foliage:
www.maine.gov/doc/foliage

Massachusetts Fall Foliage:
www.mass-vacation.com/
scienceNature/fall-foliage.php

New Hampshire Weekly Foliage
www.newhampshire.com/
foliage/white-mountain.aspx

Vermont Fall Foliage Report:
www.foliage-vermont.com

Outdoor

www.gorp.com
Great Outdoor Recreation Pages bietet Links zu Hunderten von Seiten zum Outdoorangebot in den Neuengland-Staaten. Stichwort eingeben, und schon geht's los!

www.outdoors.org
Die Homepage des Appalachian Mountain Club. Hier können auch Wanderkarten und der dicke White Mountain Guide bestellt werden.

www.greenmountainclub.org
Die Homepage des Green Mountain Club. Hier bestellt man u. a. den Long Trail Guide und Wanderkarten.

Lesetipps

Eine gute literarische Vorbereitung auf Neuengland bieten unter anderem folgende Titel:
Bill Bryson: Picknick mit Bären, München 1999. Auf dem Appalachian Trail erlebt Bryson viele Abenteuer.
Emily Dickinson: Gedichte, Ditzingen 2000. Eine Auswahl ihrer schönsten.
Henry James: Damen in Boston, Berlin 2001. Erhellendes, oft amüsantes Sittengemälde der Bostoner Uppercrust im 19. Jh.
Sebastian Junger: Der Sturm, Die letzte Fahrt der Andrea Gail, München 1999. Wie der Kutter »Andrea Gail« in den Jahrhundertsturm Anfang der 1990er-Jahre geriet.
Jack Kerouac: Maggie Cassidy, Frankfurt 1980. Kerouac beschreibt ein Stück proletarische Neuengland-Tristesse.
Henry David Thoreau: Walden oder Leben in den Wäldern, und ders.: Über die Pflicht zum Ungehorsam gegen den Staat, Zürich 1971 und 1996. Eindrücke von der kritischen Denktradition.

Wetter und Reisezeit

Klima

Mark Twain, der berühmteste Wahl-Neuengländer, sagte einmal, er habe allein im Frühjahr an einem einzigen Tag 136 verschiedene Wetter gezählt. Wahr ist: Neuenglands Wetter ist so abwechslungsreich wie in kaum einer anderen Region Nordamerikas. Heiß, kalt, trocken, regnerisch, schneereich, Tornados, Eisstürme, Hitzeperioden im November und Blizzards im April: Neuengland hat alles. Was u.a. auch mit der Topografie und der geografischen Lage auf halbem Weg zwischen Nordpol und Äquator zusammenhängt: Über den sechs Bundesstaaten treffen die Luftmassen aus den polnahen Gebieten mit denen aus den Subtropen zusammen. In jüngerer Zeit sind zudem, wie überall, auch hier ›hausgemachte‹ Einflüsse hinzugekommen, darunter Luftverschmutzung und Saurer Regen. Die Auswirkungen sind längst sicht- und messbar. So stieg die Wassertemperatur in der Narragansett Bay seit den 1960er-Jahren um beinahe 1 °C, und dank des wärmeren Klimas konkurriert Kanada nun auch erfolgreich mit Maine bei der Blaubeerernte.

Absolut reizvoll: Indian Summer

Generell sind, bei Einpreisung aller Variablen, folgende Verallgemeinerungen vertretbar. Vermont, New Hampshire und Maine haben ein feuchtes Kontinentalklima mit relativ kühlen Sommern und langen, kalten Wintern. Rhode Island, Massachusetts und Connecticut haben heiße, schwüle Sommer und kalte Winter.

Dank des Kontinentalklimas sind die Jahreszeiten klar voneinander abgegrenzt, vor allem im Herbst, der in Neuengland früher kommt als anderswo in den USA. Das Frühjahr ist nass und neblig – und die einzige touristisch uninteressante Jahreszeit. Der durchschnittliche Niederschlag beträgt 1000–1500 mm, im Norden Maines und Vermont etwas weniger. Schnee fällt in den höheren Lagen und erreicht bis zu zweieinhalb Meter. Das Wetter in Neuengland können Sie auch online verfolgen unter www.thebostonchannel.com/weather.

Reisezeit

Die beste Zeit für ...

Städtereisen: Boston und die übrigen Großstädte Neuenglands lassen sich zu jeder Jahreszeit besuchen. Vielleicht im Rahmen einer Städtereise die Ostküste entlang?

Badeurlaub: Auch wenn sie manchmal so aussehen – die Strände Neueng-

Sag mir quando ... !
Die touristische Hauptsaison ist zwischen Memorial Day (letzter Montag im Mai) und Labor Day (erster Montag im September). Während dieser Zeit haben alle Sehenswürdigkeiten (Museen, State und National Parks, Themenparks etc.) geöffnet. Den Rest des Jahres haben viele beschränkte Öffnungszeiten oder sind ganz geschlossen. In touristischen Gravitationszentren wie Boston, Cape Cod, Bar Harbor und den Berkshires wird es im Juli und August eng – amerikanische Schulferien. Selbiges gilt auch für Feiertage und Wochenenden und den Indian Summer.

lands sind nicht die Riviera. Wegen der kalten Strömung – der warme Golfstrom trifft hier auf den kalten Labradorstrom – lohnt sich ein Badeurlaub nur von Ende Juli bis Ende August. Doch selbst dann sollten Sie mit Wassertemperaturen unter 20 °C rechnen. Die Flüsse und Seen in Neuengland sind, abhängig von der Höhenlage, nur unwesentlich wärmer.

Rundreisen: Die beste Zeit für Roadtrips und Besuche sind Sommer und Herbst. Doch seien Sie gewarnt: Im August kann es landeinwärts drückend schwül und diesig werden.

Aktivurlaub: Sommer und Herbst. Juli und August eignen sich für Wanderungen in höheren Lagen. Für körperlich anspruchsvolle Aktivitäten ideal ist jedoch der Indian Summer im September und Oktober. Nach einer Kältephase wird es wieder sommerlich warm, mit Höchsttemperaturen um 24 Grad. Anders als während des oft diesigen Hochsommers ist die Luft nun klar und frisch. Die Nächte sind kalt, das Quecksilber kann unter den Gefrierpunkt fallen.

Kleidung und Ausrüstung

Neuengländer pflegen sich bequem, aber nicht nachlässig zu kleiden. Jeans, Sweatshirt und Windjacke tun es, vom Besuch in guten Restaurants abgesehen, so gut wie überall. Für einen Trip im Sommer gehören Shorts, T-Shirts, Badezeug, eine Kopfbedeckung und Joggingschuhe in den Koffer. Und, gehen Sie auf Nummer sicher, ein Pullover und Regenzeug – der immer möglichen Temperaturstürze wegen. In den höheren Lagen sollten Sie ohnehin mehrere Schichten tragen, da sich das Wetter hier schnell ändern kann. Für Paddel- und Wandertouren empfehlen sich schnell trocknende Polyester- und Lycrakleidung und Fleece-Pullover. Hiker benötigen für die Trails in den White und Green Mountains zudem solide Wanderstiefel, einen guten Rucksack und Gummischlappen für die Abende auf den Hütten. Unbedingt auch Sonnenschutzcreme mitnehmen, da auf den Höhen Sonnenbrand droht.

Klimadiagramm Boston

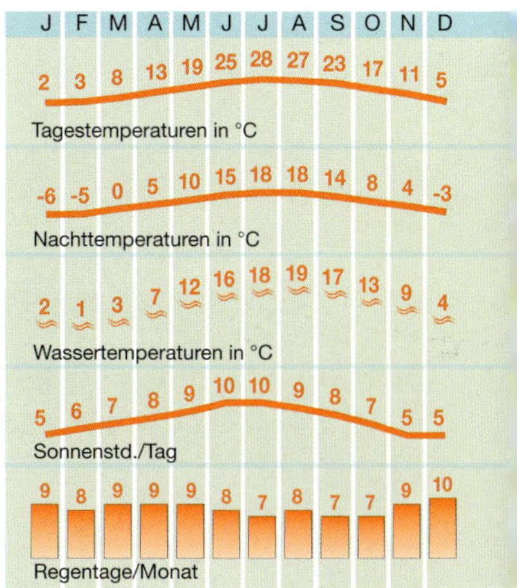

Rundreisen planen

In Neuengland reist man am besten mit dem Mietwagen. Es empfiehlt sich, den Wagen seiner Wahl gleich bei der Flugbuchung zu mieten (s. S. 23).

10 Tage – Neuengland pur

Zwei Tage **Boston**, danach reist man über die Orte **Lexington** und **Concord** auf der Rte. 2 weiter nach **Williamstown** am Nordende der Berkshires. Am Vormittag des vierten Tages besuchen Sie das großartige Mass MoCA in **North Adams**. Mittags ziehen Sie nach dem Tagesziel **Pittsfield** weiter, zuvor besuchen Sie das **Hancock Shaker Village**. Tag 5 sieht **Stockbridge** und **Lenox** vor, am sechsten setzen Sie die Reise auf den I-90 und 91 nach **Hartford** und zum **Connecticut River Valley** fort, wo Sie die Nacht in **Essex** verbringen. Am siebten Tag geht es weiter auf der I-95 Richtung **Providence,** mit Zwischenstopps in **Mystic** und **Foxwoods.** Tag 8 – und eine Übernachtung – reservieren Sie für **Newport.** Die letzten beiden Tage sind für faule Stunden auf **Cape Cod** vorgesehen.

16 Tage – Kultur, Natur

Nach zwei Tagen **Boston** geht es in die **White Mountains**. Dort verbringen Sie drei Tage mit Tageswanderungen in der Presidential Range. Zur Übernachtung bieten sich **Jackson** oder **North Conway** an. Am sechsten Tag setzen Sie die Reise über **Lebanon** und **Wood-**

Route 1: Neuengland pur

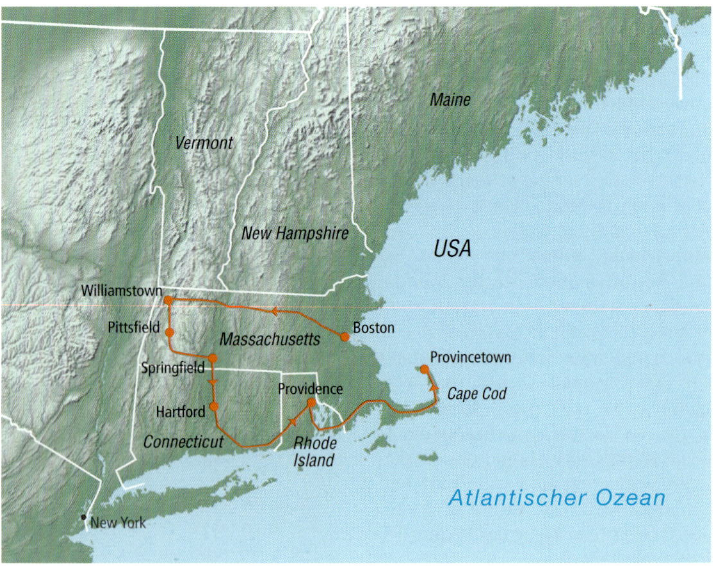

stock, dem Sie den Nachmittag widmen, fort. Im Licht des späten Nachmittags geht es im Anschluss auf den herrlichen Rtes. 100 und 30 zu Ihrem Tagesziel **Newfane.** Danach erreichen Sie in **Williamstown** die Berkshires, die Sie in den nächsten zwei Tagen erkunden. Tag 10 ist für die Reise durch das **Connecticut River Valley** vorgesehen, Übernachtung in **Essex** oder **Old Lyme.** Tags darauf reisen Sie auf der I-95 über **Providence** nach **Newport. S**trandspaziergang auf **Cape Cod**, vielleicht ein Abstecher nach **Nantucket,** ein Besuch in **Provincetown** rundet den Trip ab.

Route 2 – Kultur und Natur

21 Tage – Very best of ...

Drei Tage verbringen Sie zunächst in der **Greater Boston Area,** mit Lexington, Concord und Lowell. Danach brechen Sie nach Norden auf. Während der nächsten fünf Tage erkunden Sie die Küste bis nach **Bar Harbor,** mit Übernachtungen in **Portsmouth, Portland** und **Bar Harbor.** Am 9. Tag reisen Sie zu den **White Mountains** und übernachten in **Bethel.** Tag 10 bis 14 sind für die ›Whites‹: Sie ›machen‹ **Mount Washington,** ein oder zwei Tageswanderungen, vielleicht schließt sich ein romantisches Dinner in **Jackson** an. Basis für alle Unternehmungen ist **North Conway.** Am 14. Tag weiter auf dem **Kancamagus Highway**. Nach einem Stopover in **Montpelier** erreichen Sie **Stowe.** Anderntags setzen Sie nachmittags die Reise auf der **Rte. 100** nach Süden fort. Nach der Übernachtung in **Killington** oder **Woodstock** folgen Sie den Rtes. 100 und 30 nach **Brattleboro,** wo Sie die Rte. 9 nach **Bennington** nehmen und abends in **Williamstown** eintreffen. Tag 17 steht im Zeichen der Berkshires: Sie besuchen **Stockbridge** **u**nd fahren erst spätnachmittags auf der I-90 weiter nach **Providence.** Die letzten drei Tage dann: **Newport,** ein Stopover in **New Bedford** und **Cape Cod,** vielleicht schaffen Sie es noch bis nach **Provincetown.**

Route 3 – Very best of ...

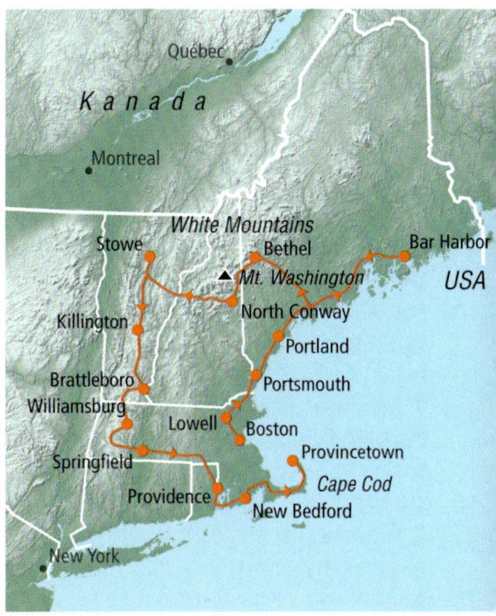

Anreise und Verkehrsmittel

Einreisebestimmungen

Bei einem Aufenthalt bis zu 90 Tagen benötigen Besucher aus Deutschland, Österreich und der Schweiz kein Einreisevisum, wenn sie einen mindestens für die Dauer des Aufenthaltes gültigen, maschinenlesbaren (in Deutschland und Österreich bordeauxroten) Reisepass besitzen und ein maximal 90 Tage gültiges Rück- oder Weiterflugticket vorweisen können. Auch Kinder jeden Alters dürfen visumfrei einreisen, wenn sie einen Kinderreisepass besitzen, der vor dem 26. Oktober 2006 ausgestellt wurde, ein Lichtbild enthält und nach diesem Datum nicht verlängert wurde. Seit Januar 2009 müssen alle Reisenden zudem über eine elektronische Einreiseerlaubnis verfügen, (›Electronic System for Travel Authorization – ESTA‹), die im Internet unter https://esta.cbp.dhs.gov einzuholen ist. Sie gilt für beliebig viele Einreisen innerhalb eines Zeitraumes von zwei Jahren. Bei bestimmten Besuchsgründen kann ein Visum zur Einreise erforderlich sein (Antrag bei der US-Botschaft oder dem nächsten US-Konsulat). Während des Hinflugs wird ein Einreiseformular ausgefüllt. Impfungen sind nicht vorgeschrieben.

Angesichts der verschärften Sicherheitsvorkehrungen in den USA müssen Deutsche, Österreicher und Schweizer, die in arabischen Ländern, Afghanistan oder Nord-Korea geboren sind oder dort wohnen, mit verstärkten Kontrollen bei der Einreise rechnen. Zudem müssen alle Reisenden bei Reiseantritt wegen der verschärften Sicherheitsmaßnahmen zusätzliche Zeit – mindestens drei Stunden – am Flughafen einplanen, um alle Kontrollen rechtzeitig zu passieren.

Zollbestimmungen

Die Einfuhr von frischen Lebensmitteln (Fleisch, Fleischprodukte, Obst und Gemüse) ist untersagt. Bäckereiprodukte und haltbar gemachter Käse hingegen dürfen eingeführt, Betäubungsmittel und gefährliche Medikamente dürfen nicht eingeführt werden. Reisende, die verschreibungspflichtige Medikamente mitführen, sollten sicherheitshalber eine Erklärung des Hausarztes und Beipackzettel bei der Einreise bereithalten und vorweisen können. Eingeführt werden dürfen weiterhin 1 Liter Alkohol und 200 Zigaretten für den persönlichen Gebrauch, Voraussetzung: Mindestalter von 21 Jahren. Pornografisches Material hingegen wollen die Amerikaner nicht in ihrem Land sehen.

Anreise

Bostons Logan International Airport wird von Frankfurt aus direkt angeflogen. Die Flugzeit beträgt acht bis neun Stunden. Von Boston geht es mit Subway oder Taxi in die Downtown.

Verkehrsmittel vor Ort

Bahn

Saubere, aber selten volle Waggons verdeutlichen eindrucksvoll, dass die Amerikaner am liebsten im eigenen Pkw reisen. Die Eisenbahngesellschaft Amtrak (Tel. 1 800 872 7245, www.amtrak.com) unterhält in Neuengland eine Süd-Nord-Strecke: Der sogenannte ›Vermonter‹ verbindet Washington D.C. mit dem kanadischen Montréal und führt dabei durch Connecticut, Massachusetts und Vermont.

In der Greater Boston Area betreibt die Massachusetts Bay Transportation Authority (MBTA) überwiegend von Pendlern genutzte Strecken, u. a. nach Providence, Worcester und nach Zielen an der Nord- und Südküste. Landschaftlich reizvoll ist der in Dover, Wells und Old Orchard Beach haltende ›Downeaster‹ von Boston nach Portland (Me.).

Bus

Neuengland ist bequem mit Linienbussen bereisbar. Mehrere Busgesellschaften halten die Verbindung zwischen den größeren Städten aufrecht. Erst in den ländlichen Gegenden, wie im Norden von Maine, dem dünn besiedelten Norden New Hampshires und Teilen Vermonts, dünnt der Busverkehr aus, sodass die Route sorgfältig geplant werden sollte. Wo der Busverkehr nicht mehr lohnt, wird er zunehmend eingestellt. Weite Teile Neuenglands bedient die Busgesellschaft Peter Pan Bus Lines (Tel. 1 800 343 9999, www.peterpanbus.com), die auch die in Connecticut, Rhode Island und Cape Cod operierende Bonanza Bus Lines (Tel. 1 800 556 3815, www.bonanzabus.com) betreibt.

Taxi

Taxen gehören in allen Großstädten Neuenglands zum Stadtbild. Man bestellt sie vom Restaurant, Hotel oder Theater aus oder winkt sie einfach vom Straßenrand aus heran. Jedes Taxi ist mit einem Taxameter ausgerüstet. Zumindest in Boston sollte man jedoch wegen des dichten Verkehrs auf jeden Fall die Subway dem rasch teuer werdenden Taxi vorziehen.

Mietwagen

Viele Reiseveranstalter führen praktische Fly-and-Drive-Angebote: Mit dem Flugticket bucht man im Reisebüro gleich den Mietwagen dazu und steigt nach der Ankunft in den fahrbaren Untersatz. Das hat nicht nur den Vorteil, die Vertragsformalitäten auf Deutsch abwickeln zu können, sondern ist im Allgemeinen auch billiger. In Boston wird der Mietwagen schnell zum teuren Klotz am Bein. Wer diese Stadt zuerst erkunden möchte, sollte den Mietwagen erst für den Tag der Abreise aus Boston ordern. Wer sich spontan für das Reisen per Auto entscheidet, kann die Konditionen unter den zentralen Telefonnummern der verbreiteten Vermietfirmen erfragen (s. o.).

Gängige Autovermietungen
Avis: Tel. 1 800 331 1212
Budget: Tel. 1 800 527 0700
Rent-A-Wreck: Tel. 1 800 535 1391
Thrifty: Tel. 1 800 367 2277

Autofahren

Autofahren in Neuengland ist, von den Ballungsräumen Boston und Süd-Connecticut abgesehen, eine erholsame Angelegenheit. Das Straßennetz ist effizient und hervorragend in Schuss. Amerikanische Autofahrer sind keine Raser. Die auf Interstates maximal erlaubten 105 km/h (65 mph; in geschlossenen Ortschaften bis 45 mph, 72 km/h) werden weitgehend eingehalten. Geschwindigkeitskontrollen sind dünn gesät; in der Regel schreitet die Polizei erst jenseits der 75 mph ein. Keinen Spaß versteht sie bei Verkehrsdelikten im Zusammenhang mit Schulbussen. Die knallgelben Fahrzeuge dürfen nicht überholt und, wenn sie Schüler absetzen oder aufnehmen, auch von entgegenkommendem Verkehr nicht passiert werden.

Übernachten

Beste Zeiten

Wann ist die Unterkunft am teuersten in Neuengland? Im Sommer? Mitnichten! Auch in dieser Hinsicht sind diese Staaten gewohnt vielfältig. Am teuersten sind die hiesigen Unterbringungsbetriebe während des Indian Summer. Von Mitte September bis Mitte Oktober, wenn die Laubfärbung ihre Höhepunkte erreicht, erhöhen die Hoteliers ihre Zimmerpreise um das Doppelte, ja oft sogar um das Dreifache. Sollten Sie in dieser Zeit an eine Neuengland-Visite denken, können Sie sich die Vorstellung von einem spontanen Roadtrip ›ins Blaue‹ abschminken: Sie werden kein Zimmer finden.

Ist Ihnen die Blätterfärbung jedoch egal, sollten Sie die drei Wochen von Ende August bis Mitte September als Reisezeit anvisieren. Die Übernachtungspreise haben dann noch nicht die Umlaufbahn erreicht, das Klima ist nicht mehr so feucht und das Licht – Fotografen freut das besonders – nicht mehr so diesig wie im Hochsommer. Aber auch dann gilt: Sichergehen und so weit wie möglich im Voraus buchen!

An der Küste hingegen ist es in diesem Zeitraum voll. Von Ende Mai (Memorial Day) bis Anfang September (Labour Day) herrscht an den Stränden Neuenglands Hochbetrieb – und im Juli und August wegen der amerikanischen Schulferien in potenzierter Form. Vor dem Memorial Day – und nach dem Labour Day – dagegen wird es schlagartig wieder preiswerter. Zwar können Sie dann noch nicht oder nicht mehr baden, doch Strandspaziergänge und Radtouren sind auch dann ein Genuss.

Im Übrigen ist das amerikanische Hotelgewerbe knallhartes Business – *cut-throat,* wie man hier sagt. Kaum ein Tag vergeht, an dem nicht ein Hotel schließen muss oder Besitzer und/oder Konzept wechseln. Der Kampf um den Kunden wird oft mit harten Bandagen geführt. Oft gibt es wochentags, unmittelbar nach Großveranstaltungen und sonntagabends, wenn die Wochenendgäste wieder abgereist sind, Ermäßigungen.

Die Zeiten, zu denen man am Straßenrand eine Bleibe für 30 $ fand, sind jedoch weitgehend vorbei. Selbst preiswerteste Motelketten bieten ihre Zimmer kaum noch unter 60 $ an. Die besten Chancen auf eine billige Nacht haben Sie noch immer bei den unabhängigen, in Familienbesitz befindlichen Motels. Allerdings ist Sauberkeit dort nicht garantiert.

Online buchen

Kein Reisebüro, keine Telefoniererei: Onlinebuchen wird immer populärer. Zudem sind online gebuchte Unterkünfte oft preiswerter. Benötigt wird lediglich eine Kreditkarte. Nach erfolgter Buchung sendet Ihnen der benutzte Online-Service eine Bestätigung, die Sie ausdrucken und beim Einchecken vorlegen. Bewährte englischsprachige Hotelbuchungsseiten sind www.all-hotels.com und www.hotel.com.

Hotels

Meist bekommen Sie in Neuengland mehr Hotel für Ihr Geld als in Mitteleuropa. Die Zimmer sind geräumiger, Telefon, Kabel-TV, Bad und WC sowie (meist) Frühstück sind im Preis inbe-

Warme Töne dominieren im berühmten Hotel Red Lion in Stockbridge

griffen. Hotels der Ketten Super 8, Motel 6, Best Western, Journey's End oder Days Inn garantieren ein Unterbringungsniveau, das nicht unterschritten wird und zwischen 60 und 120 $ die Nacht kostet. Am anderen Ende der Preis-Skala rangieren natürlich auch in Neuengland die Ketten Hilton, Marriott, Four Seasons, Intercontinental etc. Dort kostet die Nacht mind. 140 $.

B & Bs

Die Zeiten, da sich ältere Ehepaare mit der Vermietung der Kinderzimmer ein Zubrot verdienten, sind wohl vorbei. Heute steht B & B (›Bed & Breakfast‹) für Übernachtung mit reichhaltigem Frühstück, und zwar in schönen, professionell betriebenen Häusern, in denen die Bewirtung durch den Hausherrn oder die Dame des Hauses erfolgt. Wer hier absteigt, zieht den Kontakt zu anderen Gästen und den persönlichen Service der als anonym empfundenen Hotelatmosphäre vound bezahlt dafür zwischen 100 und 250 $.

Country Inns

Die Unterschiede zwischen B & Bs und Country Inns sind fließend. Country Inns pflegen jedoch in landschaftlich reizvoller Umgebung zu liegen. In der Stadt signalisiert der Zusatz ›Inn‹ lediglich eine persönlichere Unterbringung. Untergebracht in historischen, mit Liebe zum Detail restaurierten Häusern, verlangen Country Inns zwischen 140 und 400 $ pro Nacht und bieten traditionelle Gastfreundschaft: Empfang durch den Hausherrn, Ratschläge von freundlichem Personal und vor allem die heimelige Atmosphäre in individuell gestalteten Zimmern. Ein Restaurant kann im Haus sein, muss es aber nicht. Frühstück ist dagegen stets im Preis inbegriffen. Bei der Buchung passender Country Inns hilft die New England Inns & Resorts Association, Infos über www.newenglandinnsandresorts.com).

Jugendherbergen

Noch immer die billigste Unterbringungsform. JH-Doppelzimmer oder Schlafsäle kosten zwischen 20 und 45 $. Der Nachteil der amerikanischen Jugendherbergen: Es gibt nur 12 in ganz Neuengland, davon sieben allein im Staat Massachusetts. Infos über Hostelling International – USA, Eastern New England Council, 218 Holland St., Somerville (Mass.), Tel. 617 718 7990, Fax 718 7995, www.hinewengland.org.

Motels

Mit dem Auto bis ans Bett: Das klassische amerikanische Motel ist auch in Neuengland die günstigste Alternative zur Jugendherberge. Es liegt an Interstate-Abfahrten und Ausfallstraßen. Vor allem die älteren Häuser, im Bungalow-Stil der 1950er-Jahre und mit Pool, bieten ihre Zimmer ab 40 $ und selten teurer als 80 $ die Nacht an. Dafür stehen allerdings die Chancen gut, dass Sie in puncto Matratzenqualität, Sauberkeit und teils auch Sicherheit Abstriche in Kauf nehmen müssen.

Camping

Die landschaftlich reizvollsten Gegenden sind oft als State Parks geschützt. Hier gibt es – an Flüssen, Seen oder zu Füßen steiler Bergwände – schöne Campingplätze. Die Ausstattung reicht vom Kompost-Klo über Hook-ups für Wohnmobile (Anschlüsse für Strom, Wasser und Abwasser an den Stellplätzen). Entsprechend liegen die Preise pro Zelt zwischen 15 und 40 $. Camping mit allem Komfort bieten die Plätze der landesweit vertretenen KOA (www.koakampgrounds.com).

Verspricht gemütliche Stunden: Kaffeehaus in Essex, Ct.

Essen und Trinken

Einfach und kalorienreich, spiegelt die traditionelle ›New England Cuisine‹ Herkunft und Ethik der Puritaner wider: Eine Mahlzeit war keine Freizeitbeschäftigung, sondern hatte v. a. die Mägen zu füllen und damit die Energie für das Tagewerk zu liefern. Die nicht gerade berühmte englische Küche mit ihren Schmorgerichten und Puddings blieb daher lange das Vorbild. Anfangs bereicherte nur der von den Indianern übernommene Ahornsirup die Rezepte. Er übernahm eine ähnliche Funktion wie Salz und mag heute die amerikanische Vorliebe für gesüßte Speisen erklären.

Wild, Fasan, Truthahn, Schwein, Kartoffeln, Mais und Bohnen sind, von exotischen Gewürzen kaum ›entstellt‹, bis heute beliebt, dazu natürlich Meeresfrüchte: Ein Neuengland-Trip ohne *lobster* (Hummer), *scallops* (Jakobsmuscheln) oder *cod* (Kabeljau) ist wie ein Trip nach Paris ohne Baguette und Café au lait im Bistro am Fuße des Eiffelturms.

Typische Gerichte

Chowder

Die allgegenwärtige, dicke Suppe besteht aus Bacon, Zwiebeln, Kartoffeln, Mehl und Milch, in denen Muscheln *(Clam Chowder)* und/oder Fisch (Schellfisch, Kabeljau) gekocht werden. Der Name stammt vom frz. *chaudière* (Kessel) und bezeichnete ursprünglich das gemeinsame Gericht, zu dem jeder etwas beitrug.

Boston Baked Beans

Das Rezept für die braunen Bohnen, die man mit Zucker, Melasse und Speck stundenlang ziehen lässt, stammt aus der Zeit des Dreieckshandels, als Zuckerrohr aus der Karibik in Boston zu Rum verarbeitet wurde.

New England Boiled Dinner

Zunächst werden Rindfleisch und Gewürze zwei Stunden lang geschmort. Dann werden Kartoffeln und Gemüse beigegeben und gemeinsam weitere 30 Min. geschmort. Mit Meerrettich-Creme zu genießen.

Maine Boiled Lobster

Populärstes Hummer-Rezept. Der Hummer wird in 3,5 Liter Wasser gekocht. Dem Wasser wird zuvor Thymian, Petersilie und Zitronensaft zur Geschmacksverfeinerung beigegeben.

Please wait to be seated!

Woran sich Europäer erst gewöhnen müssen: Beim Betreten eines Restaurants wartet der Gast in der Lobby, bis ihn die ›Hostess‹ zu seinem Tisch geleitet. Auf diese Weise wird der Unruhe zwischen den Tischen verursachende Publikumsverkehr vermieden und das Trinkgeld gerecht zwischen den Kellnern/-innen verteilt. Nur die ausdrückliche Aufforderung »Please seat yourself« lädt zum selbstständigen Aussuchen eines Tisches ein.

Dass übrigens die Bedienung sofort nach Beendigung der Mahlzeit die Rechnung auf den Tisch knallt und damit indirekt auffordert, denselben für den nächsten Gast freizumachen, ist ein offenbar nicht auszurottendes Gerücht. Wahr ist, dass die Bedienung den *check* selbst in Spitzenzeiten mit der Bemerkung »Whenever you're ready« (Wann immer Sie bereit sind zu zahlen!) hinterlegt.

Typische neu-englische Clam Chowder

Das Hummerfleisch wird mit zerlassener Butter und Weißwein genossen.

Nachspeisen

Indian Pudding heißt ein kalorienreicher Auflauf aus Maismehl, Zucker, Milch und Vanilleeis oder Marmelade. *Boston Cream Pie,* ein ungedeckter Kuchen, besteht aus Eiercreme, Vanillesoße und Schokoladenstreuseln. Andere Pies: *Apple Pie, Cherry Pie, Blueberry Pie, Maple Pie.*

Die Mahlzeiten

Breakfast (Frühstück) gibt es immer reichlich. Feste Größen auf dem Teller: *pancakes* (kleine Pfannkuchen), dazu *maple syrup* (Ahornsirup) und Früchte. Wahlweise gibt es auch *waffles* (Waffeln) oder *french toast* (in Ei gebackene Toastscheiben). Eier können *sunny side up* (Spiegelei), *scrambled* (Rührei), *over easy* (Spiegelei, beidseitig gebraten) oder *poached* (ohne Schale gekocht) bestellt werden. Als Beilagen gibt es *bacon* (Speckstreifen) und/oder *sausages* (kleine Bratwürste) und *hash brown potatoes* (röstiähnliche Bratkartoffeln). Seit Cholesterin als Volksfeind Nummer eins gilt, können Sie auf Müsli, Joghurt und Früchtebecher ausweichen. Dazu gibt es – vor allem in den preiswerteren Unterkünften – *coffee*, der trotz aller Coffee Shops oft noch immer dünn ist, dafür aber jederzeit nachgeschenkt wird *(refill)*.

Danach beschränkt sich der **Lunch** (Mittagessen) auf eine Kleinigkeit. Beliebt: mayonnaisebestrichene Sandwiches mit *tuna* (Thunfisch), *chicken* (Huhn) oder *ham and cheese* (gekochtem Schinken, Käse).

Dinner wird selbst in den Großstädten schon ab 17.30 Uhr serviert. Bestellt wird entweder *à la carte* (einzeln von der Speisekarte) oder ein dreigängiges Menü mit *appetizer* (Vorspeise), *entree* (Hauptgericht) und *dessert* (Nachtisch). Der Ober will wissen, ob man sein Steak *rare* (rot), *medium rare* (halb durch) oder *well done* (gut durch) wünscht und welches Dressing – u. a. ›French‹ (Öl, Essig, Salz, Pfeffer, Zwiebeln, Senf, Knoblauch), ›Italian‹ (Öl, Essig, Salz, Pfeffer, Zwiebeln, Kräuter), ›Blue Cheese‹ (mit Käse zubereitet), ›House‹ (Spezialität des Hauses) – es für den Salat sein soll.

Typische Lokale

Es gibt in Neuengland Restaurants für jeden Geldbeutel, angefangen bei den bekannten Fastfood-Ketten bis zu Gourmet-Tempeln, die 200 $ je Gedeck berechnen.

Eine Alternative zu dem in steriler Atmosphäre verschlungenen Hamburger bieten sogenannte ›Family Restaurants‹ und ›Diner‹. In beiden geht es *casual* zu, entspannt und persönlich. Hier können Eltern ihre Bande sättigen, ohne sich zu ruinieren. Die in Folie eingeschweißten Speisenkarten führen hier wie dort Pasta und Gegrilltes, vor allem Steaks, Hühnchen und Fisch, hinzu kommen dann Pommes frites, Salate sowie Sandwiches. Eine Besonderheit sind die ›Lobster Ponds‹ (auch: ›Pots‹ oder ›Shacks‹) an der Küste. Dampfende Kessel vor windschiefen Imbissbuden signalisieren von Weitem, worum es hier geht: Hummer und sonst gar nichts.

Erst der Zustrom von Einwanderern aus aller Welt bescherte der kulinarischen Szene Neuenglands den heute anzutreffenden Facettenreichtum: Gute chinesische, italienische, libanesische und griechische Restaurants gibt es in allen größeren Orten.

Alkohol

Das Mindestalter für den Alkoholgenuss ist 21 Jahre und wird kontrolliert: Selbst wer älter aussieht, muss damit rechnen, beim Kauf von Alkohol in Supermärkten, Tankstellen und staatlichen ›Liquor Stores‹ den Ausweis vorlegen zu müssen. Einige Counties und Städte haben sogenannte ›Open-container laws‹. Danach ist selbst das Herumtragen geöffneter Bier- oder Weinflaschen in der Öffentlichkeit verboten. Dort wird man auch Probleme haben, sonntags irgendwo Alkohol zu finden. Der Alkoholgenuss im Freien ist in ganz Neuengland verboten. Selbst im geparkten Wagen kann man vom Wachtmeister böse überrascht werden.

Getränke

Trotz der strengen Reglementierung des Alkoholkonsums (s. links) läuft man nicht Gefahr auszutrocknen: Restaurants ohne Alkohollizenz weisen mit dem Schild »Bring your own bottle« (B.Y.O.B.) darauf hin, dass man den **Wein** selbst mitbringen kann. Dieser wird – je nach Gegend – im nächsten County gekauft und am Tisch entkorkt, als wäre es der hauseigene. Allerdings ist meist ein Korkgeld zu entrichten.

Die amerikanischen **Biere** schmecken gut oder gar nicht. Zu vermeiden: die wässrigen Produkte der Häuser Budweiser, Schlitz und Anheuser. Erfreulich dagegen sind die Biere der ›Micro Breweries‹: Über die Frage nach dem *local brew* kommt man überdies immer gut mit den Neuengländern ins Gespräch. In Neuengland allgegenwärtig: das Samuel Adams Boston Lager aus Boston. Weintrinker können die Weine aus Connecticut versuchen, sollten sich aber an die kalifornischen Weine halten.

Aktivurlaub und Sport

Die ›Great Outdoors‹ Neuenglands stehen noch immer ein wenig im Schatten der ›intellektuellen‹ Attraktionen dieser Region: Wer sich für Neuengland entscheidet, pflegt sich für ein langsameres, leiseres Amerika zu entscheiden. Als Outdoorparadies ist die Nordostecke der USA bis heute nur wenig bekannt. Nun gibt es hier zwar keinen Grand Canyon und keine Sierra Nevada, und wegen der White Mountains allein werden Sie, das sei ruhig zugegeben, wohl kaum Neuengland besuchen. Doch mit der Presidential Range, Mount Washington, den Green Mountains und vor allem der endlosen Wildnis rund um den Mount Katahdin im Norden Maines präsentiert Neuengland die Great Outdoors auf einem Niveau, das auch von verwöhnten Hikern und Paddlern ernst genommen wird – und Ihren Neuengland-Trip um unvergessliche Erlebnisse in der Wildnis bereichern könnte.

Paddeln, Rafting

Freunden dieser Sportarten ist Neuengland nicht gerade als Destination bekannt. Dabei gibt es v. a. in Vermont (Stowe, Brattleboro, Manchester) und Maine (West Forks) schöne Paddel- und Raftingreviere. Wer z. B. Vermont vom Wasser aus kennenlernen möchte, ist auf den Flüssen Battenkill, Winooski und Lamoille richtig. Kanutouren führen durch den dünn besiedelten Norden des Bundesstaates. Übernachtet wird in Zelten oder gemütlichen Inns. The Forks, ein winziges 100-Seelen-Nest im Norden Maines, ist die Rafting-Kapitale Neuenglands: Hier bieten professionelle Veranstalter Rafting- und Kajaktrips auf den umliegenden Flüssen an (s. s. 248).

Radfahren

Im Nordosten der USA ist Radfahren auf dem Weg zum beliebtesten Breitensport. Counties, die etwas auf sich halten, richten Radwege ein oder verwandeln stillgelegte Eisenbahntrassen in mehrere Orte miteinander verbindende Radwanderwege. Über den derzeitigen Stand der Dinge informiert die Internetpräsenz der Rails-to-Trails Conservancy (www.railstotrails.org). Und wo ein ›Biking Trail‹ ist, da ist ein Fahrradverleih nicht weit. Besonders schöne Radlerreviere finden Sie in den Dünen hinter Provincetown auf Cape Cod und im 40 km langen Cape Cod Rail Trail von South Dennis nach Eastham. Berühmt für ihre Radwege sind ferner Nantucket, Martha's Vineyard, die Litchfield Hills und Block Island (s. S. 32). Während des Indian Summer bietet Vermont Radwandern vom Feinsten: Auf stillen Landstraßen durch die dann in allen Gelb- und Rottönen prangenden Wälder des Green Mountain State zu radeln gehört zu den Sternstunden im Leben. Eine erste Orientierung vermittelt die Vermont Outdoor Guide Association unter www.voga.org/biking.htm. Weitere schöne Radler-Reviere: die Berkshires (Mass.), die Gegend um den Lake Winnipesaukee (NH) sowie in Maine der Acadia National Park und das Gebiet rund um Camden.

Ebenso wichtig wie die Wahl des Reviers ist die Frage, ob Sie sich einer geführten Gruppe anschließen oder die Tour selbst organisieren wollen. Im ersten Fall übernimmt der Veranstalter von der Buchung der Unterkünfte bis zum Transport der Ausrüstung alles Organisatorische, dafür müssen Sie höhere Kosten und eine gewisse Einschränkung der Privatsphäre in Kauf nehmen. Organisieren Sie hingegen alles selbst, sollten Sie in guter körperlicher Verfassung sein, Englisch zumindest verstehen und zudem improvisieren können.

Wandern

Auf schmalen, 1600 m hohen Bergkämmen herumkraxeln und in zugigen Berghütten schlafen: In den Wanderrevieren im Norden ist das kultivierte Neuengland Lichtjahre entfernt. Unumstrittene Nummer eins: die **White Mountains** (s. S. 224). Rau und unzugänglich, bieten sie vom Spaziergang zum Biberdamm bis zu mehrtägigem verschärftem Trekking jenseits der Baumgrenze alle Möglichkeiten. Geradewegs über die meisten der Gipfel der Presidential Range führt Amerikas legendärer Fernwanderweg, der Appalachian Trail. Hier liegen die meisten der vom Appalachian Mountain Club (s. S. 53) geführten Hütten, wo Sie übernachten können. Andere, nicht minder spektakuläre Trails sind der von der Franconia Notch aufsteigende Rundwanderweg Mt. Lincoln & Lafayette Loop (14,2 km), der Aufstieg zur Greenleaf Hut (s. S. 231), der hinter den Cannon Mountain führende Bridal Veil Falls Trail (8 km) und die Besteigung des Mt. Moosilauke (1460 m) im Südwesten der Whites, dessen Gipfel einen fantastischen Rundblick auf die Whites und die Adirondacks im Westen bietet.

Nicht minder spektakuläre Trails bieten auch die durch Vermont ziehenden **Green Mountains**. Der Long Trail (s. S. 205), Amerikas ältester Fernwanderweg, überquert viele der Gipfel – und ermöglicht dank seiner ungezählten Zubringertrails und Unterkünfte in Trailnähe neben der Option mehrtägigen Trekkings auch schöne Tageswanderungen mit bequemer Übernachtung im B&B oder Country Inn. Die schönsten Abschnitte des Long Trail führen über den Mount Mansfield (1339 m), Vermonts höchsten Berg, den Camels Hump (1241 m) mit seinem allein stehenden, kahlen ›Höcker‹ und die Smugglers Notch, einen engen, extrem zerklüfteten Pass.

Inmitten der Natur: Paddeln in Maine

Gänzlich auf sich gestellt ist man in der grandiosen Leere des **Baxter State Park** (s. S. 279) im Norden von Maine. Hier ist der Doppelgipfel des Mt. Katahdin (1605 m) ein beliebter Prüfstein konditionsstarker Hiker.

Die etwas südlich liegende **100-Mile-Wilderness** (s. S. 278) beschreibt den wohl schwierigsten Abschnitt des Appalachian Trail in Neuengland: Steile Felsbuckel, dichter Wald, Sümpfe, Mücken – dieses Terrain sollte nur von erfahrenen Wanderern versucht werden. Bestes Wanderterrain sind auch die 500 m hohen Felsbuckel im **Acadia National Park** (s. S. 270). Im einzigen Nationalpark Neuenglands bildet der allgegenwärtige Atlantik eine fotogene Kulisse.

Wintersport

Mit 3 m Schnee jährlich sind die Winter in Neuengland über alle Zweifel erhaben. Vermont verfügt über hervorragende Wintersportzentren. Interessant für alpenverwöhnte Europäer sind jedoch nur zwei: Stowe (s. S. 218) bietet bis zu 6 km lange Abfahrten, dazu Halfpipes für Snowboarder sowie Schneemobiltouren und ein sehr ausgedehntes Loipensystem. Das sieben Berge umfassende Wintersportzentrum Killington (s. S. 209) mit dem bezeichnenden Spitznamen ›Beast of the East‹ ist das größte im Osten: Von über 5000 Hotelzimmern aus geht es direkt auf Pisten aller Schwierigkeitsgrade. Und das altehrwürdige Mount Washington Hotel zu Füßen des höchsten Berges Neuenglands ist das Gravitationszentrum der Skilangläufer.

Rund ums Biking
Passionierte Pedalentreter können sich auf den folgenden Websites inspirieren lassen:
Massachusetts: www.mass.gov/dcr/recreatemtnbike.htm (Mountainbiking)
Rhode Island: www.visitrhodeisland.com/what-to-do/biking (Radwandern)
Vermont: www.vermontvacation.com/biking.aspx (Radfahren); www.vermontvacation.com/biking.aspx (Mountainbiking)
New Hampshire: www.nh.gov/dot/nhbikeped/map-l.htm (Radwege)
Maine: www.exploremaine.org/bike/bike_tours.html (Radwege, -fahren)

The Great Outdoors online

Die offiziellen Webseiten der Neuengland-Staaten sind gute Ausgangspunkte für detailliertere Online-Recherchen. Daneben führen die gängigen Suchmaschinen bei Eingabe von Stichworten wie ›Hiking‹, ›Mountainbiking‹ und ›Canoeing‹ zu interessanten Links und spezialisierten Anbietern, deren Seriosität ggf. mit einem Anruf beim Fremdenverkehrsbüro des jeweiligen Staates geprüft werden kann.

Massachusetts
Paddeln, Wandern und vieles mehr: www.mass.gov/dcr/recreate/

Rhode Island
Wandern: www.visitrhodeisland.com/what-to-do/hiking/
Paddeln: http://www.visitrhodeisland.com/what-to-do/paddling/

New Hampshire
Wandern: www.nhliving.com/hiking/index.shtml

Vermont
Wandern: Vermont Outdoor Guide Association: www.voga.org/
Paddeln und Wandern: www.vermontvacation.com/recreation/

Maine
Maine Wilderness Guides Organization: www.mwgo.org (Verband der professionellen Outdoor-Guides); sowie www.MaineOutdoors.com
Wandern: www.visitmaine.com/organization/

Feste und Unterhaltung

Rund ums Wasser

Eine viele tausend Kilometer lange Küste, eine ruhmreiche maritime Geschichte und etliche Tonnen Salz in der Luft: Mit Kind und Kegel ans Wasser, das hat Tradition in Neuengland! Und was für ein Programm!

Die Palette der Festivals reicht von den volksfestartigen **Lobsterfesten** zwischen Maine und Massachusetts – wie dem dreitägigen in Mystic und Mystic Harbor am Memorial Day, dem letzten Montag im Mai – bis zu tief religiösen, jedoch in bunte Straßenfeste eingebundenen **Segnungen der Fischerflotten** in Hafenstädtchen wie Provincetown (s. S. 137). Viel gute Laune verspricht das **Fishermen's Festival** in Boothbay Harbor (Me.) in der 4. Aprilwoche mit etlichen Spaß-Wettkämpfen, u. a. Hummerkäfigwettrennen und die Kür der ›Miss Shrimp‹.

Spektakuläre Events bieten das **Hong Kong Dragon Boat Festival** (www.bostondragonboat.org) in Boston, bei dem sich Drachenboote dramatische Rennen auf dem Charles River liefern (8. Juni), und die **Windjammer Days** in Boothbay Harbor (24. Juni), wo die schönsten Segelschiffe der Weltmeere zusammenkommen. Das Schöne: Man trifft sich. Und kommt über den Anblick sich im Wind blähender Segel leicht ins Gespräch.

So natürlich auch beim **Boston Harborfest** (www.bostonharborfest.com), der sechstägigen Party an der Waterfront (1.–6. Juli), oder wenn Wasserflugzeuge aus aller Welt in der ersten Septemberwoche beim **International Seaplane Fly-in** auf dem Moosehead Lake landen (Greenville, Me.).

Das Neueste aus der Welt der teuren weißen Spielzeuge gibt es in der zweiten Septemberwoche bei der **Newport International Boat Show** (www.newportboatshow.com) zu sehen. Und in der dritten Oktoberwoche schließlich lädt eine der größten Ruderregatten der Welt in Boston zum Staunen: die **Head of the Charles Regatta** (www.hocr.org/home/default.asp).

Musik auf dem Lande

Raus in die Wälder, Kultur genießen: Während der Sommermonate zieht es nicht nur die Städter aufs Land, sondern ganze Orchester, Theatergruppen, Tanzensembles. Einen Sommer lang erleben Städtchen und Dörfer wie Lenox oder Becket dann Darbietungen auf Weltklasse-Niveau. So musizieren im Juli und August auf dem weltberühmten **Tanglewood Music Festival** (www.bso.org/bso/index.jsp) in Lenox in den Berkshires neben den Bostoner Philharmonikern Spitzenkünstler aus aller Welt. Die Gäste danken's – auch der ungezwungenen Atmosphäre wegen. Und weil sie anschließend nicht zurück in den Großstadtverkehr müssen, sondern zu Fuß zu ihrem B & B gehen können.

Theaterfestivals

200 Aufführungen alter und neuer Dramatiker sind beim **Williamstown Theatre Festival** (wtfestival.org) in Williamstown (Mass.) im Juni/Juli zu erleben, und zwar zwischen typisch neuenglischen Kirchlein und ehrwürdigen Collegegebäuden. Im Okt./Nov. dann findet im Boston Center for the Arts eines der besten schwulen Theater-Festivals statt: **Out on the Edge.**

Festkalender

Januar
Stowe Winter Carnival: 3. und 4. Woche, mit Skirennen und Fun-Wettbewerben (www.stowecarnival.com)

Februar
US National Toboggan Championships: 1. Woche, Camden, Amerikas größtes Schlittenrennen (www.camdensnowbowl.com/20th-annual-toboggan championships)

März
South Boston St. Patrick's Day Parade: 16.3., durch ›Southie‹, Bostons irischsten Stadtteil (www.saintpatricksdayparade.com/boston)
Der Monat steht ganz im Zeichen der **›Maple sugaring‹-Feste**, s. S. 210

April
Boston Marathon: 21.4., die prestigeträchtigste Langlaufveranstaltung der Welt (www.bostonmarathon.org)
Patriot's Day: letzter Montag, Battle of Lexington & Concord Re-enactment, farbenprächtige Nachstellung der historischen Schießereien nahe Boston

Juni
Jacob's Pillow Dance Festival: die weltbesten Tänzer und Ensembles in den Berkshires, Becket (Mass.), bis Sept.
International Festival of Arts and Ideas: 3. und 4. Woche, New Haven, neben Livemusik auch kreative Darbietungen (www.artidea.org)
Connecticut Gay & Lesbian Film Festival: (www.outfilmct.org), 1. Woche

Juli
Fourth of July Reading of the Declaration of Independence: 4.7., feierliche Verlesung der Unabhängigkeitserklärung im Old State House zu Boston
Stowflake Hot Air Balloon Festival: 2. Woche, mit mehreren Dutzend knallbunten Teilnehmern
Mashantucket Pequot Tribal National Fireworks: 2. Woche, größtes Feuerwerk Neuenglands, New London (Ct.)

August
Annual Southern Vermont Art and Craft Festival: 1. Woche, 4 Tage Kunst und Kunstschaffen, Manchester (Vt.)
Jazz Festival Newport: 2. Woche, legendär (www.festivalnetwork.com)
Bar Harbor Jazz Festival: 3. Woche (www.barharborjazzfest.com)

September
Maine Salmon Festival: 2. Woche, Eastport (Me.), 3 Tage Kunsthandwerk aus Maine und Livemusik (www.eastportme.net)

Oktober
Nantucket Arts Festival (Mass.): 2. und 3. Woche, 10 Tage Live-Aufführungen, Ausstellungen und Vorträge
Festival of the Dead: 3. und 4. Woche, Salem, grauslich-hexige Veranstaltungen auf Straßen und in Hexen-Läden (www.festivalofthedead.com)

November
Vermont International Film Festival: 1. Woche, Burlington, den Menschenrechten und der Umwelt gewidmet (www.vtiff.org)

Dezember
Christmas Lights on Boston Common: 1. Woche, feierliche Illuminierung des Boston Common

Reiseinfos von A bis Z

Apotheken

Verschreibungspflichtige Medikamente gibt es in den Pharmacies. Anders als in Deutschland pflegen sie in Supermärkten untergebracht zu sein. Ihre Adressen findet man auf den Yellow Pages (Gelben Seiten) der Telefonbücher. Nicht rezeptpflichtige Mittel gibt es in Supermärkten und Drogerien (Drugstores). Achtung: Ein in den USA ausgestelltes Rezept ist nur im selben Bundesstaat gültig.

Ärztliche Versorgung

Das amerikanische Gesundheitswesen entspricht mitteleuropäischem Standard, ist privatwirtschaftlich organisiert und kann deshalb teuer zu stehen kommen. Der Abschluss einer Reisekrankenversicherung ist daher unbedingt zu empfehlen. Ausländische Patienten müssen die Behandlungskosten vor Ort beim Arzt oder Krankenhaus bezahlen. Man sollte darauf achten, dass die Quittung leserlich ausgestellt und die Art der Verletzung und der Therapie präzise aufgeführt ist.

Diplomatische Vertretungen

... in Deutschland
Botschaft der USA
Pariser Platz, Clayallee 170
10117 Berlin
Tel. 030 8305-0
http://german.germany.usembassy.gov

... in Österreich
Botschaft der USA
Boltzmanngasse 16
A-1090 Wien
Tel. 01 313 39-0, Fax 310 06 82
www.usembassy.at

... in der Schweiz
Botschaft der USA
Sulgeneckstr. 19
3007 Bern
Tel. 031 357 70 11, Fax 357 73 44
http://bern.usembassy.gov/

... in Neuengland/Washington D.C.
German Consulate General
3 Copley Pl., Suite 500
Boston, MA 02116
Tel. 617 369 4900, Fax 369 4940
info@bost.diplo.de
www.germany.info/Vertretung/usa/en/03_Consulates/00/_Consulates.html

Austrian Honorary Consulate
15 School St., 5th floor
Boston, MA 02108
Tel. 617 227 3131, Fax 227 8420
consul@austria-bos.org
www.austria-bos.org

Embassy of Switzerland
2900 Cathedral Ave.
Washington, D.C. 20008
Tel. 202 745 7900, Fax 387 2564
vertretung@was.rep.admin.ch
www.swissemb.org

Elektrizität

Die Netzspannung in den USA beträgt 110 Volt. Rasierapparate, Reiseföhne und andere elektrische Kleingeräte lassen sich inzwischen meist von 220 auf 110 Volt umschalten. Adapter für die amerikanische Steckdosennorm sind in deutschen Elektrogeschäften und an Flughäfen erhältlich.

Feiertage

Januar
New Year's Day: Neujahr
Martin Luther King Jr. Birthday: Geburtstag des ermordeten Bürgerrechtlers am 3. Mo.

Februar
Presidents' Day: 3. Mo.

April
Patriot's Day: Mo., der dem 19. April am nächsten liegt, in Massachusetts und Maine

Mai
Memorial Day: letzter Mo., Heldengedenktag, Beginn der touristischen Hauptsaison

Juli
Independence Day: 4. Juli, Unabhängigkeitstag, wichtigster Feiertag in den USA

August
Bennington Battle Day: 16. Aug., in Vermont

September
Labor Day: 1. Mo., Tag der Arbeit, Ende der touristischen Hauptsaison

Oktober
Columbus Day: 2. Mo., Entdeckung Amerikas
Halloween: 31. Okt.

November
Veterans Day: 11. Nov., Tag der Kriegsveteranen
Thanksgiving Day: 4. Do., Erntedankfest

Dezember
Christmas Day: 25. Dez., Weihnachten
New Year's Eve: 31. Dez., Silvester

Geld

Ein US-Dollar ($) hat 100 Cents. Scheine kommen als 1-, 2-, 5-, 10-, 20-, 50- und 100-Dollarnoten vor. Münzen gibt es als 1, 5 *(nickel)*, 10 *(dime)* und 25 *(quarter)* Cents. Die Ein-Dollar-Münze ist landesweit auch als ›buck‹ bekannt.
Kreditkarten: Am weitesten verbreitet sind VISA und MasterCard. Bankautomaten, ATMs (Automatic Teller Machines), gibt es überall, wo Geld ausgegeben wird. In den USA wird die Kreditkarte häufiger benutzt als in Europa: Der Einkauf im Supermarkt, der Restaurantbesuch und der Stopover an der Tankstelle wird mit der Karte beglichen. Leiht man sich vor Ort einen Wagen, ist die Kreditkarte ebenso unentbehrlich wie beim Einchecken im Hotel: Sie beweist Kreditwürdigkeit.

Maße, Temperaturen

Noch immer beherrschen die alten Maßeinheiten Denken und Straßenschilder.

Längenmaße
1 mile – 1,6 km; 1 yard – 0,9 m; 1 foot – 30 cm; 1 inch – 2,5 cm

Temperatur
Die Temperatur wird in Fahrenheit angegeben. Umrechnung in Celsius: Fahrenheit minus 32 geteilt durch 1,8.
32 Grad Fahrenheit – 0 Grad Celsius
68 Grad Fahrenheit – 20 Grad Celsius
77 Grad Fahrenheit – 25 Grad Celsius
86 Grad Fahrenheit – 30 Grad Celsius

Medien

In **Radio** und **Fernsehen** wimmelt es von Trash. Kein Wunder: Radio- wie Fernsehstationen sind Privatunternehmen und finanzieren sich durch Werbung. Ein paar Lichtblicke im Fernsehen sind v. a. der PBS (Public Broadcasting Service), der als öffentlicher Sender interessante Dokumentationen und anspruchsvolle Filme bringt. Sieht man die Unzahl der täglichen Sitcoms als Möglichkeit zur Erforschung der amerikanischen Volksseele, mag man sich ab 19 Uhr durch die Kanäle zappen. Von daher sind die Talk-Radioshows im AM-Bereich interessant. Jeder hat hier das Recht der freien Rede und nutzt es ausgiebig.

Die besten **Zeitungen** Neuenglands sind der ›Boston Globe‹ (www.boston.com/bostonglobe/) und der ›Boston Herald‹ (www.bostonherald.com). Daneben gibt es eine große Anzahl hervorragender Lokalzeitungen, die jedoch kaum über eigene Berichterstattung in Übersee verfügen und ihre internationalen Nachrichten von Agenturen beziehen. Was wann und wo los ist, erfährt man aus den überall ausliegenden Stadtzeitungen.

Notruf

Polizei, Feuerwehr und Ambulanz sind überall in den USA unter Tel. **911** zu erreichen. Unter 0 verbindet auch der Operator mit dem Polizeirevier oder Krankenhaus.
AAA (Automobile Association)-Notruf: Tel. 1 800 222 4357

Öffnungszeiten

Die USA kennen kein Ladenschlussgesetz. Die Öffnungszeiten können daher nur annähernd angegeben werden. **Geschäfte** in Boston und den größeren Städten haben von ca. 9.30 bis mind. 18 Uhr geöffnet. Auf dem Land sind oft kürzere Öffnungszeiten üblich. **Banken** haben meist Mo–Do 9–16 und Fr 9–18 Uhr geöffnet, in den Zentren der größeren Städte zum Teil auch samstags vormittags. **Postämter** haben Mo–Fr 9–17 und Sa 9–16 Uhr geöffnet.

Restaurants und Bars haben sehr unterschiedliche Öffnungszeiten, die sich nach dem Gästebetrieb richten. In Boston und den größeren Städten können Restaurants vom Frühstück bis zum Dinner durchgehend geöffnet haben. Andere schließen zwischen den Mahlzeiten oder machen nur abends auf. Vor allem in Boston schließen immer mehr Restaurants erst, wenn der letzte Gast gegangen ist.

Post

Postkarten und Briefe nach Europa kosten 80 Cents. Sie sind drei bis fünf Tage unterwegs.

Rauchen

Raucher sind auch in Neuengland längst in der Defensive. Die meisten Restaurants sind ›No Smoking‹-Etablissements, immer mehr Hotels führen ausschließlich Nichtraucherzimmer.

Reisekasse und Preise

Die Kosten für **Unterkunft** dürften der größte Einzelposten im Reisebudget sein. Bei der Budgetplanung sind die Jahreszeit und Feiertage zu berücksichtigen: Zu Festen wie Ostern und im Indian Summer verdoppeln die Hoteliers die Übernachtungspreise (s. S. 24). In Boston ist es während Messen und internationalen Veranstaltungen teurer. Für **Essen und Trinken** müssen, je nach Appetit und Ansprüchen, 40 bis 60 $ pro Tag veranschlagt werden.

Best price
Der Wettbewerb um zahlende Gäste ist hart in der amerikanischen Hotellerie, daher gibt es oft Sonderpreise. Selbst 4-Sterne-Hotels werben in lauen Wochen mit Preisnachlässen und Mittelklasse-Hotels locken mit Rabatten, Wochenend-Tarifen und auch Zwei-Nächte-zum-Preis-von-einer-Aktionen. Man sollte sich also nicht scheuen, nach dem *best price* zu fragen.

Im Allgemeinen ist es billiger, den **Mietwagen** vom Heimatland aus zu buchen (s. S. 23). Die Kosten für Benzin sollte man bei ca. 2,70 $ pro Gallone (rd. 3,8 l) ansetzen.

Bei der Kalkulation sind immer die **Steuern** zu berücksichtigen, die auf die Rechnung geschlagen werden. Die Restaurantsteuer beträgt 5 bis 8 %, die Hotelsteuer 6 bis 12 %. Vermont hat keine Hotelsteuer. Die Verkaufssteuer kann zwischen 5 und 8 % liegen, einzig New Hampshire hat keine Sales Tax.

Reisende mit Handicap

Neuengland ist gut auf behinderte Reisende vorbereitet. Viele Sehenswürdigkeiten, Hotels und Restaurants sind rollstuhlgerecht eingerichtet. Straßenübergänge verfügen in der Regel über abgerundete Bordsteinkanten. Konkrete Reiseinfos: **Massachusetts Network of Information Providers for People with Disabilities** (200 Trapelo Rd., Waltham, MA 02452 6319, Tel. 617 642 0248, www. mnip-net.org).

Sicherheit

Neuengland ist für amerikanische Verhältnisse ungewöhnlich sicher. In den touristisch interessanten Vierteln von Boston kann man nachts relativ sorgenfrei ausgehen. Dies gilt auch für kleinere **Städte**. Dennoch sollte man, wie in jeder Stadt, nachts dunkle Straßen meiden und in unübersichtlichen Situationen den gesunden Menschenverstand walten lassen. Vor dem Stadtrundgang am besten alle nicht benötigten Wertgegenstände in den Hotelsafe legen, Kamera, Handy und Radio bei geparktem Auto in den Kofferraum. An Flugplätzen, Busbahnhöfen oder Bahnhöfen gilt: Vorsicht vor Taschendieben! Es empfiehlt sich, von allen wichtigen Dokumenten einschl. Flugticket Kopien zu fertigen und getrennt aufzubewahren.

Bei **Wanderungen** durch die Wildnis ist der größte Feind der eigene Leichtsinn: Vor allem unerfahrene Wanderer überschätzen ihre Möglichkeiten, nehmen nicht genug Wasser mit, denken nicht an den Sonnenschutz und halten die überall angebrachten Hinweisschilder für eine Verschandelung der Natur. Selbst im kleinräumigen Neuengland gehen immer wieder Wanderer verloren, vor allem in den White und den Green Mountains. Wer sich die ›Great Outdoors‹ – einen Aufenthalt in der freien Natur – vornimmt, tut also gut daran, die mehrtägige Tour gründlich zu planen, sich mit Infomaterial einzudecken und sich in den Visitor Centers nach dem Zustand der Trails und der aktuellen Wetterlage zu erkundigen. Bären wird man so gut wie nicht begegnen, Elchen schon eher. Hier gilt: Abstand wahren und auf plötzliche Bewegungen verzichten.

Souvenirs

Ahornsirup aus Vermont und traditionelles Kunsthandwerk von der Küste und aus New Hampshire. Aus den Shaker-Museen praktische Shaker-Kästen zur Schmuckaufbewahrung. Wahre Fundgruben sind in entlegenen Gegenden die alten General Stores: Hier findet man von handgestrickten Wollpullovern über naive Malereien bis zu ungewöhnlichen Schnitzereien, Lederarbeiten und hausgemachter Marmelade vieles, was sich als nettes Mitbringsel eignet.

Telefonieren

Eine Qual und nur im Lokalbereich praktikabel sind münzgebundene Gespräche von **öffentlichen Fernsprechern**. Telefonate vom Hotelzimmer sind in der Regel teuer. Flexibler ist man unterwegs mit den **Telefonkreditkarten** *(calling cards)* deutscher und amerikanischer Telefongesellschaften. Sie werden über das eigene Konto abgerechnet oder arbeiten mit einem fixen Guthaben. Den Anruf nach Hause kann man auch als R-Gespräch führen: die 0 wählen und beim Operator einen *collect call* anmelden.

Deutschland hat die Vorwahl 0 11 49, Österreich 0 11 43, die Schweiz 0 11 41, die 0 der Ortsvorwahl entfällt. Innerhalb der USA wählt man für Gespräche außerhalb des *area code* die 1 vor.

Trinkgeld

Das Trinkgeld ist nicht im Preis inbegriffen und liegt in der Regel bei 15 %. Der *tip* gehört in den USA dazu, mit dem Trinkgeld bessert das Personal sein meist schlechtes Gehalt auf. Im Restaurant wird das Trinkgeld beim Verlassen auf dem Tisch zurückgelassen. Bezahlt man mit Kreditkarte, schlägt man es beim Abrechnen auf. Gepäckträger erhalten 1 $ pro Koffer, Zimmermädchen 2 $ pro Tag. Tankwarte erwarten kein Trinkgeld.

Umgangsformen

Wie im übrigen Amerika wird Höflichkeit auch in Neuengland großgeschrieben. Es wird weder gehupt noch gedrängelt. Man wartet, bis man an der Reihe ist, und wenn man denn einmal Grund zu der Annahme hat, vergessen worden zu sein, genügt meist eine freundliche Erinnerung an den Kellner oder Türsteher.

Die Freundlichkeit, mit der Amerikaner einem begegnen – oft als typisch amerikanische Oberflächlichkeit abgetan –, kann sehr wohltuend sein. Ein guter Ort, um sich in amerikanischer Etikette zu üben, ist der Frühstücksraum in einem B&B, wo die Gäste meist bunt durcheinandergewürfelt an einem Tisch sitzen. Wer sich dazusetzt, stellt sich mit Vornamen vor und sagt, woher er kommt. Gespräche ergeben sich danach von selbst. Bei Begrüßungen gehört die Floskel »Nice to meet you« dazu, bei Abschieden ein »Have a safe trip«.

Ansonsten gelten auch hier ganz normales Taktgefühl und der gesunde Menschenverstand. Politische Diskussionen werden am besten im Freundes- und Bekanntenkreis geführt. Man sollte nicht über das Gastgeberland herziehen.

Zeit

Neuengland liegt in der Zeitzone der Eastern Standard Time (EST). Die Differenz zur mitteleuropäischen Zeit (MEZ) beträgt minus sechs Stunden. Die amerikanische Sommerzeit gilt vom letzten Sonntag im April bis zum letzten Sonntag im September.

Panorama – Daten, Essays, Hintergründe

In leuchtendes Rot und Gelb getaucht ist das Laub im Indian Summer

Steckbrief Neuengland

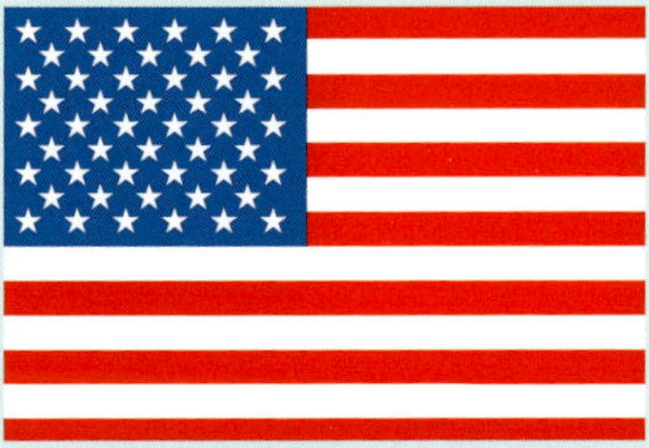

Lage und Fläche: 185 111 km^2
Staaten und Hauptstädte: Massachusetts (27 337 km^2, Boston), Rhode Island (4002 km^2, Providence), Connecticut (12 997 km^2, Hartford), Vermont (24 903 km^2, Montpelier), New Hampshire (24 219 km^2, Concord) und Maine (91 653 km^2, Augusta)
Einwohner: Mass. (6,6 Mio.), RI (1,06 Mio.), Ct. (3,5 Mio.), Vt. (0,62 Mio.), NH (1,32 Mio.), Me. (1,32 Mio.), Neuengland gesamt: 14,42 Mio.
Größte Städte: Boston (645 000 Einw.), Worcester (Mass., 172 000 Einw.), Providence (RI, 175 255 Einw.), Springfield (Mass., 155 000 Einw.), Bridgeport (Ct., 138 000 Einw.)
Bevölkerungsdichte (Einw./km^2): Mass. 320, RI 274, Ct. 280, Vt. 26, NH 57 und Me. 17
Amtssprache: Amerikanisches Englisch
Währung: US-Dollar
Zeitzone: MEZ -6 Stunden

Geografie und Natur

Neuengland umfasst die sechs US-Bundesstaaten im äußersten Nordosten der USA. Die stark zerlappte Küste dieser Region und die lang gezogenen, meist in Nord-Süd-Richtung verlaufenden Höhen- und Gebirgszüge wurden von der letzten Eiszeit geformt. Im Küstenbereich, von Südwest-Connecticut bis hinauf in den Nordwesten von Maine, hat sie dabei Seen, sanfte Hügellandschaften und Sandstrände wie auf Cape Cod hinterlassen. Viele der Seen sind rund – Relikte erst spät geschmolzener Eisblöcke. Landeinwärts durchqueren die Appalachen die Region. In den White Mountains erreichen sie mit dem Mount Washington (1917 m) ihre höchste Erhebung. Typisch für die White Mountains sind die u-förmigen Trogtäler. Die weiter westlich liegenden, sich durch Massachusetts und Vermont ziehenden Berkshire Hills bzw. Green Mountains sind etwas niedriger. Der Neuengland in der Länge durchfließende Connecticut River ist mit 600 km der längste Fluss. Der 200 km lange, aber nur bis zu 20 km breite Lake Champlain ist der größte See.

Geschichte

Puritaner aus England gründeten 1620 Boston. Weitere Städte folgten schnell, was zu Reibungen mit den anfänglich gastfreundlichen Ureinwohnern führte. Im King Philip's War (1675/76) wurde deren Widerstand endgültig gebrochen. Im 18. und frühen 19. Jh. kamen Salem, Newport, Boston und Providence durch den Dreieckshandel und den Handel mit China zu Wohlstand. Provincetown, New Bedford und Nantucket wurden Walfangzentren. Der Forderung der Kolonien nach politischer Mitsprache begegnete London mit immer repressiveren Steuergesetzen, bis am 19. April 1775 in Lexington und Concord die ersten Schüsse des amerikanischen Unabhängigkeitskrieges fielen. Auch im 19. Jh. gaben die Neuengland-Staaten, nicht zuletzt dank ihrer Hochschule, dem Land entscheidende Impulse: Hier begann die

Industrialisierung der USA, hier wurde die amerikanische Literatur aus der Taufe gehoben. Am Ende des 20. Jh. wiesen nicht nur die in der Region angesiedelten Hightech-Branchen den Weg in die Zukunft. Mit der Übernahme grüner Umwelttechnologien und der Legalisierung homosexueller Lebensgemeinschaften verkörpern die Neuengland-Staaten, allen voran Vermont, das progressive Amerika.

Staat und Verwaltung

Die USA sind eine Präsidialrepublik. Die Regierung besteht aus dem Zweikammerparlament (Congress) mit Repräsentantenhaus (House of Representatives) und Senat (Senate). Der auf vier Jahre gewählte Präsident ist Staatsoberhaupt, Regierungschef und oberster Befehlshaber der Streitkräfte. Es gibt zwei Parteien in den USA: die Demokraten und die Republikaner. Anders als in Europa sind sie eher Interessengruppen, wobei die Demokraten traditionell zu einer sozial-liberalen Innenpolitik tendieren, während die Republikaner eine deutlich konservativere Linie fahren. Neuengland ist seit jeher eine Bastion der Demokraten. Eine Besonderheit im politischen Leben Neuenglands sind die sogenannten ›Town Meetings‹. Auf diesen regelmäßig in vielen Städten und Dörfern stattfindenden Versammlungen diskutieren die Bürger Themen von lokaler Bedeutung und stimmen per Handzeichen ab.

Universitäten

Mehr als 800 000 Studenten büffeln an Neuenglands Colleges und Universitäten. Vier der berühmten acht Ivy-League-Universitäten im Nordosten der USA – Harvard, Yale, Brown, Dartmouth – liegen in Neuengland. Hinzu kommen rund 250 Colleges und Internate, die sogenannten ›Prep Schools‹, wo die Schüler auf ihre Studien an einer der Elite-Universitäten vorbereitet werden.

Wirtschaft und Tourismus

Neuengland gehört zu den Regionen mit dem höchsten Pro-Kopf-Einkommen des Landes. Die Arbeitslosigkeit liegt zwischen drei und fünf Prozent. Als Wiege der Industrialisierung und Denk-Kultur der USA ist Neuengland bis heute stark im Bau von Maschinen, Präzisionsinstrumenten, Waffen sowie der Entwicklung von Hard- und Software. Mit Pharmaerzeugnissen, Chemikalien und Elektroartikeln machen sie drei Viertel der Exporte Neuenglands aus. Landwirtschaft ist nur vereinzelt möglich (vor allem in Vermont), dennoch exportiert Neuengland Nahrungsmittel wie Ahornsirup, Kartoffeln, Fisch, Hummer und Johannisbeeren. Die Versicherungsbranche blüht, viele ihrer Manager sind durch die neuenglischen Kaderschmieden gegangen. Der Tourismus zählt zu den wichtigsten Einnahmequellen. In Maine, dem ärmsten Staat Neuenglands, rangiert er als Arbeitgeber an erster Stelle.

Bevölkerung und Religion

Neuengland ist überwiegend weiß. Amerikaner anderer Hautfarben leben meist in den Großstädten, v. a. in Boston, Hartford und Worcester. Der Anteil weißer Neuengländer an der Gesamtbevölkerung beträgt je nach Staat 86 bis 97 Prozent. Von der Vielzahl der in Neuengland vertretenen Religionen hat die katholische Kirche die meisten Mitglieder.

Geschichte im Überblick

Erkundung

1000 n. Chr.	Wikinger aus Grönland erreichen von Neufundland aus möglicherweise auch Neuengland.
1497	John Cabot nimmt die amerikanische Küste zwischen ›the new founde land‹ und Virginia für den englischen König Heinrich VII. in Besitz.
16. Jh.	Fischer aus halb Europa segeln vor Neuenglands Küsten.
Anf. 17. Jh.	Kapitän Bartholomew Gosnold benennt Cape Cod und Martha's Vineyard. 1607 gründen Londoner Kaufleute weiter südlich die Virginia Colony. Frankreich folgt im Jahr darauf mit Neu-Frankreich am St.-Lorenz-Strom. Samuel de Champlain, der ›Vater Neu-Frankreichs‹, sieht die grünen Berge Vermonts. 1614 nennt der für die Virginia Colony segelnde Kapitän John Smith die gesamte Küste ›Neuengland‹.

Kolonialisierung

1620	Die »Mayflower« bringt die ersten Siedler, fundamentalistische Protestanten, nach Neuengland. In der Nähe des heutigen Plymouth (Mass.) gründen die später so genannten Pilgerväter die erste permanente Siedlung der Region: Plimoth Plantation. In England waren schwere Konflikte mit der anglikanischen Staatskirche vorausgegangen: Die Puritaner hatten sie vom ›katholischen Pomp‹ reinigen wollen und waren so auf die königliche Abschussliste geraten.
1630	John Winthrop, Gouverneur der Massachusetts Bay Colony, gründet Boston und errichtet eine ultraorthodoxe Theokratie. Kritiker verlassen die Stadt und gründen eigene Städte (u. a. 1635 Thomas Hooker: Hartford Colony; 1638 Roger Williams: Providence).
1634–1641	Im Pequot-Krieg (bis 1637) vernichten die Siedler das Volk der Pequot und ebnen den Weg zur Gründung der Connecticut Colony. 1640 siedeln bereits 25 000 Menschen an Neuenglands Küsten.
1651	Der britische ›Navigation Act‹ beschränkt den Handel mit dem Mutterland auf englische Schiffe.
ab 1660/62	Die Kolonien New Haven und Connecticut werden vereinigt. 1679 wird New Hampshire Kronkolonie. 1691 folgt Massachusetts, dem Maine zugeschlagen wird.
1675/76	Unter dem Wampanoag-Häuptling Philip erheben sich fünf Stämme gegen die landhungrigen Siedler. Der brutal geführte King Philip's War besiegelt das Schicksal der Indianer Neuenglands. Rhode Island

Täuschend echt: Wampanoag-Behausung in Plimoth Plantation

und Connecticut werden von Indianern ›gesäubert‹, die Urbevölkerung der Region schmilzt in den nächsten Jahrzehnten auf wenige Hundert Menschen zusammen.

1692/93 Der Hexenverfolgung in Salem fallen 20 Menschen zum Opfer.

1701 In New Haven wird die Yale University gegründet.

1754–1763 Der French and Indian War destabilisiert die Kolonien. Stoßtrupps verbündeter Franzosen und Indianer terrorisieren die Städte Maines. 1759 fällt Québec, im Jahr 1763 trennt sich Frankreich im ›Frieden von Paris‹ von seinen Besitzungen in Nordamerika.

Der Weg zur Unabhängigkeit

1765–1774 Mit einem Bündel restriktiver Steuergesetze (Stamp Act, Townshend Act, Tea Act) bringt London die Kolonien weiter gegen sich auf. 1768 verfasst Samuel Adams den ›Circular Letter‹, der alle Kolonien erreicht und gegen die Knebelsteuern protestiert. 1770 werden beim ›Boston Massacre‹ fünf Kolonisten getötet. 1773 werfen als Indianer verkleidete Bürger aus Protest gegen die Teesteuer im Bostoner Hafen die Teeladung englischer Schiffe ins Meer. Diese ›Boston Tea Party‹ und die ›Intolerable Acts‹ 1774 (u. a. Schließung des Bostoner Hafens) führen noch im selben Jahr zum ersten Kontinentalkongress in Philadelphia. Dort erklären die Kolonien die Steuergesetze für null und nichtig und fordern die Siedler auf, sich zu bewaffnen.

1775 Am 19. April fallen in Lexington bei Boston die ersten Schüsse des Unabhängigkeitskrieges. Am 10. Mai nehmen in Vermont die ›Green Mountain Boys‹ unter Ethan Allen das britische Fort Ticonderoga ein. Am 17. Juni gewinnen die Briten die Schlacht von Bunker Hill nur unter großen Verlusten. George Washington wird Kommandeur der Kontinentalarmee.

1776 Im März wird Boston von den Briten aufgegeben. Am 4. Juli erklären sich die 13 Kolonien in Philadelphia für unabhängig. Die ›Declaration of Independence‹ gipfelt in den Sätzen: »Folgende Wahrheiten halten wir für selbstverständlich: dass alle Menschen gleich geschaffen sind; dass sie von ihrem Schöpfer mit gewissen unveräußerlichen Rechten ausgestattet sind; dass dazu Leben, Freiheit und Streben nach Glück gehören.« Der angesehene Bostoner John Hancock unterschreibt die Erklärung als Erster – in großen Buchstaben, damit, wie er sagt, »der König von England sie ohne Brille lesen« könne.

1777 Ethan Allen ruft die unabhängige Republik Vermont aus (Vermont tritt erst 1791 als 14. Staat den USA bei). Im gleichen Jahr werden die Briten bei Bennington (Vt.) geschlagen. Danach verlagern sich die Kämpfe nach Süden.

1780 Französische Truppen zur Unterstützung der Amerikaner treffen in Newport (RI) ein. 1781 tragen sie zum kriegsentscheidenden Sieg der Amerikaner über General Cornwallis in Yorktown (Virginia) bei.

1783 Im Frieden von Versailles erkennt England die Unabhängigkeit der Vereinigten Staaten von Amerika an.

19. Jahrhundert

1790 Die Inbetriebnahme der Slater Mill, der ersten mechanischen Baumwollspinnerei, in Pawtucket (RI) signalisiert den Beginn der Industrialisierung Neuenglands.

1807 In Connecticut veröffentlicht Noah Webster das erste ›Webster's Dictionary‹, das für das amerikanische Englisch maßgebliche Wörterbuch.

1812–1814 Krieg zwischen den USA und England. Die Seeblockade ruiniert Neuenglands Handelsflotte.

1820	Maine wird 23. Staat der USA. Neuenglands Walfänger kreuzen auf allen Weltmeeren. Walfang und Überseehandel, v. a. mit China, machen u. a. Nantucket und New Bedford reich. Beginn des Mäzenatentums: Unternehmer spenden für Museen, Galerien und Colleges.
1842	Als erster Bundesstaat gewährt Massachusetts Arbeitern das Streikrecht. Hungersnöte spülen irische Einwanderer nach Boston.
1852	Die Schriftstellerin Harriet Beecher Stowe aus Connecticut veröffentlicht in Boston ihren Anti-Sklaverei-Roman »Onkel Toms Hütte«.
1861–1865	Bürgerkrieg. Der Nordosten bleibt verschont. Neuenglands Waffenfabriken verhelfen dem Norden zum Sieg. Im Süden wird die Sklaverei abgeschafft.
1897	Die erste U-Bahn des Landes nimmt in Boston den Betrieb auf.
	20. Jahrhundert
1905	In Portsmouth (NH) wird der russisch-japanische Friedensvertrag unterzeichnet.
bis 1914	Trotz der seit 1890 erlassenen Anti-Trust-Gesetze blühen die Trusts von Unternehmern wie Rockefeller und Vanderbilt. In Newport in Rhode Island errichten die Milliardäre des ›Golden Age‹ Schlösser aus Marmor und Granit, die sogenannten ›Cottages‹.
1917	Die USA treten in den Ersten Weltkrieg ein.
ab 1918	Abwanderung der Textilindustrie in den preiswerteren Süden. Neuenglands Fabrikstädte verfallen.
1919	Auf Betreiben der Rockefellers wird der Acadia National Park in Maine gegründet. In Boston explodiert ein Melassetank und überzieht ganze Stadtteile mit einer 7 m dicken Melasseschicht. 21 Menschen sterben.
1920	Frauen erhalten das Wahlrecht.
1920–1933	Prohibition: Alkohol darf nicht hergestellt und gehandelt werden.
1924	Indianer erhalten das Wahlrecht.
1927	Nach einem weltweit kritisierten Prozess werden die italienischen Einwanderer Sacco und Vanzetti in Boston als Mörder und Anarchisten hingerichtet.

1929	Der Börsenkrach verstärkt Neuenglands Krise.
1941	Die USA treten in den Zweiten Weltkrieg ein.
1944	Im Mount Washington Hotel in Bretton Woods (NH) beschließen die Vertreter von 44 Ländern die Gründung des Internationalen Währungsfonds.
1952	John F. Kennedy aus Massachusetts wird in den Senat gewählt.
1954	In Groton (Ct.) läuft die »Nautilus«, das erste nukleare U-Boot der Welt, vom Stapel.
1961–1963	John F. Kennedy ist der jüngste und erste katholische Präsident der USA.
1966	Als erster schwarzer Politiker vertritt der Anwalt Edward W. Brooke Massachusetts im Senat.
1970	Als erster der Neuengland-Staaten verabschiedet Vermont eine Reihe von Umweltgesetzen. An der Yale University in New Haven (Ct.) kommt es nach einem Black-Panther-Prozess zu schweren Studentenunruhen. Boston erlebt während der 1970er-Jahre Rassenkrawalle.
1976	Der Supertanker »Argo Merchant« läuft vor Nantucket auf Grund und verliert 30 Mio. Liter Rohöl.
1978	Maine einigt sich mit den Penobscot- und Passamaquoddy-Indianern über deren Landforderungen.
1985	In Vermont wird mit Madeleine Kunin erstmals eine nicht in den USA geborene Politikerin in das Gouverneursamt gewählt.
1990	Die Rezession erfasst Neuengland. Ein Jahr später bricht die renommierte Bank of New England zusammen. Aus dem Isabella Stewart Gardner Museum in Boston werden Kunstwerke im Wert von 100 Mio. $ gestohlen.
1992	In Ledyard (Ct.) eröffnen die Mashantucket-Pequot-Indianer das größte Kasino der Welt.
1997	Die Vermonterin Jody Williams erhält für ihren Kampf gegen den Einsatz von Landminen den Friedensnobelpreis. Der Internet-Boom kurbelt im Großraum Boston die Wirtschaft an.

1998 Im Januar hinterlässt ein Eissturm im Norden Schäden in Milliardenhöhe.

Das 21. Jahrhundert

2000 Vermont legalisiert als erster US-Bundesstaat homosexuelle Lebensgemeinschaften.

Mai 2003 Die Felsformation ›Old Man of the Mountain‹ in den White Mountains, seit über 200 Jahren New Hampshires Symbol für Stolz und Unabhängigkeit, bricht ab.

2004 Nach seinem Ausscheiden aus dem Präsidentschaftsrennen gründet Howard Dean, ehemals Gouverneur von Vermont, ›Democracy for America‹, eine Graswurzel-Aktionsgruppe zur Eindämmung rechter Gruppierungen. Sein demokratischer Mitbewerber John Kerry gewinnt alle Neuengland-Staaten.

2006 Im Januar wird in Connecticut das erste Todesurteil seit 45 Jahren vollstreckt.

2008 Gleichgeschlechtliche Lebensgemeinschaften werden in allen Neuengland-Staaten (außer in Rhode Island) anerkannt.

2010 Im Süden von Rhode Island führen im März ungewöhnlich schwere Regenfälle zur Überschwemmung weiter Landstriche. Für zwei Tage gilt sogar der Ausnahmezustand.

2008: Der Weg ist frei für die Trauung gleichgeschlechtlicher Paare

Neuengland zu Fuß

Die White Mountains sind Neuenglands Hiker-Dorado. Drei Autostunden nördlich von Boston streben sie, meist in New Hampshire, teils in Maine, entschlossen über die Baumgrenze. Ein weiteres Hiker-Dorado: die Green Mountains. Auch sie sind Teil der Appalachen, ziehen längs durch Vermont und enden in Massachusetts als Berkshire Hills.

Appalachian Trail

Man hat doch so brav trainiert: Stufen statt Rolltreppen, Fahrrad statt U-Bahn, Kniebeugen, Liegestütze. Alles umsonst. Schon am ersten Tag auf dem **Appalachian Trail,** dem berühmten Fernwanderweg von Georgia nach Maine, steckt einem jeder Kilometer wie ein Bremsklotz in den Knochen. Die White Mountains sind steil. Verdammt steil ... Viereinhalb Stunden, steht auf dem Schild am Pinkham Notch Visitor Center, brauche man für die 12 km hinauf zur Madison Spring Hut. Doch viereinhalb Stunden später konstatiere ich verdrossen: Wer das geschrieben hat, hat glatt gelogen. Oder war einfach unverschämt gut in Form.

Der Mount Washington ist mit 1917 m der höchste Gipfel der White Mountains – was erst vor Ort beeindruckt, wenn man feststellt, dass die eiskalten Winde aus Kanada die kahlen Gipfelplateaus der Presidential Range in lebensfeindliche Mondlandschaften verwandelt haben. Typisch auch die U-förmigen Täler, die sogenannten *notches,* die die letzte Eiszeit bei ihrem Rückzug hinterließ, und die runden Seen, deren Form auf isolierte, erst spät geschmolzene Eisblöcke zurückgeführt wird. Unberührt, oder relativ unberührt, sind die ›Whites‹ noch immer. Raum für Häuser, geschweige denn Dörfer, geben sie nur ungern her: Kein Wunder, dass die letzten Täler und Schluchten erst zu Beginn des 19. Jh. entdeckt wurden. Geologisch gehören sie zu den Appalachen, die in Georgia beginnen und in Newfoundland (Kanada) enden.

Long Trail

Nur mit dem Mt. Mansfield (1339 m) bequem über die Baumgrenze reichend, verfügen die Green Mountains mit dem 438 km langen **Long Trail** über einen weiteren der berühmten Fernwanderwege der USA. Der ›Lange Pfad‹ beginnt bei Williamstown (Mass.) und überquert auf seiner Reise nach North Troy (Vt.) im Norden die höchsten Gipfel der Green Mountains. Damit steht er in puncto Härte auch den anspruchsvollsten Trails der ›Whites‹ nicht

Naturschauspiel in den White Mountains

nach. Die berühmtesten Vier-Jahreszeiten-Spielplätze des Ostens befinden sich ebenfalls hier: Stowe und Killington (beide Vt.), Skiresorts im Winter und Hiking- und Mountainbiking-Paradiese im Sommer.

Weitere Trails

Nur etwas für erfahrene Hiker: Die **100-Mile-Wilderness** im Norden von Maine. Sümpfe, Seen und Berge, vor allem aber die atemlose Stille machen den Reiz dieser unzugänglichen Wildnis zwischen Monson und Abol Bridge kurz vor dem Baxter State Park aus. So mancher hat sich hier bereits verlaufen, so auch der Reiseschriftsteller Bill Bryson (s. S. 276). Einziger Weg hindurch ist der Appalachian Trail, der weiter nördlich auf dem Mount Katahdin seine Reise durch die USA beendet. Zehn Tage dauert der Trek, Ausstiegsmöglichkeiten unterwegs gibt es nicht. Veteranen beschreiben ihn als tunnelähnliches Erlebnis – und die Konfrontation mit der Einsamkeit (neben den physischen Strapazen) als größte Herausforderung. Zelt und Proviant sind mitzuführen, gezeltet wird meist in einfachen, ›lean-to's‹ genannten Unterständen.

Last but not least: Die Wanderwege im **Acadia National Park** an der Nordküste Maines. Der einzige Nationalpark Neuenglands, mit 142 km² ein rechter Winzling, verfügt mit immerhin 200 Trailkilometern doch über ein Netz höchst attraktiver Wanderwege. Die Palette reicht vom Spaziergang zum Biberdamm bis zum anspruchsvollen, atemberaubende Kletterpartien einschließenden Hike über riesige, übereinandergetürmte Felsbrocken. Dabei liegt der besondere Reiz in der Nähe zum Meer: Der Atlantik bleibt stets in Sicht-, Hör- oder Reichweite.

Eine recht erholsame Etappe am Appalachian Trail

Trails durch die Wildnis

White Mountains Der Appalachian Mountain Club (AMC) unterhält hier die rustikale Joe Dodge Lodge im Pinkham Notch Visitor Center, das neue Highland Center at Crawford Notch sowie acht bewirtschaftete Hütten beiderseits der Baumgrenze. Diese ›Mountain Huts‹ liegen jeweils eine Tageswanderung voneinander entfernt am Appalachian Trail und bieten Schlafsäle mit Etagenbetten und deftige Mahlzeiten in Gemeinschaftsräumen. Wegen der großen Nachfrage sollte man bereits zu Jahresbeginn buchen. Beste Zeit: Ende Juni–Ende Sept. (Appalachian Mountain Club (AMC), Pinkham Notch Visitor Center, Rte. 16, P.O. Box 298, Gorham, NH 03581, Tel. 603 466 2721, www.outdoors.org, Lodges 70–110 $ p.P., Hütten 80 $ p.P.).

Green Mountains Wer die 438 km des Long Trail an einem Stück wandern will, sollte einen Monat veranschlagen und bei der Planung die Hilfe des Green Mountain Club in Anspruch nehmen, da ›Food Drops‹ – das Deponieren von Nahrungsmitteln an vereinbarten Stellen – erforderlich sind. Übernachtet wird am Trail, im Zelt und/oder in einfachen Unterständen. Beste Zeit: Mitte Juli–Mitte Sept. (Green Mountain Club, 4711 Waterbury-Stowe Rd., Waterbury Ctr., Vt. 05677, Tel. 802 244 7037, www.greenmountainclub.org).

100 Mile Wilderness 10 bis 14 Tage sind für den anstrengenden Trail zu veranschlagen, Nahrungsmittel und Zeltausrüstung müssen mitgeführt werden. Viele Hiker parken den Wagen in Monson und trampen nach Abol Bridge, von wo aus sie zurück nach Monson wandern. Bebilderte Trip-Berichte im Internet beschreiben die 100-Mile-Wilderness als den strapaziösesten kurzen Hike in Nordamerika (u. a. http://sectionhiker.com/at-section-hike-100-mile-wilderness). Beste Zeit: August–Anfang Sept.

Acadia National Park: s. S. 270

Wetterumschlag inklusive

Wie es mir unterwegs zur Madison-Springs-Hütte noch erging? Irgendwann bog der über die Ostflanke des Mount Washington verlaufende Pfad bergwärts ab. Nicht in Serpentinen, ach was, schnurgeradeaus strebte er die zwischen 60 und 70 Grad steile und zerklüftete Osgood Ridge den Mount Madison hinauf. Kurz unterhalb des Gipfels zeigten mir dann die Whites, was sie wettermäßig draufhaben: Das Quecksilber fiel um 15 °C, schwarze Wolken zogen den Himmel zu. Ein scharfer Wind zerrte an der nass geschwitzten Kleidung, ich schwitzte und fror zugleich.

Sieben Stunden nach dem Aufbruch krabbelte ich dann auf schwarzen Geröllbrocken über den Gipfel. Auf der anderen Seite, 300 Meter tiefer auf einem Sattel, lag schließlich das Tagesziel. Die Madison-Spring-Hütte war erreicht – nicht viereinhalb, sondern neun Stunden später ...

Amerikas grüner Winkel

Des Neuengland-Reisenden liebste Erinnerung: Dorfidylle, von Wald eingemauert. Tatsächlich hat er Grün gesehen, jeden Tag, und zwar nicht nur jenes vitamingestärkte Vorgartengrün, sondern auch das fast schwarze Grün der wilden Wälder, in deren wüstem Unterholz Schwarzbären hausen, Elche röhren und dämmebauende Biber weite Areale in unpassierbare Sümpfe verwandeln.

Wollen wir wetten? Einmal aus Boston heraus, wird jedes zweite Erinnerungsfoto des Reisenden Wald zeigen: mal licht, mal dicht, mal wild und unzugänglich, mal poetisch und wie gemalt. Als habe sich das Antlitz Neuenglands seit der Ankunft der landhungrigen Europäer kaum verändert. Dabei wäre nichts falscher. Zwar war die Region vor 400 Jahren tatsächlich waldbedeckt. 220 Jahre Jahre später jedoch waren 80 % der Wälder Neuenglands verschwunden – Kollateralschäden der Erschließung durch Siedler, Holzfäller, Industrien. Dann aber stieß Washington die Tür zum unbesiedelten Westen auf. Dem Ruf ›Go west‹ folgten auch viele Neuengländer. Nach und nach kehrten die Wälder nach Neuengland zurück, und heute ist Amerikas Nordostecke wieder zu drei Vierteln bewaldet: In Maine am dichtesten (zu 80 %), und selbst im stark verstädterten Connecticut noch immerhin zur Hälfte.

Schwarzbär in den Appalachen

Wälder und Wildnis

Mit den Europäern kamen auch neue Pflanzen. Heute stammt ein Drittel der hiesigen Flora aus Übersee oder anderen Teilen der USA. Unserem biologisch unvorbelasteten Neuengland-Reisenden indes beschert Mutter Natur im Inneren von Maine und in den White Mountains in New Hampshire sein wohl denkwürdigstes Wildnis-Erlebnis: So ist Maines 100 Mile Wilderness, durch die nur der Appalachian Trail (s. S. 50) führt, das längste Stück unberührter Wildnis an diesem berühmten Fernwanderweg. Und in den Seitentälern der White Mountains, deren Unzugänglichkeit Horror-Autor Stephen King zu Finsterem inspiriert, verirren sich Hiker immer wieder oder werden, müde und erschöpft, Opfer der berühmt-berüchtigten Temperaturstürze. Nadelbäume und in höheren Lagen abgehärtetes Krummholz und subarktische Flora prägen hier wie dort das Bild, ansonsten dominieren Laubbaumarten wie Schwarzkirsche, weiße Esche, Eiche, Ahorn und Weißbirke. Maine und New Hampshire, die Raubeine im sonst eher kultivierten Klub der Neuengland-Staaten! Denn Massachusetts, Rhode Island, Connecticut und – in geringerem Ausmaß – Vermont präsentieren sich bei Weitem nicht so herb: Historische Flecken wie Lexington und Concord (Mass.), Litchfield (Ct.) und Manchester (Vt.) räkeln sich zwischen Oberbetten dichter Eichen- und Ahornwälder, die man beim besten Willen nicht wild nennen mag, sondern einfach nur schön.

Platz für Tiere

Das erhebende Gefühl, einem der Könige der Wildnis begegnet zu sein, darf unser Reisender ebenfalls am ehesten in Maine und New Hampshire erwarten. Vielleicht schreckt er beim Wandern durch die Wälder einen riesigen Elch auf, der daraufhin krachend im Unterholz verschwindet. Oder er begegnet dem staksigen Schaufelträger unversehens auf einer Lichtung und verharrt minutenlang Aug' in Aug'.

Neuenglands Schwarzbären machen sich erheblich rarer. Zwar hat sich ihr Bestand nach dramatischen Tiefständen in den 1970er-Jahren wieder erholt. Dennoch benötigt man eine Portion Glück, um einen dieser scheuen, zwischen 80 und 140 kg schweren Waldbewohner zu sehen. Die meisten Schwarzbären, rund 23 000, hausen im Norden und Osten von Maine. In den White Mountains von New Hampshire und in Vermonts Green Mountains leben jeweils weitere 3000. Die Bärenpopulation Massachusetts' beträgt ca. 1500 Exemplare, sie lebt westlich des Connecticut River. Der Letzte der großen drei, der Weißwedelhirsch, ist dagegen überhaupt nicht kamerascheu. Er lebt in allen Neuengland-Staaten, ebenso wie Biber, Waschbär, Stinktier, Wiesel, Beutelratte und verschiedene Eichhörnchenarten. Artenreich ist auch die Vogelwelt. Waldsänger, Rotkehlchen, Drossel, Specht, Schleiereule, Krähe und Blauhäher gehören ebenso dazu wie Fasan, Waldschnepfe, Raubvogelarten und der wild lebende Truthahn. In den Binnengewässern leben Forelle, Lachs, Barsch und Hecht.

Massachusetts, v. a. aber Maine, sind auch bekannt für ihre Meeresfrüchte und -fische, allen voran Hummer, Kabeljau, Flunder, Heilbutt sowie Krabben, Shrimps und Muscheln. Entlang der Küsten leben zudem Seerobben, sind Seevogelkolonien beheimatet. Vor den Küsten haben nach dem Walfang qualifizierte Veranstalter eine neue Industrie begründet: die Walbeobachtung, ›Whale Watching‹. Beste Ausgangspunkte für Touren zu Blau-, Buckel-, Finn- und Minkewalen sind Provincetown auf Cape Cod (Mass.) und Bar Harbor (Me.).

Thema Naturschutz

Derzeit bemühen sich der **US Fish & Wildlife Service** (www.fws.gov/refuges/) und zahlreiche Freundeskreise in über 30 sog. National Wildlife Refuges überall in Neuengland um die Wiederherstellung zerstörter oder belasteter Naturräume. Dabei reicht das Arbeitsfeld der Regierungsbehörde von als Bombenabwurfziel missbrauchten Inseln vor der Küste Maines bis Crowd Management in Naturparks in Ballungsräumen (www.nenature.com).

Mit Fleiß und Köpfchen

Colleges, Prep-Schools und Internate, Elite-Unis: Angesichts so vieler guter Lernanstalten musste es ja so kommen. Derzeit listet das New England Directory rund 8000 in kreativen Zukunftsindustrien tätige Firmen. Boston allein beherbergt die zweithöchste Konzentration kreativer Industrien in den USA, davon residieren die meisten in den sogenannten Office Parks entlang der Rte. 128 und der Interstate 495.

Hightech goes Leaf Peeping: Die Karte von Vermont zeigt am 15. September nur dünne gelbe Streifen, die längsten davon entlang der Green Mountains. Beim Klick auf ›23. September‹ gehen die Streifen dann mittig in die Breite, am 29. September verwandelt sich das Gelb über den Green Mountains schon in ein kräftiges Orange. Mitte Oktober schließlich wird für sämtliche höheren Lagen von Vermont Feuerrot angezeigt.

Der ›Foliage Forecaster‹ der Homepage des Vermont Department of Tourism ist eine tolle Sache. Wann und wo genau im Staat welche Laubfärbung zu erwarten ist – die Kartenanimation gibt Auskunft bis zur letzten Farbnuance. Und bietet dazu einen ständig aktualisierten ›Foliage Report‹, der die Wege zu den besten Aussichtspunkten nennt: »Rte. 4 over Sherburne Pass to Rutland is close to full color ...« Sollten Sie also ein Leaf Peeper sein und der Laubfärbung im Indian Summer wegen nach Neuengland reisen, erhalten Sie bei Ihrer Suche nach den schönsten Farben ab sofort Hilfe aus dem Web. Sie können sich die neues-

Eindeutige Handschrift: Frank Gehrys Ray and Maria Stata Buildings, MIT, Cambridge

ten Hinweise auch per Handy-Alerts zuspielen lassen.

Aufbruch

Nicht schlecht, erinnert man sich an die Anfänge. Allerdings auch nicht verwunderlich. Denn während der Kolonialzeit produzierte die Region kaum nennenswerte Exportgüter. Trotzdem nahm die industrielle Revolution der USA in Neuengland ihren Anfang – wegen, wie Historiker glauben, des puritanischen Arbeitsethos seiner Einwohner, ihres visionären Unternehmergeistes und ihres legendären, ›Yankee Ingenuity‹ genannten Erfindergeistes. Und, so haben es ebenfalls Historiker verspätet nachgewiesen, auch der Verfügbarkeit weiblicher Arbeitskräfte wegen. Im 19. Jh. strömten diese, nachdem ihre unrentablen Farmen daheim den Wettbewerb mit der boomenden Landwirtschaft im Westen verloren hatten, zu Zehntausenden in die neuen Textilfabriken. Das Startkapital für diese stammte aus dem Fisch- und Walfang und dem lukrativen China-Handel, die qualifizierten Führungskräfte kamen damals schon aus den ›hauseigenen‹ Hochschulen, allen voran Harvard, Yale und dem Massachusetts Institute for Technology (MIT).

Neuengland brummte. Familien wie die Rockefellers, Vanderbilts und Lowells wurden märchenhaft reich. Zugleich formierte sich in Arbeiterstädten wie Lowell (Mass.) die amerikanische Arbeiterbewegung. Neuengland wurde ein vielgliedriger industrieller Standort, der schwere Krisen wie das

Durch den Think Tank Boston

In Neuengland begann die Industrialisierung der USA, in Boston wurde sie vorgedacht. Die Bostoner waren schon immer ein kreativer und praktisch veranlagter Menschenschlag. Rasierklingen, Mikrowelle und Chemotherapie, Venture-Kapital, Polaroid-Kamera und Internet: alles aus Neu- Englands heimlicher Hauptstadt. Zu den Geburtsstätten all jener Erfindungen, die unser Leben veränderten, führt eine mehrstündige **Bustour**, die **Innovation Odyssey.** Höhepunkte: Besuche im MIT und in Harvard. (650 Beacon St., Tel. 617 350 0358, www.bostoninnovation.org, Abfahrten: 28th St., gegenüber Old State House, jeden 2. Sa. um 14 Uhr, 25 $ p. P.)

Ende des Walfangs in den 1860er-Jahren oder, wie nach dem Ersten Weltkrieg, die Abwanderung vieler Unternehmen in den billigeren Süden langfristig abfedern konnte. Denn er hatte frühzeitig auf die Synergie von Bildung und Forschung mit Unternehmertum und Venture-Kapital gesetzt. Von seinem Reservoir qualifizierter Fachkräfte profitiert Neuengland einmal mehr seit den 1980er-Jahren. Neben die Textil- und Maschinenbaubranche rückten neue verarbeitende Industrien, v. a. die Soft- und Hardwareproduktion, pharmazeutische und Hightech-Produkte, Elektronik sowie Biomedizin und Biotechnik. Standorte sind die Industriegürtel um Boston und Hartford, der urbanisierte Osten von Massachusetts und der dicht bevölkerte Süden Connecticuts. Die Arbeitslosigkeit in Neuengland bewegt sich derzeit zwischen 5,9 (NH) und 12 % (RI) .

Wirtschaftszweige

Dienstleistungen stellen traditionell über die Hälfte aller Jobs. Neuenglands Versicherungsbranche blüht, seit im 19. Jh. Investoren ihre Risiken im Überseehandel absicherten. In Hartford (Ct.) haben heute fast 50 Versicherungsgesellschaften ihren Hauptsitz. Etliche ihrer Manager sind durch die neu-englischen Kaderschmieden gegangen. Mehr als 800 000 Studenten büffeln an den 250 Colleges und Universitäten Neuenglands. Viele davon wurden vom alten Ostküsten-Adel gestiftet. Vier der berühmten Ivy-League-Universitäten der Ostküste – Harvard, Yale, Brown und Dartmouth – befinden sich hier. Zur Vorbereitung geht Amerikas junge Elite auf über 100 Internate: Der Besuch der sogenannten Prep Schools dauert vier Jahre und kostet die Eltern bis zu 100 000 $. Ganze Städte, wie Providence, New Haven, Hanover und Brunswick, hängen von ihren Bildungsanstalten, die Präsidenten, Tycoons und Nobelpreisträger am Fließband zu produzieren scheinen, ab. Mancher Absolvent bringt sein Fachwissen auch im Fremdenverkehr unter. Seit im 19. Jh. die Grand Hotels in den White Mountains die Vanderbilts und Rockefellers anlockten, entwickelte sich der Tourismus zu einer der wichtigsten Einnahmequellen Neuenglands.

Nennenswerter **Landwirtschaft** begegnet der Reisende nur in Vermont: Weniger als 10 % Neuenglands werden heute landwirtschaftlich genutzt. Bodenschätze gibt es – von Marmor und Granit aus Vermont abgesehen – nicht. Nennenswerte Gewinne erzeugen vor allem Milchwirtschaft und Geflügelzucht. **Forstwirtschaft** ist v. a. in Maine zu Hause. Die **Fischerei** bleibt trotz Überfischung eine wichtige Einnahmequelle. Seit vielen Generationen werfen die Kutter aus Boston, Gloucester und New Bedford zwischen den Grand Banks und Grönland ihre Netze aus. Da besonders die Kabeljaubestände gnadenlos überfischt wurden, stiegen viele Fischer auf Hummerfang um. Großzügige Fangquoten garantieren ihnen trotz der kurzen Saison von Ende Mai bis Anfang Oktober ein gutes Einkommen.

›Grünes‹ Neuengland?

Umweltschutz ist kein Fremdwort in Neuengland. In Vermont gibt es eine grüne Basisbewegung, und die **EPA** (US Environmental Protection Agency) ist mit dem Thema Energiesparen in den Schulen Stammgast. Junge Unternehmer, v.a. in Massachusetts, setzen auf Aquakultur und Biotechnologie. Die Erfolge der Umweltpolitik können sich sehen lassen. Der Connecticut River, der vor 40 Jahren wegen seines Chemikaliengehalts schon mal Feuer fing, gilt heute als weitgehend sauber. Im Bostoner Hafen, vor 15 Jahren noch einer der schmutzigsten des Landes, werden wieder Seehunde und Delfine gesichtet. Ein Problem bleibt die Eindämmung der wuchernden Vorstädte und der damit verbundenen Umweltprobleme.

Die Suche nach alternativen Energiequellen läuft auf Hochtouren. Wie schwer vielen Bürgern jedoch das Umdenken fällt, zeigt Amerikas erste **Offshore Wind Farm** vor Cape Cod. Mehrere Kilometer vor der Küste sollten bereits 2010 rund 140 Windturbinen ihre Arbeit aufnehmen und 420 Megawatt jährlich produzieren. Wann die Bauarbeiten beginnen, ist jedoch fraglich. Eine kleine, aber einflussreiche Gruppe aus Anwohnern und Sommerhausbesitzern wehrt sich gegen das Cape Wind. Ihre Argumente: Die geplante Windfarm störe das Tierleben im Nantucket Sound und sehe hässlich aus. Obgleich die Windmühlen vom Ufer aus weniger als einen Millimeter über den Horizont reichen werden ...

Protestmarsch in Cambridge für eine saubere Umwelt

Vom Moralapostel zum Gewissen der Nation

Eigentlich hatten die Puritaner Harvard für ihren Priesternachwuchs gegründet, damit der ihre Theokratie festigen half. Die gottesstaatähnlichen Verhältnisse segneten jedoch alsbald das Zeitliche, und heute ist – die »Mayflower«-Passagiere würden sich im Grab umdrehen – Neuengland alles andere als konservativ. Wer genau hinsieht, stellt fest: Die Puritaner haben dennoch tiefe Spuren im Wertesystem der Nation hinterlassen.

Sie kam zeit ihres Lebens nicht aus Amherst (MA) heraus, doch wie der Neuengländer die Welt sieht, brachte sie auf den Punkt wie niemand sonst: »Sag die ganze Wahrheit, aber sag sie nicht unverblümt«, notierte Emily Dickinson im 19. Jh. Damit formulierte die Lyrikerin ein Ideal, dem man in Neuengland bis heute in vielerlei Gestalt begegnet. So werden Sie es unterwegs weniger mit der schulterklopfenden, ›typisch amerikanischen‹ Call-me-Jack-Mentalität zu tun bekommen. Der Neuengländer benutzt lieber das freundlich-distanzierte »Good Afternoon« als das joviale »Hi«. Er fragt auch nicht sofort nach Beruf und Gehalt. Bildungsthemen findet er ungleich interessanter. Und dass er ein

Im Museumsdorf Plimoth Plantation wird das Leben der Puritaner wiedergegeben

College im Rücken hat oder gar Harvard oder Yale, wird er, wenn überhaupt, nur beiläufig einflechten. Lieber redet er übers Reisen, und der Gast wird feststellen, dass er sich nicht nur auf der Landkarte auskennt. Die Chancen stehen gut, dass er auch eine Fremdsprache beherrscht und den Unterschied zwischen »dutch« und »deutsch« kennt.

Emily Dickinson sah die Welt mit neu-englischen Augen. »New englandly«, wie sie schrieb. Ihr Neuengland war das alte, das kultivierte Amerika. Jenes, wo alles angefangen hatte. Ein politisches System, von dem man im damaligen Europa nur träumen konnte. Jenes Wertesystem, das Amerika groß gemacht hat. Bereits die ›Pilgrim Fathers‹, daheim als protestantische Fundamentalisten verfolgt, hatten dem Start in der neuen Heimat mit nur religiös erklärbarem Entzücken entgegengesehen. »Wir haben keine Zweifel, dass Gott mit uns sein wird«, ermunterte Francis Higginson, ein früher Puritaner, seine Mitstreiter. »Und wenn Gott mit uns ist, wer kann sich dann gegen uns stellen?«

In der Vorreiterrolle

Von Gott zu Höherem berufen zu sein war für die Puritaner auch äußerlich erkennbar: Wer wohlhabend war, lebte, sichtbar für jedermann, ganz offenbar ein gottgefälliges Leben. Der Weg zum Platz an der Sonne führte, und das war unabdingbar, über harte Arbeit und das tägliche Gebet. Die Gewissheit, dass jeder seines Glückes Schmied ist, prägt die amerikanische Weltsicht bis heute.

Das Bild vom nicht fluchenden, nicht trinkenden Puritaner-Pionier hingegen haben Historiker längst als Mythos entlarvt. Denn während diese in ihren Gemeinden alles verboten, was Freude machte, notierten Besucher bei ihnen durchaus farbenfrohes Gepränge und lose, höchst unmoralische Sitten.

Auch dieser bigotte Konformismus ist bis heute im amerikanischen Alltag erkennbar. Andersdenkende verfolgten die Puritaner mit der gleichen Verve, mit der die Church of England einst sie selbst verfolgt hatte. Damit halfen sie jedoch indirekt noch einen anderen amerikanischen Charakterzug prägen: die rastlose Suche nach Freiheit und Fortschritt. Den unbeirrbaren Glauben daran, dass das Paradies nur um die Ecke liegt. Denn anders als im alten Europa konnten in Neuengland Unzufriedene ihre Siedlung einfach verlassen und anderswo ein neues Gemeinwesen ganz nach ihren Vorstellungen aufbauen.

Neuengland versank also keineswegs in dumpfem Konservatismus. Es brachte die Anti-Sklaverei-Bewegung, John F. Kennedy und die ersten Umweltgesetze des Landes hervor. Im Jahr 2000 legalisierte Vermont, erstmals in den USA, gleichgeschlechtliche Verbin-

Lesetipp

www.theatlantic.com: Die Online-Ausgabe des »Atlantic Monthly«. Das Politik- und Kulturmagazin wurde 1857 in Boston von einem Intellektuellenkreis um Ralph Waldo Emerson gegründet und gehört heute mit »Harper's Bazaar« und dem »New Yorker« zu den führenden liberalen Meinungsmachern im amerikanischen Blätterwald. Regelmäßig erscheinen sorgfältig recherchierte Artikel zur Lage der Nation und der Befindlichkeit der amerikanischen Psyche.

dungen, die übrigen Neuengland-Staaten (außer Rhode Island) folgten im Jahr 2008.

Kritische Bürger

Zwar segnete die puritanische Theokratie um 1700 das Zeitliche, doch der Bildungshunger und das innere Feuer, das der moralische Rigorismus der Puritaner entzündet hatte, blieben. Im 19. Jh. überwand die mit der Gründung des Harvard College begonnene intellektuelle Tradition die Fesseln der Vergangenheit endgültig: Mit einer eigenständigen amerikanischen Literatur reichte sie der politischen dann die geistige Unabhängigkeitserklärung nach.

Walden Pond besuchen
Der kleine See südlich von Concord ist heute als **Walden Pond State Reservation** geschützt. Henry David Thoreau (1817–1862), Amerikas wohl berühmtester Querdenker (»Über die Pflicht zum Ungehorsam gegen den Staat«) und heute die Ikone der linken Szene, hauste hier in einer einfachen Hütte (am Ufer steht ein Nachbau) und sammelte dabei jene Erfahrungen, die er später in dem Klassiker »Walden oder Leben in den Wäldern« verarbeitete. Darin sang er das Hohelied des einfachen Lebens und des Individualismus und grübelte darüber, wie man wirkliche Freiheit erlangt. Indem man alle Bindungen aufgibt und Geld und Ruhm gleichgültig werden? Besitzt man sie dann, die Freiheit? (Walden Pond State Reservation, 915 Walden St.)

Seitdem sind die Neuengländer, traditionell im demokratischen Lager, kritischem Denken treu geblieben. Dies bewiesen sie im Jahr 2000, als sie während der Vorwahlen dem unabhängigen Kandidaten McCain mehr Stimmen gaben als Demokraten und Republikanern zusammen. Der Senator aus Arizona hatte versprochen, mit den undurchsichtigen Wahlkampfspenden aufzuräumen. Und nirgends sind die Säle voller, wenn Ex-Vize-Präsident und Friedensnobelpreisträger Al Gore Vorträge über unseren bedrohten Planeten hält.

Greens

Ein Denkmal, ein paar Bänke im Schatten alter Bäume und vielleicht ein *bandstand,* ein Musikpavillon für die örtliche Kapelle: ›Greens‹, auch ›Commons‹ genannt, sind die optische Umsetzung des neu-englischen Bürgersinns. Allerdings waren diese penibel gestutzten Rasenflächen nicht immer grün und schön. Bis zum frühen 19. Jahrhundert waren die Greens öffentliches Land, auf dem Kühe grasten und das sich bei Regen in eine unpassierbare Schlammwüste verwandelte. Das Konzept, ein Mitbringsel aus der alten Heimat, sah vor, dass die neue Stadt um ein zentral liegendes Versammlungshaus gebaut wurde. Der Garten des ›Meeting House‹ wurde später zum Green. Den typisch neu-englischen Look erhielt das Green jedoch, wie gesagt, erst zu Beginn des 19. Jh., als grüne Rasenflächen modern wurden. Country Store, Town Hall, repräsentative Bürgerhäuser und der obligatorische Country Inn kamen alsbald hinzu – und schufen das heute so berühmte Postkartenidyll.

Wer lebt hier? Einwanderer von nah und fern

Neuengland ist auch Fluchtpunkt für An-Land-Gespülte, die ›Wash-Ashores‹

Kühl, schweigsam, praktisch veranlangt und mit einer einzigen Leidenschaft ausgestattet: Geldverdienen. Das ist, so ist der Yankee. Alle Welt kennt ihn, alle Welt bewundert ihn. Aber lieben? Woher auch der Name stammt, zumindest eines ist klar: Seine Spur führt nach Neuengland. Wo ihn die WASPs hervorgebracht haben. Und die Wash-Ashores ihn zumindest respektieren.

Der Name stammt angeblich von den in New York siedelnden Holländern. Die bezeichneten ihre englisch sprechenden Nachbarn in Connecticut als ›Jan Kaas‹ oder ›Janke‹. Von allen Eigenschaften, die ihm nachgesagt werden, ist zumindest eine nicht von der Hand zu weisen: die berühmte ›Yankee Ingenuity‹, eine ur-amerikanische Bezeichnung für seine ›Can-do‹-Mentalität. Sie wurde bereits von den ersten Siedlern Neuenglands geprägt. Anders als ihre Zeitgenossen im fruchtbaren Virginia mussten sie mit dem vorliebnehmen, was die kargen Böden ihnen boten. Fleißig, anpassungsfähig und einfallsreich, waren sie tatsächlich so erfolgreich, dass sie bis heute als besonders praktisch veranlagte und geschäftstüchtige Mitmenschen gelten.

Erfindungsreiche Yankees

Yankee-Erfindungen, die unser Leben veränderten: der Telegraf und das Morse-Alphabet von Samuel Morse. Eli

Whitney setzte Waffen aus austauschbaren Teilen zusammen. Elias Howe konstruierte die erste Nähmaschine. Francis Pratt und Amos Whitney stellten Maschinen- und Ersatzteile erstmals in Massenproduktion her. Und weitere: der mechanische Webstuhl, der Colt-Revolver, Investmentfonds und Venture-Kapital.

Landnahme

Während die ersten Siedler allmählich in Neuengland Fuß fassten, waren die indianischen Ureinwohner nur noch ein Schatten ihrer selbst. Noch bevor die »Mayflower«-Passagiere 1620 in Plymouth ankamen, hatten von europäischen Fischern eingeschleppte Krankheiten sie um die Hälfte auf 50 000 reduziert. Vertrieben, vernichtet, assimiliert, können heute nur noch etwa 20 000 Menschen in Neuengland ihre indianische Herkunft – meist mehr schlecht als recht – nachweisen. Die Erinnerung an ihre einst zur Algonquin-Sprachfamilie gerechneten Vorfahren lebt nur noch in ein paar winzigen Reservaten und in Namen wie Narragansett fort. Bis 1840 blieb Neuengland weiß, angelsächsisch, protestantisch. In Boston herrschte eine Oberschicht, die sich bis auf die frühen Puritaner zurückführte. Als ›Boston Brahmins‹ bildeten sie eine geschlossene Kaste, deren Exklusivität jener europäischer Herrscherhäuser gleichkam – wie ein im 19. Jh. gern zitierter Trinkspruch besagte: »And this good old Boston/the home of the bean and the cod/where the Lowells talk only to Cabots/and the Cabots talk only to God« (Und dies ist das gute alte Boston/die Heimat von Bohnen und Kabeljau/wo die Lowells nur mit den Cabots sprechen/und die Cabots nur mit Gott.)

Erst die Krisen in Europa rüttelten an der Dominanz der **White Anglo Saxon Protestants (WASPs).** Hungersnöte in Irland schwemmten bis 1850 Zehntausende irisch-katholischer Einwanderer nach Boston. Viele blieben in der Stadt, wo sie sich gegen den Widerstand der Alteingesessenen (»Irish don't need to apply« – Iren brauchen sich gar nicht erst zu bewerben) durchboxten und nach einer Reihe irischer Bürgermeister auch den ersten irischstämmigen, katholischen US-Präsidenten stellten: John F. Kennedy. Bis zum Ende des 19. Jh. folgten osteuropäische Juden und Italiener. Erstere zogen vielfach weiter, vor allem nach Providence (RI), während es die Italiener u. a. in die Marmorbrüche von Barre (Vt.) lockte. Sizilianische Bürgermeister in Connecticut, portugiesische Fischer in Cape Cod, aus Kanada stammende Franko-Amerikaner in Maine und New Hampshire und Latinos in Boston und Hartford (Ct.): Viele Regionen Neuenglands sind inzwischen überwiegend katholisch.

Bevölkerungsverteilung

Heute leben in den Neuengland-Staaten 14,42 Mio. Menschen. Mehr als 80 % der Gesamtbevölkerung wohnt in den Ballungsgebieten des Südens, v. a. in Greater Boston und rund um Hartford und New Haven. Schwarze, Asiaten und Latinos konzentrieren sich in den Großstädten. Der Rest der Region ist fast ausnahmslos weiß.

Im Übrigen ist Neuengland traditionell ein Fluchtpunkt begüterter Stadtneurotiker aus New York City. Von den Einheimischen gerne **›Wash-Ashores‹ (An-Land-Gespülte)** genannt, kaufen sie sich v. a. in Cape Cod und entlang der Küste Maines ein.

Die Indianer Neuenglands

Nicht nur bei der Formung der amerikanischen Psyche waren die Puritaner maßgeblich beteiligt, sondern auch bei der Beseitigung der Ureinwohner. Schon Ende des 17. Jh. waren sie weitgehend von der Bildfläche verschwunden. Jetzt sind sie wieder da. Manche Stämme erfreuen sich gar zweistelliger Zuwachsraten. Wie das?

Im Sommer 1992 beherrschte in den USA ein Thema die Schlagzeilen: Der Senkrechtstart des Foxwoods Casino in Ledyard, einem verschlafenen Nest in den Wäldern Connecticuts. Bauherren des Mega-Kasinos waren die Mashantucket-Pequot. Wer das war und woher sie kamen, wusste damals kein Mensch. Der Stamm antwortete sechs Jahre später mit der Eröffnung des Mashantucket Pequot Museum and Research Center. Die ultramoderne Einrichtung hatte den Stamm 193,4 Mio. US-$ gekostet und besaß nur ein Thema: die Kultur und Geschichte der nordamerikanischen Indianer im Allgemeinen und der Pequots im Besonderen. Statt der üblichen Körbe und Flitzebögen präsentierte es dem Besucher Dioramen, Filme und Events. Und es vermittelte ihm eine politische Botschaft: Wir sind Pequot. Wir sind noch immer da. Dies ist unser Land.

Doch daran hegen Kritiker bis heute Zweifel. Denn schon 50 Jahre nach dem ersten Kontakt mit den Europäern spielten die Indianer Neuenglands praktisch keine Rolle mehr. Zu Beginn des 19. Jh. waren sie so gründlich in der Versenkung verschwunden, dass der

Indianerschmuck beim Wampanoag Powwow

Amerika-Reisende Alexis de Toqueville 1831 in Neuengland notierte: »Wir setzten über Ströme, die noch den Namen ihrer Stämme tragen, aber überall hatte die Hütte des Wilden dem Hause des zivilisierten Menschen Platz gemacht.« Abenaki, Mohican, Massachuset, Connecticut, Nauset, Narragansett, Nipmuc: Namen, Schall und Rauch schon vor 180 Jahren.

Wampanoag und Narragansett

Das Schicksal zweier Stämme war besonders eng mit den Kolonisten verknüpft. Die Wampanoag halfen den hungernden »Mayflower«-Passagieren über die ersten Winter. Im Gegenzug erhielt Massasoit, der ›Sachem‹ (Oberhäuptling) der Wampanoag, Unterstützung bei seinen Zügen gegen feindliche Nachbarn. Doch dann kamen immer mehr Bleichgesichter. Sie drängten landeinwärts und stellten dabei das politische Gleichgewicht in der Region gründlich auf den Kopf. Mit den Wampanoag und Narragansett zogen sie alsbald gegen die Pequots, die Rhode Island und Connecticut kontrollierten und sich gegen die Landnahme wehrten. Das Ende des Pequot-Kriegs (1634–1637) war auch das Ende dieses Volkes. Wer die Massaker überlebte, wurde von anderen Stämmen assimiliert oder versklavt. 40 Jahre später tötete ein Siedler einen Wampanoag. Metacomet alias Philip, Massasoits Sohn, vereinigte daraufhin die Wampanoag, Nipmuc, Pocumtuc und Narragansett und verwüstete im King Philip's War (1675/76) mit rund 1000 Kriegern den gesamten Süden der Region. Über 90 Städte gingen in Flammen auf. Doch Philips Erfolge besiegelten zugleich sein Ende. Seine Krieger wollten ernährt werden, doch die Siedler betrieben die Kriegsführung der verbrannten Erde. Die Niederlagen

Die ersten Siedler kamen mit der »Mayflower«

häuften sich, zuletzt brach die Allianz auseinander. Am Ende versteckte Philip sich in den Sümpfen bei Narragansett Pier. Am 12. August 1676 wurde er dort verraten und ermordet. Doch damit war der Krieg noch nicht zu Ende. Ein beispielloser Völkermord begann. Englische Milizen zogen nun gegen die Pennacook, Ossipee und Kennebec zu Felde. Nur 400 Wampanoag überlebten den Krieg, noch schlechter erging es den Nipmuc und Narragansett. Die Pocumtuc verschwanden ganz von der Bildfläche. Nur in Maine zogen verbündete Abenaki und Franzosen noch eine Weile gegen englische Dörfer und Landstriche.

Infos

www.hanksville.org/sand: Website mit Links (›Tribal Contacts‹) zu den Internetpräsenzen der Stämme Neuenglands.

www.pequotmuseum.org: Homepage des Mashantucket Pequot Museum and Research Center mit vielen Links und interessanten Hintergrundinformationen.

Rückbesinnung?

Heute gibt es so gut wie keine reinblütigen Indianer mehr in Neuengland. Dagegen schwanken die Statistiken zwischen 32 000 und 400 000 hier lebenden ›Native Americans‹. Wie das?

Lästermäuler vergleichen die neuenglischen Stämme mit privaten Klubs. Wer Mitglied wird, hat Anspruch auf Land und Geld. Viel Geld. Vor allem in Connecticut und in Maine versuchen derzeit mehrere Gruppen, vom Bureau of Indian Affairs als ›Tribe‹ anerkannt zu werden. So erwachen bis dahin als ausgestorben geglaubte Stämme plötzlich wieder zum Leben, feiern Powwows und führen Regentänze auf. So auch die Mashantucket-Pequot. Nur noch aus wenig mehr als einer Familie bestehend, machten sie vor, wie man als ›Nation‹ anerkannt wird. Zunächst wiesen sie nach, dass sie tatsächlich einmal als Volk existierten. Daraufhin erhielten sie Land bei Ledyard zugesprochen und das Recht, ein Kasino darauf zu betreiben. Im Jahr 1995, als dieses 1 Mrd. $ verdient hatte, verdoppelte sich ihre bereits auf 300 angeschwollene Zahl auf wundersame Weise auf 600 Mitglieder. Die letzte Phase ihrer ›Indianisierung‹: die Einstellung professioneller Tänzer und Sänger von den Präriestämmen im Westen. So kommt es, dass die Mashantucket-Pequot traditionelle Sioux-Tänze aufführen. Tatsächlich sind die Pequots heute der reichste Stamm Amerikas – beziehungsweise der erste Stamm in der Geschichte der USA, der des Geldes wegen gegründet wurde.

So weit die Kritiker. Manche Stämme akzeptieren Mitglieder mit weniger als einem Fünfhundertstel indianischem Anteil. Andererseits hilft die Renaissance der neu-englischen Indianer, die Geschichte dieser Region neu zu schreiben. Eine Welle neuer Quellenstudien wurde initiiert. Das inzwischen von der Öffentlichkeit akzeptierte Ergebnis: Neuengland wurde auf Massengräbern errichtet. Deshalb erklärten die **United American Indians of New England (UAINE)** Thanksgiving, an dem die Amerikaner des ersten Erntedankfests der Pilgerväter gedenken, 1970 zum ›National Day of Mourning‹ (Trauertag). Dann erinnern sich indianische Abordnungen aus ganz Amerika in Plymouth zu Füßen einer Statue Massasoits jenes Tages, der für ihre Ahnen der Anfang vom Ende war.

Säufer, Priester, Türaufstoßer: Neuenglands Literaten

Neuenglands berühmtester Autor der Gegenwart: John Irving

Amerikas Nordostecke hat nicht nur einige der besten Schriftsteller des Landes hervorgebracht – wie John Irving –, sondern auch die Geburt einer eigenständigen amerikanischen Literatur erlebt. Nicht schlecht für eine Region, die während ihrer ersten 200 Jahre wenig mehr als religiöse und moralische Erbauungsschriften kannte.

Im Sommer 2007 feierte Lowell, die Industriestadt nördlich von Boston, seinen berühmtesten Sohn zum 20. Mal. Dabei hatten sich die Stadtväter anfangs schwer damit getan: Der Lebensweg des Mannes enthielt so gar nichts, was vorzeigbar oder werbewirksam verwertbar gewesen wäre. Alkoholiker war der Gefeierte gewesen und meist arbeits- und obdachlos, und am Ende war es auch der Alkohol gewesen, der seinem unsteten Leben ein viel zu frühes Ende bereitet hatte. Eines jedoch konnten die Stadtoberen nicht leugnen: Seine Bücher hatten nicht nur die amerikanische Literatur erneuert und Kultstatus erreicht, sondern auch die amerikanische Gegenkultur inspiriert und seinen Verfasser zu einem der meistgelesenen Autor der Welt gemacht. Und so wurde aus dem anfangs eher schlichten ›Lowell celebrates Kerouac‹-Festival im Laufe der Jahre ein volksfestartiger Event, zu dem Jack-Kerouac-Fans aus aller Welt anreisen (s. S. 127). Die letzten Überlebenden der Beat-Generation erinnern sich auf der Bühne an ›unseren Jack‹, Harvard-Professoren analysieren Beatnik-Texte, und Kerouac-Adepten lauschen mit glänzenden Augen Lesungen aus Jack Kerouacs Meisterwerk »On the Road« (Unterwegs).

Vordenker

Inspirieren, provozieren, neue Wege gehen: Neuenglands Schriftsteller haben Türen aufgestoßen. Und zwar in erstaunlich kurzer Zeit, denn während der ersten 200 Jahre brachte Amerikas Nordostecke nichts zustande, was auch nur entfernt an Literatur erinnerte. Selbst das später seiner Dichter und Denker wegen sogenannte ›Golden Age‹ Neuenglands begann nicht gleich mit dem 19. Jh. »Von 1790 bis 1820 gab es kein Buch, keine Rede und weder intelligente Unterhaltungen noch kluge Gedanken in diesem Staat«, erinnerte sich der Dichter und Philosoph Ralph Waldo Emerson (1803–1882) später.

Warum dann im Umkreis von nicht einmal 100 km um Boston die amerikanische Literatur plötzlich Literatur und amerikanisch wurde, ist bis heute ein Phänomen. Die USA expandierten während dieser Jahre im Eiltempo. Siedlertrecks erreichten Oregon. Im Westen und Südwesten wurden die Indianer verdrängt. Texas wurde amerikanisch, die Sklavenfrage drängte. In dieser ungestümen Zeit veröffentlichte der Ex-Geistliche Emerson sein wichtigstes Werk. Das Prosawerk »Nature« (Natur), 1836 verfasst, wurde das Manifest des Transzendentalismus. Unzufrieden mit dem das Individuum einschränkenden Wertesystem der Kirchen, verneinte diese vom Hinduismus und deutschen Idealismus geprägte Philosophie die Existenz von Wundern und ortete als Quelle der Erkenntnis die Intuition. 1837 forderte Emerson in »The American Scholar« dann die intellektuelle Unabhängigkeit Amerikas. 1841 formulierte er in »Self-Reliance« seinen Glauben an Individualität und Originalität. Damit gab der Transzendentalismus dem Freidenkertum, das die amerikanische Literatur entscheidend prägen sollte, den entscheidenden Schub nach vorn.

Literaturzentren

Emersons Haus in Concord (Mass.) wurde bald Treffpunkt des sogenannten Concord-Kreises und damit zur Wiege der amerikanischen Literatur. Die herausragenden Köpfe dieser Gruppe waren neben Emerson der radikale Non-Konformist und Steuerverweigerer Henry David Thoreau (1817–1862; s. S. 62) und der Schriftsteller Nathaniel Hawthorne (1804–1864). Thoreau suchte Emersons Ideen in die Praxis umzusetzen und schuf dabei zwei Klassiker des politischen Denkens: 1848 »Von der Pflicht zum Ungehorsam gegen den Staat« und 1854 »Walden oder Leben in den Wäldern«. Hawthorne hingegen, ein Nachfahre des berüchtigten Salemer Hexenrichters Hathorne, arbeitete die Bigotterie des Puritanismus u.a. in »Der scharlachrote Buchstabe« (1851) auf.

Weitere Zentren der frühen amerikanischen Intellektuellen waren die **Berkshire Hills** im Westen Massachusetts', wo Herman Melville (1819–1891) den Welterfolg »Moby Dick« (1851) schrieb, und **Hartford** (Ct.), wo Mark Twain (1835–1910) sein Meisterwerk »Die Abenteuer des Huckleberry Finn« (1884) schuf und von wo aus Harriet Beecher Stowe (1811–1896), die den Klassiker »Onkel Toms Hütte« (1852) verfasst hatte, gegen die Sklaverei im Süden kämpfte.

Meistgelesener Dichter im 19. Jh. war der in Portland (Me.) geborene Henry Wadsworth Longfellow (1807–1882). Er glorifizierte Figuren aus der amerikanischen Geschichte, u.a. Hiawatha, einen mythischen Indianerhäuptling, und Paul Revere (s. S. 93). Zu Lebzeiten unbekannt blieb Emily Dickinson (1830–1886). Ihre posthum veröffentlichten »Poems« verschafften der geistreichsten Dichterin ihrer Zeit jedoch einen Platz im Pantheon der amerikanischen Schreiber-Elite. Als Stimme des ländlichen Neuengland gilt bis heute der in San Francisco geborene Robert Frost (1874–1963). Selbst Farmer, beschwor der in Vermont arbeitende Dichter die Werte des alten Amerika.

Boston galt während dieser Zeit als ›Athen Amerikas‹ und wurde gar als ›Hub of the Universe‹ gefeiert. Literaten und ›Boston Brahmins‹ gaben sich Gesellschaften, Bostoner Verlage publizierten Bestseller. Im April des Jahres 1857 – die Sklavenfrage entzweite die Nation, immer neue Einwandererwellen schwappten durch die Straßen, die West-Expansion lief auf Hochtouren – trafen sich hier Emerson, Longfellow und der Verlagsmann James Russell Lowell, um eine Zeitschrift zur Verbreitung der ›American Idea‹ aus der Taufe zu heben. Dabei kam das ›Atlantic Monthly‹ heraus, das bis heute renommierteste Magazin für Trends und Geistesströmungen in den USA. Um 1880 begannen die Verlage jedoch nach New York abzuwandern. In Boston verbot die erstarkte katholische Kirche ›unmoralische‹ Bücher: Mit dem Siegel ›Banned in Boston‹ zogen von der Stadt bestallte Zensoren vermeintlich anzügliche Literatur aus dem Verkehr und schufen in der Stadt ein kulturfeindliches Klima, dessen Echo bis in die 1960er-Jahre nachhallte.

Neuere und neueste Literatur

Herausragende neu-englische Literaten des 20. Jh. sind Robert Lowell (1917–1977), der den Vietnamkrieg in Gedichten kritisch begleitete, und der in Boston lehrende Nobelpreisträger Derek Walcott (geb. 1930). Jack Kerouac (1922–1969) legte mit »On the Road« (Unterwegs; 1952) das Manifest der Beat-Generation vor.

Heute gilt der aus New Hampshire stammende John Irving (geb. 1942), dessen Erfahrungen als Ringer häufig in seine Bücher eingeflossen sind, als berühmtester Autor Neuenglands. Viele seiner Werke, darunter »Gottes Werk und Teufels Beitrag« (1988), wurden verfilmt. Last but not least: Stephen King (geb. 1947). Der in Maine geborene ›King of Horror‹ ist mit einer Gesamtauflage von mehr als 400 Mio. auch Amerikas Bestseller-König. Ein Titel übrigens, der ihm seit Kurzem von Dan Brown (geb. 1964), dem in New Hampshire lebenden Verfasser von »Sakrileg« (2004), streitig gemacht wird.

Vom Walfang zum Whale Watching

Unterwegs auf Neuenglands Küstenstraßen werden immer wieder große Schilder versuchen, Sie zum Abbiegen Richtung Atlantik zu bewegen. Ihr Lockmittel pflegt selten kleiner als ein Haus zu sein: Während der Sommermonate durchpflügen mehrere Tausend Wale die Gewässer. Neuenglands Verhältnis zu den Riesensäugern hat Höhen und Tiefen erlebt.

»Thar she blows!« Der Käpt'n, ein vierschrötiger Mann mit Bartstoppeln im roten Gesicht, benutzt den alten Ruf der Walfänger, um seine Gäste auf das Schauspiel am Horizont aufmerksam zu machen. Dort, dicht über der grauen, kabbeligen See, schießt unvermittelt eine Fontäne empor. Ein paar Sekunden bleibt sie in der Luft hängen, während ein gewaltiger dunkler Rücken unter ihr auf- und wieder abtaucht. Ein Raunen geht durch die Schar der Gäste, die sich jetzt steuerbord versammelt, Stative aufbaut und Ferngläser zückt. »Three o'clock«, ruft der Kapitän durch den Lautsprecher. Ein Buckelwal! Und da, noch einer! Und noch einer! Früher hätte der Kapitän geradewegs Kurs auf den Wal genommen und die Mannschaft an die Harpunen befohlen. Heute hingegen stellt er die Motoren ab, und die Gäste bringen nur ihre Kameras in Anschlag. Er überlässt es den Walen, wie nahe sie ihn kommen lassen wollen. Zu empfindlich, hat sich in letzter Zeit erwiesen, sind diese Motorgeräuschen gegenüber, zu leicht gestresst, sobald allzu eifrige Schiffer ihnen zu dicht auf

Glücklich kann sich schätzen, wer die Fluke des Wals auf einer Tour erblickt

den Pelz rückten, nur um ihren Gästen den besten ›Shot‹ zu ermöglichen. Doch auch wenn die sanften Riesen dieses Mal nicht allzu nahe kommen: Die Passagiere sind's zufrieden. Denn einen – oder gar mehrere – dieser Giganten der Meere in seinem Element erleben zu dürfen gehört zu den Sternstunden im Leben – und zur Neuengland-Reise wie die Besteigung des Eiffelturms beim Parisbesuch.

Filmreif

Neuengland und die See – eine Zweierbeziehung, die weit über »Clam Chowder« und »Lobster Rolls« hinausreicht. Schließlich war es der Fischreichtum, der Neuengland einst voranbrachte, nicht Ackerbau und Viehzucht. Die See gab, sie nahm aber auch. Und dabei produzierte sie Geschichten, die so spannend waren, dass Hollywood die Welt mit ihnen bekannt machte. So erzählte Regisseur Wolfgang Petersen in »The Perfect Storm« (Der Sturm; 2000) vom Schicksal der »Andrea Gail« aus Gloucester (Mass.). Steven Spielberg beleuchtete Neuenglands Rolle im berüchtigten Dreieckshandel mit der dramatischen Geschichte des Sklavenschiffes »Amistad« (1997). Und »Moby Dick«, natürlich! Der von John Huston 1954 bis 1956 verfilmte Klassiker von Herman Melville spielt auf dem Höhepunkt der neuenglischen Walfangindustrie.

Walfangtradition

Ihre Fantasie brauchten die Regisseure nie zu bemühen: Ihre Drehbücher beruhten allesamt auf wahren Begebenheiten! Schon Ende des 17. Jh. warfen Fischer aus Neuengland vor Neufundland ihre Netze aus. Das Zauberwort hieß Kabeljau: »King Cod« machte die Küstenstädte wohlhabend, kurbelte den Schiffsbau an. Vor allem in den Buchten von Maine entstanden Werften, die nicht nur die robusten Fangboote, sondern auch schnelle Segelklipper ausspuckten. Seine Blütezeit erlebte das maritime Neuengland zwischen 1830 und 1860. Nunmehr von kolonialen Fesseln befreit und weltweit Handel treibend, sandten Kaufleute aus Salem (Mass.), Portsmouth (NH), Boston und Providence (RI) ihre Klipper um Kap Horn herum nach Asien. Mit Seide, Porzellan und Gewürzen aus Kanton und Indonesien kehrten diese zurück, märchenhafte Gewinne in die Kassen ihrer Eigner spülend.

Eine Weile war der Walfang das dritte Standbein. New Bedford, Nantucket, Provincetown und Mystic waren die Heimathäfen der ›Whaler‹, der Walfangschiffe, deren Kapitäne sich auf allen Weltmeeren auskannten. Das winzige Nantucket allein unterhielt eine Flotte von 150 Walfängern. In New Bedford waren gar 400 registriert. In »Moby Dick« berichtet Augenzeuge Herman Melville aus der Stadt an der Buzzard's Bay: »New Bedford ... lässt die Hafenviertel Neuyorks und Londons ... weit hinter sich. In den letztgenannten Stammesquartieren trifft man ... nur Matrosen; in New Bedford dagegen stehen wirkliche Kannibalen plaudernd an den Straßenecken herum, regelrechte Menschenfresser, von denen manche ihrer angestammten Kost noch nicht allzu lange entwöhnt sind. Der Ortsfremde traut zuerst seinen Augen kaum.« Alles drehte sich um die meterdicke Fettschicht des Wals. Das ausgekochte Öl diente den damals in allen Haushalten gebräuchlichen Öllampen als Energiequelle. Zunächst wurde das Fett an Land verarbeitet, aber nach der Entdeckung des Pottwals verlagerte sich die Produktion auf die hohe See: Der fern der Küsten schwimmende Pottwal produzierte allein 7000 Liter der öligen Substanz – den Walrat – in seinem Kopf. Die schwimmenden Verarbeitungsfabriken waren so lange unterwegs, bis alle Fässer an Bord gefüllt waren. Das konnte mitunter Jahre dauern, vor allem gegen Ende des Walfangs, als die Wege immer länger wurden.

Bestandswahrung

Doch all dies ist heute Vergangenheit. Die Dezimierung des Walbestandes leitete um 1850 den Niedergang dieser Industrie ein. Die Erfindung des Petroleums 1858 versetzte ihr den Todesstoß, rettete dafür jedoch die vom Aussterben bedrohten Pottwale. Und der Fischfang Neuenglands, 1976 durch die Erweiterung der 12-Meilen-Zone auf 200 Seemeilen schon einmal vor dem Exitus bewahrt, hat kaum mehr als lokale Bedeutung. Die Arbeitslosigkeit in den Hafenstädten liegt weit über dem neu-englischen Durchschnitt. Geblieben ist das Meer. Geblieben sind auch die Geschichten von mutigen Männern, gesetzlosen Piraten und exotischen Ländern. Wunderschöne Museen in Salem, New Bedford und Mystic bewahren dieses Erbe für die Nachwelt (s. S. 117, 148 ,184)

Rund 900 Buckelwale kreuzen heute von April bis Oktober vor Neuenglands Küste, dazu mehrere Tausend Minke- und Finnwale sowie 200–300 Pottwale. Mehrere Dutzend professionelle Veranstalter von Walbeobachtungstouren zwischen Bar Harbor und Cape Cod bieten in dieser Zeit ›Whale Watching‹ an: In Schlauchbooten, modifizierten Fischkuttern und modernen Ausflugsdampfern schippern sie Gäste aufs Meer hinaus, während Experten die ›walfreie‹ Zeit mit fachkundigen Exkursen zum Thema überbrücken. Die aufregende Begegnung mit dem größten lebenden Säugetier ist garantiert. Wie nahe man ihm kommen wird, ob man ihn nur als schwarzes Etwas am Horizont sieht oder aber so nahe, dass man seinen nach Fisch und Krill stinkenden Atem riechen kann, entscheidet er. Und das ist auch gut so.

Whale Centre of New England
Das WCNE ist eine der ältesten Walforschungseinrichtungen an der Ostküste und betreibt seit 2004 ein hervorragendes Besucherzentrum mit grandiosen Fotos und wechselnden Ausstellungen zu den neuesten Forschungsergebnissen und zukünftigen Herausforderungen. Wissenschaftler des WCNE begleiten auch die Touren der folgenden Walbeobachtungsunternehmen: **Captain Bill & Sons Whale Watch:** 24 Harbor Loop, Gloucester, Tel. 978 283 6995, www.captbillandsons.com; **Boston Harbor Cruises,** Long Wharf, Boston, Tel. 877 733 9425, www.bostonharborcruises.com/whale. Mit 115 $ pro Person erheblich teurer ist ein Platz an Bord des WCNE-eigenen Forschungsschiffes. Die »Silver II« bietet im Sommer zwei Mal wöchentlich jeweils vier Passagieren ganztägige Touren zu den Walen an. Nähere Informationen: **Whale Center of New England:** 24 Harbor Loop, Gloucester, Tel. 978 281 6351, www.whalecenter.org, Besucherzentrum: tgl. 11–19, Sa 9–19 Uhr.

Kunst in großer Dimension

Neuengländer sind ausgesprochen kunstsinnig. Für sie ist Kunst alles, was Freude bereitet und Sehgewohnheiten aufbricht. Das kann ein Volkskunsterzeugnis aus Sperrholz sein oder ein Stück Mixed Media Pop Art mit umweltkritischer Botschaft. Oder gar eine aufwendige Installation, deren Sinn kein Mensch versteht.

Building 5, eine der größten Ausstellungshallen der USA, hat schon viele Verrücktheiten gesehen, darunter eine Kette aus neun von der Decke baumelnden Fort Taurus und ein Ensemble aus fünf Kirmesattraktionen, Autoselbstfahrer und diverse Hightech Karussells inklusive. Vor den Installationsplänen des Schweizer Künstlers Christoph Büchel musste das Massachusetts Museum of Contemporary Arts (Mass MoCA) in North Adams (Mass.) jedoch kapitulieren – allerdings nicht aus Platzgründen. Büchel hatte im Sommer 2007 einen Öltanker, einen zertrümmerten Streifenwagen, neun Container, ein Wohnmobil, neun – entschärfte – Bomben und ein in vier Teile zerschnittenes Zweifamilienhaus nach North Adams geschafft. Ein Streit zwischen Künstler und Museum ums Budget und nicht erfüllte Zusagen ließ das Mega-Projekt jedoch kurz vor der Eröffnung sterben. Zurück blieb eine der größten Recycling-Aktionen in der Geschichte Neuenglands.

North Adams nahm's gelassen. Das historische Industriestädtchen zu Füßen der Berkshire Hills, die hier eigentlich schon Berge sind, kennt sich

Der Wetterhahn hat Konkurrenz bekommen

mit Pleiten aus. 1985 verloren rund 4000 Einwohner ihren Job, als Sprague Electronics zumachte, der größte Arbeitgeber der Region – für die 18 000-Einwohner-Gemeinde eine traumatische Erfahrung. Den Rettungsanker für die Gemeinde warf die Kunst. Auf der Suche nach Ausstellungsraum für Objekte, die für konventionelle Galerien zu groß waren, fiel das Auge neu-englischer Kulturfunktionäre auf die leer stehenden Hallen von Sprague. Staatsgelder, vor allem aber Spenden privater Geber machten aus der rotziegeligen Stadt in der Stadt alsbald das landesweit größte Museum seiner Art. Und der Erfolg des MASS MoCA initierte eine wirtschaftliche Renaissance nicht nur der Stadt, sondern der gesamten Region.

Kunst und Kreativität

Heute gilt North Adams als Paradebeispiel einer neuen Philosophie, die Städte in erster Linie nicht als kommerzielle, sondern als kreative Zentren sieht. Neuengland ist, unterwegs werden Sie es feststellen, ein besonders geeignetes Testlabor für diese Denkrichtung. Neuengländer pflegen pro Jahr bei Weitem mehr für den Besuch von Museen und Galerien auszugeben als für Sportveranstaltungen. Obgleich in der Region weniger als 5 % der Gesamtbevölkerung der USA leben, sind hier 10 % der Kunst- und Kulturorganisationen des Landes beheimatet. In Vermont leben die meisten Künstler und Schriftsteller des ganzen Landes. Über 40 000 Menschen arbeiten auf Neuenglands Kultursektor – eine beeindruckende Zahl, bedenkt man, dass der erste Maler der Region erst 100 Jahre nach der Landung der »Mayflower« von seiner Kunst leben konnte!

Porträt und Landschaft

Es waren Porträtmaler, die die Mitglieder der neuen Führungsschicht Bostons auf die Leinwand brachten (Sie werden die Konterfeis so mancher alter Haudegen heute auf Bierflaschenetiketten und Hotel-Logos entdecken!). Der erste war John Smibert (1688–1751). Er porträtierte prominente Bürger und inspirierte die erste Generation in Amerika geborener Maler, darunter den Bostoner John Singleton Copley (1738–1815). Copley malte die Führer der Unabhängigkeitsbewegung. Dann aber lenkte die Öffnung des Westens die Aufmerksamkeit der Maler auf die Natur. Die erste Gruppe amerikanischer Landschaftsmaler, die Hudson River School, formierte sich in den 1820er-Jahren. Zu ihr gehörten auch Künstler aus Neuengland. Panoramen mit präzise ausgearbeiteten Details sind typisch für die Arbeiten von Frederic Edwin Church (1826–1900) und Alvan Fisher (1792–1863). Die Schönheit des Meeres faszinierte den in Gloucester (Mass.) geborenen Fitz Hugh Lane (1804–1865). Auch der aus Boston stammende Winslow Homer (1836–1910), dessen Werke vor allem entlang der Küste von Maine zitiert werden, schuf herrliche Küstenlandschaften. Die zweite Generation der Hudson River School bevorzugte dagegen unscharfe, intimere Naturszenen. Neuenglische Maler wie Dwight William Tyron (1849–1925) hielten die Poesie des Tagesendes mit kontrastarmen Farbkombinationen fest.

Der aus Massachusetts gebürtige Childe Hassam (1859–1935) half nach seiner Rückkehr aus Paris die Gruppe ›Ten American Painters‹ gründen: Es ging ihm um die Verbreitung des Impressionismus in Amerika. Obgleich in

Eine Institution In Sachen Kunst: das Mass MoCA in North Adams

Frankreich längst passé, huldigten neu-englische Maler diesem Stil noch lange. So schuf Robert Reid (1863–1929) mit seinen idyllischen Motiven kleine Fluchten aus dem rauen Alltag des Industriezeitalters. Dagegen bevorzugten die Realisten urbane Landschaften. Zugleich entwickelten sich Avantgarde-Stilrichtungen wie Surrealismus und Minimalismus. Viele aus Neuengland stammende oder hier arbeitende Künstler ignorierten diese jedoch, indem sie dem Realismus eigene Gesichter gaben. Vom in Maine geborenen Marsden Hartley (1873–1944), der persönliche Erfahrungen mit der Schönheit der Natur verschmolz, über drei Generationen der Malerfamilie Wyeth bis zu dem in Neuengland arbeitenden Neil Welliver (1929–2005), der als bester Landschaftsmaler der Gegenwart galt – wie sie fanden die meisten Großen der amerikanischen Kunst in Neuengland Inspiration, vor allem an der Küste. Provincetown, die Künstlerkolonie auf Cape Cod – die u. a. schon Jackson Pollock, George Grosz und Mark Rothko beherbergte – zieht bis zum heutigen Tag Kreative an.

Folk Art

Weniger in Museen und Galerien als unterwegs am Straßenrand, in Antiquitätenläden, General Stores und Cafés werden Sie Neuenglands Volks-

kunst begegnen. Und unter Umständen werden Sie tief dafür in die Tasche greifen müssen. Am bislang meisten zahlte 1990 ein Bostoner ›Folk Art‹-Händler. Für eine kupferne, Pferd und Reiter darstellende **Wetterfahne** aus dem Jahre 1860 legte er schlappe 770 000 US-$ hin: Der Windanzeiger stammte von einem begabten Volkskünstler aus Massachusetts.

Die Wetterfahnen erhielten in Neuengland bald ganz andere Formen. Aus Holz oder Metall fertigte man Wetterseeschlangen und Wetterlokomotiven. An der Küste gesellte sich der Wetterwal hinzu, ein dickbäuchiges Geschöpf, das sich vor allem auf den grauen Schindelhäusern von Cape Cod fotogen ausnimmt.

Die populärsten Mitbringsel sind erschwinglich und in jedem besseren Andenkengeschäft (Gift Shop) erhältlich. Wie zum Beispiel die **Quilts,** Steppdecken mit bunten Applikationen. Traditionell aus drei Schichten bestehend, wurden sie im 18. und 19. Jh. von den Frauen des Hauses aus Woll- und Stoffresten hergestellt und vor allem bei Hochzeiten verschenkt. Oder die **Stencils.** So heißen die vom 18. bis zum frühen 20. Jh. mit Hilfe von Schablonen auf die nackten Wände gemalten Muster. Im Laufe der Zeit entwickelten die Stencil-Künstler eigene Motive, die von ihrer ländlichen Lebenswelt inspiriert waren, darunter den Freiheit symbolisierenden Adler, Blumen sowie Herzen und Glocken, die für Freude standen. Eine Sonderstellung nehmen die Schnitzereien der Walfänger ein. Aus Walkieferknochen stellten sie sehr kunstvolle Skulpturen und Plastiken her, darunter waren Jagdszenen und Schiffsmodelle. Im Haushalt fanden sich ihre Arbeiten als Korsettstangen, Nähkästchen, Messergriffe, Vogelkäfige oder Wäscheklammern wieder. Heute sind die Scrimshaws nur noch in Museen zu sehen.

Infos

www.nefa.org: Auf der Homepage der New England Foundation for the Arts finden sich zahlreiche Links zur gegenwärtigen Kunstszene der Region.
www.artnewengland.com: Website des sechsmal jährlich erscheinenden Magazins zur Kunst in Neuengland, die Artikel der aktuellen Printausgabe veröffentlicht und einen themenbezogenen ›Get away Guide‹ für Reisen durch die Neuengland-Staaten enthält.

Von Salzkisten und Glashäusern

Von den mit Strohmatten abgedeckten Erdlöchern, in denen sich die ersten Siedler vor den Unbilden einer ihnen unbekannten Natur schützten, über Philip Johnsons Glasshouse (s. Abb.) in New Canaan zum nagelneuen Institute of Contemporary Art in Boston, einem weit über das Hafenbecken kragenden Kasten aus Glas und Stahl: Neuenglands Architektur hat bereits einen langen Weg beschritten.

Der bärtige Zimmermann ist in grobes Linnen gekleidet und heißt Robert Long. »Es wird noch ein paar Monate dauern, bis dieses Haus fertig ist«, erklärt er in altertümlichem Shakespeare-Englisch. Mit Hammer und Stecheisen bearbeitet er einen kräftigen Balken, der als Dachfirst vorgesehen ist. Alle Dächer im Dorf sind aus Stroh, die meisten der einfachen Häuser haben nur ein Zimmer. Frauen in langen Röcken jäten Unkraut, Handwerker hämmern, schmieden und bohren. Bei den vier Meter hohen Palisaden patrouillieren mit Arkebusen und Lanzen bewaffnete Männer. »Bis jetzt haben uns die Indianer in Ruhe gelassen«, brummt einer von ihnen. »Man kann aber nie wissen, sagt unser Gouverneur ...«

Willkommen im Jahr 1627, willkommen in Plimoth Plantation! Getreu bis ins letzte Detail wurde hier die erste Siedlung der »Mayflower«-Passagiere nachgebaut – ein winziges Fragment des alten England, von Palisaden vor dem neuen, noch unbekannten Kontinent geschützt und bevölkert von kostümierten Darstellern, die die historisch verbürgten Siedler der ersten Stunde darstellen (s. S. 60).

Vom Colonial Style zum Georgian Style

Das Museumsdorf Plimoth Plantation unweit des heutigen Plymouth (Mass.) ist der beste Ort, um die Anfänge der Baugeschichte Neuenglands zu studieren. Wie klein, ja winzig die ersten Behausungen waren! Erst gegen Ende des 17. Jhs. wurde angebaut und erweitert. Das Old Hoxie House von 1665 in Sandwich (Cape Cod) mit seinem asymmetrischen Dach und das 1667 errichtete Paul Revere House in Boston mit seinem vorkragenden Obergeschoss sind für den so einfachen wie funktionalen **Colonial Style** exemplarisch. Um 1700 war die ›Saltbox‹ – die Form erinnert an die damals benutzten Salzbehälter – die vorherrschende Hausform. Und eine ausdrucksstarke Reflexion der zutiefst religiösen Kolonialgesellschaft, die als größte öffentliche Gebäude noch keine Kirchen baute, sondern sich in schlichten ›Meeting Houses‹ zu Gottesdiensten und Versammlungen traf.

Mit wachsendem Wohlstand wandte man sich jedoch zunehmend von der schlichten Formensprache der Puritaner ab. Vor allem zwischen 1720 und 1775 erlebte Neuengland einen Bauboom. Reiche Kaufleute kopierten den in England modischen **Georgian Style** mit seinen Portiken und streng symmetrisch über die Fassaden verteilten Fenstern und Türen. Fast jede Stadt besaß nun wenigstens eine, meist aber gleich drei oder vier Kirchen dieses Stils. Mit ihren spitzen Türmen, strahlend weißen Fassaden und schönen großen Fenstern wurden sie zur Visitenkarte der neu-englischen Stadt schlechthin. In Portsmouth (NH) und Litchfield (Ct.) werden Sie besonders viele herrliche georgianische Häuser antreffen.

Architektur des 19. Jh.

Nach der Unabhängigkeit dann dokumentierte die nächste Generation amerikanischer Architekten die neu gewonnene Distanz zu Europa mit dem **Federal Style** (1780–1820). Ein balustradengesäumtes Flachdach ersetzte nun das Walmdach, eine detailverliebtere, oft aus rotem Backstein gemauerte Fassade mit verlängerten Fenstern vermittelte Dynamik. Auch innen wurde Neues probiert: Runde und ovale Räume kamen in Mode, ebenso elegant geschwungene Wendeltreppen. Der Bostoner Charles Bulfinch (1763–1844) war der einflussreichste Architekt seiner Zeit, er baute u.a. das Massachusetts State House in Boston, Neuenglands schönstes Beispiel für diesen Stil, der so treffend Optimismus und Aufbruchstimmung der jungen USA formulierte. Besonders viele Federal-Style-Häuser finden Sie überall dort, wo lukrativer Handel einst astronomische Gewinne in die Kassen spülte: in Salem (Mass.), Portsmouth (NH) und Providence (RI).

Während der 1830er-Jahre wurden die Häuser monumentaler. Ein wuchtiger Portikus verzierte nun die Frontseite, auf Dekor wurde weitgehend verzichtet. Vor allem öffentliche Gebäude, wie der Quincy Market in Bos-

Wie vom Zuckerbäcker: das ›Wedding Cake House‹ in Kennebunkport

ton, wurden im **Greek Revival Style** erbaut. Ein wahres Schaufenster für diesen Stil ist heute das verschlafene 600-Seelen-Städtchen Grafton (Vt.), wo weitsichtige Bürger bereits in den 1960er-Jahren die alten, säulenverzierten Häuser im Zentrum unter Schutz stellten. Dann ebbte auch die Griechenland-Begeisterung ab. An den Flüssen schossen riesige Textilfabriken aus dem Boden, im Stil an den Federal Style erinnernd – groß, rotziegelig, symmetrisch. Ihre Besitzer wollten jedoch mehr, schließlich hatten sie das Geld zu repräsentativen Extratouren in jedem Stil. Und so bauten die Architekten, was ihren Auftraggebern gefiel: Sommerhäuser in französischer Gotik, ganze Viertel, wie Bostons Back Bay, im **Second Empire,** ländliche Refugien in den Berkshires im verspielten **Queen-Anne-Style.** Ihren Gipfel erreichte die Beliebigkeit in den sogenannten Mansions von Newport (RI): Die Schlösser der Milliardäre um die Rockefeller- und Vanderbilt-Clans sprengten alle Grenzen.

Gebaute Visionen des 20. Jh.

Zu Beginn des 20. Jh. wies das Stahlskelett den Weg nach oben: Amerikas Architekten spezialisierten sich auf Wolkenkratzer. Das erste Hochhaus in Boston war 1916 das 16-stöckige Customs House. Aber erst als Innovatoren wie Philip Johnson (1906–2005), Robert Venturi (geb. 1925) und Robert Stern (geb. 1939) mit dem **Postmodernismus** die Ornamentik zurückbrachten, griffen auch Neuenglands Großstädte Boston, Hartford und New Haven begeistert zu. Die Attribute dieser Stilrichtung – ungewöhnliche Farbkombinationen und Baustoffe sowie

Im Netz besuchen:
www.plimoth.org: Die Webpage eines der interessantesten Museumsdörfer der Ostküste.
www.philipjohnsonglasshouse.org: Animierte Webpage mit tollen Ansichten der zeitlos schönen Häuser auf dem Johnson-Compound.

stilisierte klassische Elemente – finden Sie heute vor allem in der Skyline Bostons wieder.

Ihr ästhetisches Rüstzeug erhielten diese und andere Architekten auch auf der Harvard Graduate School of Design in Cambridge. Ende der 1940er-Jahre brachte die berühmte Architektenschule eine Reihe visionärer Reißbrett-Rebellen hervor, die sich um den Gropius-Schüler Philip Johnson scharten und in dem Dorf New Canaan (Ct.) als ›Harvard Five‹ Häuser im **minimalistischen Stil** bauten. Vor allem Johnson, der 1987 dem Sony Building (dem früheren AT & T Building) in Manhattan ein neo-georgianisches Dach aufsetzte und damit die Postmoderne auf den Weg brachte, war in New Canaan aktiv: Mit dem ›Glasshouse‹, einem Compound aus 14 stark von der deutschen Glasarchitektur der 1920er-Jahre beeinflussten Strukturen, setzte Johnson dem Modernismus der 1950er-Jahre ein spektakuläres, nach seinem Tod auch der Öffentlichkeit zugängliches Denkmal. Welche Formen und Materialien die Zukunft bereithält, demonstriert im Übrigen das eingangs bereits erwähnte Institute of Contemporary Art in Boston. Die Postmoderne ist out, Neo-Modernism in: Glas, Transparanz und so gut wie kein Dekor bilden die Formensprache der Zukunft der Städte Neuenglands.

Unterwegs in Neuengland

Eingehüllt in Abendlicht: Silhouette der Stadt Boston

Das Beste auf einen Blick

Boston und Umgebung

Highlights!

Freedom Trail: Schlacht von Bunker Hill, Boston-Massaker, Dichter, Denker, Patrioten. Der rote Strich auf dem Bürgersteig führt zu den Anfängen einer Supermacht. S. 87

Essex Peabody Museum, Salem: Wie abenteuerlich die Globalisierung früher war, zeigt dieses herrliche Museum zum Chinahandel. S. 118

Auf Entdeckungstour

Durch das schwarze Boston: 1638 trafen die ersten schwarzen Neuengländer in Boston ein. Der 2,5 km lange Black Heritage Trail führt zu 14 Orten auf Beacon Hill, die in der Geschichte dieser lange – manche sagen bis heute – ignorierten Bevölkerungsgruppe eine wichtige Rolle spielten. S. 102

Harvard – Campusleben live: Der von Kneipen umringte Harvard Square ist Gravitationszentrum des akademischen Lebens. Studenten führen über den Campus, sie kennen die Geschichte der Uni aus dem Effeff. S. 114

Salem verhext – Hexenhammer und Amerikas Lust auf Moral: Kein anderer Ortsname in den USA wurde derart zum Synonym für die Verfolgung Unschuldiger. S. 120

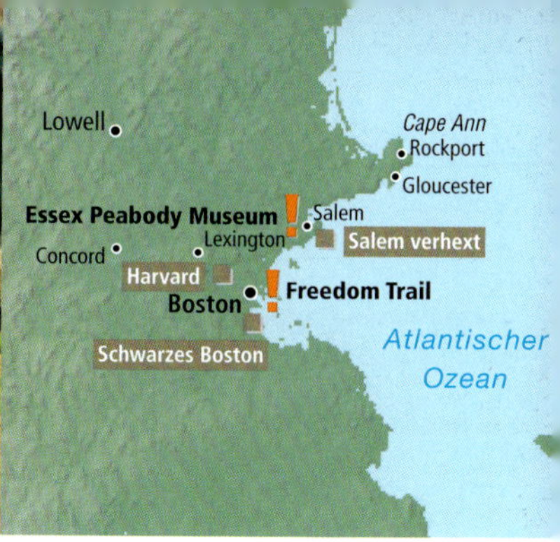

Kultur & Sehenswertes

New England Aquarium, Boston: Die Fauna und Flora vor der Küste in grandios inszenierten Wassertanks. S. 92

Isabella Steward Gardner Museum, Boston: Faszinierende Kunstsammlung der exzentrischen Gründerin. S. 108

Lowell National Historic Park: Spannendes Industriemuseum aus den Gründerjahren der USA. S. 127

Aktiv & Kreativ

Radeln: Auf dem Boston Harborwalk mehr von der Stadt sehen. S. 93

Walden Pond, Concord: Beim Spaziergang rund um Thoreaus Teich die Seele baumeln lassen. S. 123

Picknick im Halibut Point State Park: Am ›Scenic Overlook‹ die Sandwiches auspacken und den Blick bis nach Maine genießen. S. 125

Genießen & Atmosphäre

Shakespeare gratis, Boston: Ende Juli wird er auf dem Boston Common gespielt – der schönste Vorwand für ein Picknick in lauer Sommernacht. S. 88

Old North Bridge: Der Ort in Concord, wo aus Kolonisten Amerikaner wurden, atmet förmlich Geschichte(n). Ein magischer Ort. S. 123

Atlantis Ocean Front Inn, Gloucester: Frühstück mit Sonnenaufgang über Meeresblau und Segelweiß. S. 125

Abends & Nachts

South End: Bummel auf der Union Park Street, einer der schönsten, aber kaum bekannten Straßen Bostons, mit anschließendem Dinner in einem der Restaurants an der Tremont Street. S. 108

Nachts am Strand, Cape Ann: Auf dem Strand des Cape Ann Motor Inn die Sterne zählen. S. 125

Boston, die Junggebliebene

Infobox

Reisekarte: ▶ D9

Tourist Information

Greater Boston Convention & Visitors Bureau: 2 Copley Pl., Suite 105, Tel. 617 536 4100 u. 1 888 733 2678, www.bostonusa.com. Informationsmaterial, Zimmerreservierung.

Boston Common Visitor Information Center: 147 Tremont St., Mo–Sa 8.30–17, So 9–17 Uhr. Broschüren, Hotel- und Restaurantverzeichnisse, Veranstaltungskalender.

Außerdem Reiseinformationen zu den Zielen der Umgebung.

Anreise und Weiterkommen

Flughafen: Logan International Airport (Tel. 1 800 235 6426, www.massport.com/logan). Mit der Subway in die Downtown (1,70 $). Oder mit dem Autotaxi in die Downtown für etwa 30 $. Von hier aus weiter mit dem Mietwagen.

Züge: Ab South Station (Atlantic Ave. und Summer St., 1-800-872-7245, www.amtrak.com) nach Providence, New Haven, New York, Philadelphia und Washington D.C. Von der North Station nach Portland (Me.).

Busse: Ab South Station (Tel. 617 345 7451) zu Zielen in ganz Neuengland.

Stadtverkehr: Subway der MBTA (tgl. 5.15–0.30 Uhr, Tel. 617 222 5000, www.mbta.com). Das Ticket gilt auch für MBTA-Busse. Der max. 7 Tage gültige Boston Visitor Passport ist bei der Visitor Information (s. o.) erhältlich. Taxen winkt man herbei. Kosten/ Meile 2,25 $.

Boston, die Sporthauptstadt der USA! Ein ungewohnter Beiname, aber vielleicht ist auch deshalb der Spagat mit der Vergangenheit kein Problem für die Grand Old Lady der Ostküste.

Ende 2007 wurden die Baseballer der Boston Red Sox und das Footballteam der New England Patriots Meister, Mitte 2008 eroberten die Basketballer der Boston Celtics den höchsten amerikanischen Titel. Und mit den Kufenflitzern der Boston Bruins spielt noch ein Spitzenteam vom Charles River an der Spitze seiner jeweiligen Liga mit.

Die amerikanische Unabhängigkeit, Blütezeiten und auch dramatische Talfahrten: Was hat die Stadt nicht alles erlebt! Am härtesten traf sie die Weltwirtschaftskrise. Die Innenstadt verfiel, die weiße Mittelschicht zog in die Vororte. Die Sanierung der City begann in den 1960er-Jahren, unterbrochen von den Rassenkrawallen in den 1970ern. Dann kam der Dot.com-Boom, doch als die Blase platzte, ging die von den Dot-Commies angeschobene Revitalisierung weiter.

Heute erleben nicht nur amerikanische Touristen die Stadt Boston als eine Besonderheit. Ein republikanischer Politiker meinte einmal vielsagend, wäre er Demokrat, würde er sich in Boston wohler fühlen als in Amerika. Besucher aus Europa nehmen die Stadt mit den alten Ziegelhäusern ohnehin als die europäischste Amerikas wahr. Die Gesichter auf den Bürgersteigen hingegen sind jung: Im Großraum Boston studieren rund 250 000 Hochschüler an über 60 Lehranstalten, vor allem im benachbarten Cambridge, in Harvard. Vier Stadtviertel sind besonders interessant: Beacon Hill – die alte Enklave der Uppercrust –, das mondäne Back Bay, das

Eine goldene Kuppel krönt das State House in Boston

North End – Bostons ältestes Viertel – und das Trendviertel South End. Orientierungspunkt ist der Boston Common.

Der Freedom Trail !

► Karte 3 J/K 4/5

Kein mühseliges Suchen auf kleinbedruckten Faltplänen: Sie folgen einfach dem Freedom Trail. Mal in roter Farbe, mal aus roten Pflastersteinen führt er als 4,8 km langer Strich auf dem Bürgersteig vom Common in der Downtown bis zum Bunker Hill Monument drüben in Charlestown. Dabei passiert er 16 historische Stätten. Sie können sich aber auch einer 90-minütigen, von kostümierten Guides geführten Tour anschließen. Ausgangspunkt: das **Boston Common Visitor Information Center** (s. o., März–Nov., tgl. 11, 12, 13 Uhr).

Am Boston Common

Der von Tremont, Park und Beacon Street begrenzte **Boston Common** 1 dient seit 1634 der Öffentlichkeit: erst als Richtstätte, dann als Exerzierplatz, heute als grüne Lunge der Stadt.

Robert Gould Shaw Memorial 2
Spazierwege führen zu Teichen und Denkmälern, darunter zum zu Ehren des 54th Massachusetts Colored Regiment errichteten **Robert Gould Shaw Memorial**. Mit Himmelfahrtskommandos betraut, ertrotzte sich dieses erste schwarze Infanterie-Regiment unter dem jungen Bostonian Robert Gould Shaw den Respekt der Nachwelt. Beim Sturm auf Fort Wagner bei Charlestown 1863 wurde die Truppe, deren Schicksal der Film »Glory« (1989) mit Denzel Washington in einer Hauptrolle nacherzählt, allerdings aufgerie-

ben. Heute dient der Park der Erholung und Kurzweil.Vom 24. bis 29. Juli wird hier Kunst sogar gratis geboten, wenn Bostons Shakespeare-Ensemble Stücke des Dichterfürsten zum Besten gibt – und das unter freiem, nächtlichem Himmel.

Park Street Church 3

Führungen Ende Juni–Ende August Di–Fr 9–16, Sa 9–15 Uhr, Sonntagsmesse 8.30, 11 und 16 Uhr

Die fotogene, 1809 geweihte Kirche (1 Park St.,) liefert noch ein Stichwort zur afro-amerikanischen Geschichte: Am 4. Juli 1829 hielt William Lloyd Garrison (1805–1879) hier die erste seiner Brandreden gegen die Sklaverei im Süden. Der streitbare Herausgeber der Zeitschrift »The Liberator« kämpfte auch für die Gleichberechtigung von Frauen und eckte einmal derart an, dass der Mob ihn mit einem Strick um den Hals durch die Straßen trieb.

Massachusetts State House 4

Führungen Mo–Fr 10–16 Uhr, 45 Min.

Der von einer 46 m hohen goldenen Kuppel (23-Karat- Blattgold) gekrönte, von Charles Bulfinch 1798 vollendete Regierungssitz sah Bürgerrechtler, Abtreibungsgegner sowie Präsidenten auf seiner Freitreppe. Drinnen lassen patriotische Gemälde und die gruftartige ›Hall of Flags‹ mit ihrer Sammlung zerfledderter Kriegsflaggen innerlich strammstehen. Zwei der vier Statuen vor dem State House erinnern an couragierte Frauen: an Anne Hutchinson, die gegen die untergeordnete Rolle von Frauen in der von Männern dominierten Puritanerwelt rebellierte und 1638 verbannt wurde, und an die Quäkerin Mary Dyer, die 1660 auf Basis der puritanischen Anti-Quäker-Gesetze auf dem Common gehängt wurde.

An der Tremont Street

Der 1660 eingeweihte **Granary Burying Ground** 5 ist die Ruhestätte von

Umgeben von moderner Architektur: Faneuil Hall

Führern der Unabhängigkeitsbewegung, darunter Samuel Adams und John Hancock.

Über die den Kreuzungsbereich von Tremont und School Street bewachende **King's Chapel** 6 (Mai–Okt. Mo, Do–Sa 10–16, sonst Sa 10–16 Uhr) haben die Puritaner womöglich die Nasen gerümpft. Die 1749 nach Plänen von Peter Harrison erbaute Kirche mit Portikus war die steinerne Fortsetzung der ersten, aus Holz errdichteten anglikanischen Kirche, mit der die Church of England 1688 in der Puritaner-Hochburg erstmals Flagge zeigte. Ihr Inneres ist überraschend hell und freundlich – der ideale Ort für Händels »Messias«, der hier 1786 seine Amerika-Premiere erlebte. Gleich daneben befindet sich der kleine **King's Chapel Burying Ground** von 1631, Bostons ältester Friedhof.

Downtown

Ob und wie sich die symbolisch aufgeladene Umgebung auf die späteren Revolutionäre Malcolm X und Ho Chi Minh ausgewirkt hat, darüber mag man gegenüber im 1855 eröffneten **Omni Parker House** 7 bei einem Stück des hier erfundenen ›Boston Cream Pie‹ philosophieren. Die beiden kellnerten hier während ihrer Studienzeit. Im 19. Jh. trafen sich an gleicher Stelle die Intellektuellen Holmes, Emerson & Co. – vermutlich ebenfalls zum Sahnekuchen, denn der eigentliche Literatentreff war damals der **Old Corner Bookstore** 8 ein paar Gehminuten weiter. In dem heute mitten im Shopping District liegenden Haus von 1718 residierten die Verleger und Buchhändler Ticknor & Fields, Magneten für Neuenglands Geistesgrößen, die sich hier mit den Buchmachern gut stellten. Jamie Fields war übrigens der erste Verleger, der seine Autoren prozentual am Umsatz ihrer Werke beteiligte. Nach mehreren Jahren als auf ›Reiseliteratour‹ spezialisierter Globe Corner Bookstore war bis 2009 ein Juwelier untergebracht. Bei Redaktionsschluss Ende 2010 stand es noch leer.

Financial District

Das ziegelrote **Old South Meeting House** 9 (April–Okt. tgl. 9.30–17, sonst tgl. 10–16 Uhr) von 1729 mit dem weißen Turm gilt bis heute als Symbol der Macht der öffentlichen Rede. Damals der größte Versammlungsraum Bostons, sah diese Kirche die meisten der Protestkundgebungen gegen die Knebelsteuern Londons. Auch jene am 16. Dezember 1773: Nach seiner Rede gegen die neuen Teesteuern zog Samuel Adams mit 5000 aufgebrachten Bürgern zum Hafen hinunter – zur Boston Tea Party, die wie ein Fanal wirken sollte. Eine Ausstellung im Innern hat diese turbulente Zeit audiovisuell aufbereitet. Der Sitz der verhassten Kolonialregierung steht nur zwei Blocks weiter im Kreuzungsbereich von Washington und State Street. 1713 erbaut und von modernen Bürotürmen buchstäblich in den Schatten gestellt, erlebte das **Old State House** 10 das ›Boston Massacre‹. An der Ostseite markiert ein Kreuz aus Pflastersteinen im Bürgersteig die Stelle, wo 1770 fünf demonstrierende Bostoner von nervösen britischen Soldaten erschossen wurden. Vom Balkon an der Vorderseite aus wurde 1776 die Unabhängigkeitserklärung verlesen. Im zweiten Stock betreibt die Boston Society ein kleines Museum mit Artefakten aus den ersten Tagen des Unabhängigkeitskr (Juni–Aug. tgl. 9–18, sonst tgl. 9–16 Uhr).

Rund um Faneuil Hall

Vom Old State House zur ›Cradle of Liberty‹ geht es auf der Congress Street.

CHARLESTOWN
Rutherford Av
Main St
Henley St
Warren St
Park St
Chelsea St
City Square
City Square Park
Constitution Road
1st Av
Bunker Hill Pavilion
U.S.S. Constitution
U.S.S. Cassin Young
Harbor Walk
Boston National Historical Park
Exit 27
Paul Revere Park
Charlestown Bridge
Charles River
North Washington St.
Commercial St.
Exit 26
Nashua St.
Fleet Center
North Station
Lomasney Way
Cotting St.
Thomas P. O'Neill Federal Building
Causeway St.
North Station
Medford St.
John F. Fitzgerald
Friend St.
Canal St.
Portland St.
Traverse St.
Lancaster St.
Merrimac St.
Market St.
Exit 25
Stillman St.
Morton St.
Cross St.
Expressway
Blackstone St.
Charter St.
Snowhill St.
Hull St.
Prince St.
N Margin St.
Sheafe St.
Margaret St.
Salem St.
Unity St.
Foster St.
Henchman St.
St. Stephen's Church
Battery St.
Hanover Ave.
Harris St.
Clark St.
Tileston St.
N Bennet St.
Thatcher St.
Endicott St.
Lynn St.
Noyes Pl.
Baldwin Pl.
NORTH END
Cooper St.
Wiget St.
Parmenter St.
Hanover St.
Garden Ct
Fleet St.
Moon St.
Lewis St.
North St.
Fulton St.
Richmond St.
Commercial Wharf N
Commercial Wharf S
Atlantic Ave.
Exit 24
Cross St.
William Cardinal O'Connell Way
Staniford St.
State Service Center
New Chardon St.
Bowker St.
Haymarket
New Sudbury
John F. Kennedy Federal Building
Congress St.
Hanover St.
Marshall St.
Union St.
Salt Lane
Old West Church
Lynde St.
Cambridge St.
Bowdoin
Stationstall State Office Building
Russell St.
Joy St.
Hancock St.
Temple St.
Bowdoin St.
Somerset St.
Dock Square
Clinton St.
Chatham Row
Aquarium
Government Center
African Meeting House
Ashurton Pl.
Suffolk County Courthouse
Court St.
State St.
Custom House
Court Square
Quaker Lane
State
Kilby St.
Doane St.
Broad St.
India St.
Central St.
Surface Rd.
New Atlantic Ave.
East India Row
Boston Athenaeum
Mt Vernon St.
Walnut St.
Joy Pl.
Exchange Pl.
Milk St.
Custom House St.
Well St.
Water St.
Batterymarch St.
Broad St.
School St.
Spring Lane
Chapman Pl.
Province St.
Bromfield St.
Beacon St.
Park St.
Tremont St.
Hamilton Pl.
Washington St.
Devonshire St.
Oliver St.
Franklin St.
Wendell St.
Pearl St.
High St.
Exit 23
Purchase St.
Frog Pond
Public Garden
Park
Winter St.
Winter Pl.
Downtown Crossing
Temple St.
West St.
Summer St.
Hawley St.
Arch St.
Otis St.
Federal St.
Theater District
South Station
Children's Museum

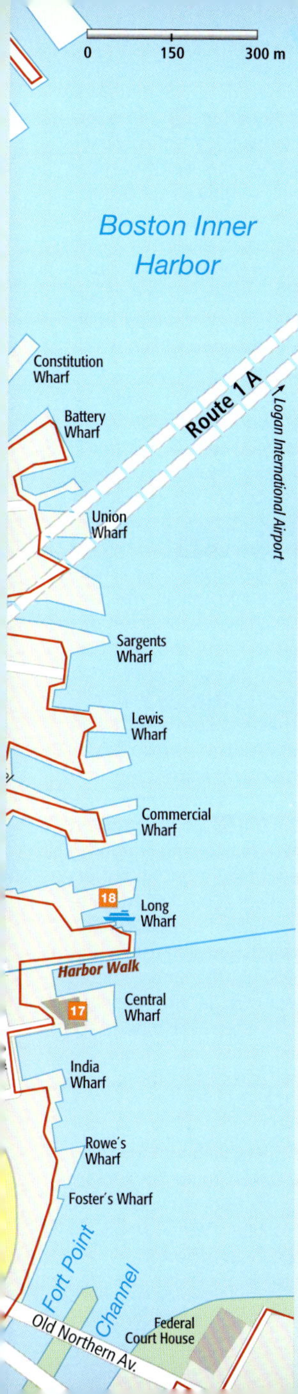

Boston – Freedom Trail

Sehenswert

1 Boston Common
2 Robert Gould Shaw Memorial
3 Park Street Church
4 Massachusetts State House
5 Granary Burying Ground
6 King's Chapel
7 Omni Parker House
8 Old Corner Bookstore
9 Old South Meeting House
10 Old State House
11 Faneuil Hall
12 Quincy Market
13 Faneuil Market Place
14 Holocaust Memorial
15 Government Center
16 Union Oyster House
17 New England Aquarium
18 Inner Harbor Ferry
19 Boston Sports Museum
20 Big Dig
21 Paul Revere House
22 Old North Church
23 Paul Revere Mall
24 Copp's Hill Burial Ground
25 Leonard P. Zakim-Bunker Hill-Bridge
26 Bunker Hill Monument
27 Bunker Hill Museum
28 U.S.S. Constitution Museum
29 John F. Kennedy Presidential Library (s. S. 112)
30 Institute of Contemporary Art (s. S. 113)

Alle Einträge, die außerhalb des Cityplans liegen, finden Sie in ▶ Karte 3 der Extra-Reisekarte

Übernachten

1 Omni Parker House
2 Harborside Inn
3 Milner Hotel

Essen & Trinken

1 Olives
2 Mamma Maria
3 Bricco
4 McCormick & Schmick's
5 Sakurabana

Einkaufen

1 Faneuil Hall Marketplace
2 Filene's Basement

Aktiv & Kreativ

1 Urban AdvenTours

Abends & Nachts

1 Boston Beer Works
2 Royale Nightclub
3 Sweetwater Café
4 Whiskey's Food & Spirits
5 The Black Rose

Faneuil Hall 11 (tgl. 9–17 Uhr), 1742 begonnen und 1806 von Charles Bulfinch zu einem Paradestück des Federal Style erweitert, trägt den Titel ›Wiege der Unabhängigkeit‹ zu Recht. Nicht nur die ›Sons of Liberty‹ genannten Wortführer brachten hier die Volksseele zum Kochen, auch William L. Garrison, die Frauenrechtlerin Susan B. Anthony und John F. Kennedy verkündeten an dieser Stelle ihre Visionen einer besseren Welt. Heute ziert ein ›Who's who‹ aus Rebellenzeiten als riesiges Wandgemälde die Rückwand des Auditoriums. Gegenüber liegt die seit der Revitalisierung in den 1970er-Jahren meistbesuchte Attraktion Bostons. Der 1825 erbaute ›griechische Tempel‹ ist das Epizentrum des **Quincy Market** 12 und lockt sowohl mit Feinkostständen als auch Coffee Shops. Die Jahrmarktatmosphäre auf dem **Faneuil Market Place** 13 davor kontrastiert fast schmerzhaft mit den sechs Glastürmen des 1995 eingeweihten **Holocaust Memorial** 14 am Union Park. Die sechs Hauptvernichtungslager und 6 Mio. getöteten Juden symbolisierend, erinnern sie an den Genozid im Dritten Reich. Teil des **Government Center** 15, eines von dem Architekten I. M. Pei im brutalistischen Stil gestalteten Betonkomplexes, ist das heutige Rathaus (City Hall). Danach ist eine Verschnaufpause willkommen. Vielleicht im **Union Oyster House** 16 (So–Do 11–21.30, Fr–Sa 11–22 Uhr) an der Union Street, dem ältesten Restaurant der Stadt? Im Obergeschoss des schummrigen Etablissements brachte ein junger Kostgänger namens Louis Philippe 1796 den Damen der Gesellschaft angeblich nicht nur Französisch bei, bevor er später König von Frankreich wurde.

Waterfront

An dieser Stelle bieten sich Ihnen übrigens zwei Gelegenheiten, vom Freedom Trail zu desertieren. Das moderne **New England Aquarium** 17 (Juli–Sept. So–Do 9–18, Fr–Sa 9–19, sonst Mo–Fr 9–17, Sa–So 9–18 Uhr, IMAX-Vorführungen tgl. 9–22.30 Uhr) an der Central Wharf – einem Abschnitt der beeindruckenden Bostoner Waterfront – ist von hier aus in 10 Minuten erreichbar. Es zeigt nicht nur Haifische in riesigen Salzwassertanks, sondern bietet auch hervorragende Walbeobachtungstouren an. Sollten Sie Lust verspüren, sich frische Seeluft um die Nase wehen zu lassen: An der Long Wharf legt die **Inner Harbor Ferry** 18 ab (s. S. 96). Nordwestlich vom Union Oyster House liegt nahe des Fleet Center das der Sportgeschichte Neuenglands gewidmete **Boston Sports Museum** 19 (1 Fleetcenter Place, tgl. 11–16 Uhr), das in vier Abteilungen die Chroniken der vier populärsten Zuschauersportarten der Stadt aufbereitet hat: Eishockey, Basketball, Football, Baseball. Sie würden allerdings die einst teuerste Baustelle der USA verpassen: Zum North End ging es damals vom Union Oyster House aus unter dem Expressway hindurch. Über 16 Mrd. $ kostete der 1991 begonnene **Big Dig** 20. 2004 wurde ein Teilstück der Stadtautobahn endgültig durch einen achtspurigen Tunnel ersetzt und Anfang 2006 das gesamte ›Central Artery/Tunnel Project‹ für fertiggestellt erklärt. Seitdem rollen hier täglich 400 000 Autos unter einem schönen, Rose Fitzgerald Kennedy Greenway genannten Park hindurch.

North End

Hinter Ihnen die typisch nordamerikanische Skyline der Bostoner Downtown, vor Ihnen North End, kleinstädtisch, behäbig, menschlich. Von 1630 bis zur Unabhängigkeit war es Bostons Wohnviertel. Der Alltag kreiste um den

North Square, hier waren Kirche und Markt, lebten Kaufleute, Handwerker, Seeleute. Dann stieß die Unabhängigkeit eine neue Ära an. Königstreue verließen das Viertel Richtung England oder Kanada, mittellose Einwanderer aus Irland rückten nach. Um 1850 war die Hälfte der Bostoner irischstämmig. Die ›Irish Connection‹ machte das elegante Boston erst möglich, indem sie Land für die Back Bay aufschüttete, niedrigste Arbeiten verrichtete. Back Bay und Beacon Hill blühten, während das North End zum Elendsviertel verkam. Spekulanten setzten Mietskasernen an die Stelle der verfallenden Villen. Um 1900 brachten jüdische Immigranten aus Osteuropa wieder frischen Wind ins North End. Sie bezogen die Häuser der Iren, die – inzwischen etabliert – in andere Viertel gewechselt waren. Die in der Green Street geborene Rose Kennedy, Amerikas Übermutter, sowie ihr Vater John F. Fitzgerald, Großvater der Kennedy-Brüder John F., Robert und Edward, gehörten zu jenen, die dem Viertel damals den Rücken kehrten. Sein vorläufig letztes Makeover erlebte das Viertel in den 1930er-Jahren. Seitdem ist es fest in italienischer Hand. **Hanover** und **Salem Street** sind die belebtesten Straßen. Espresso-Bars und über 90 fast ausschließlich italienische Restaurants und dann und wann knorrige Senioren auf Klappstühlen in Hauseingängen: Das ›propere Boston‹ ist weit weg.

Mein Tipp

Radeln auf dem Boston HarborWalk

Ein paar Teilstücke sind zwar noch nicht integriert, doch das macht nichts: Auf dem neuen Boston HarborWalk, einem urbanen Trail für Spaziergänger und Radfahrer, kann man endlich auch die der See zugewandte Seite der traditionsreichen Hafenstadt erkunden. Von East Boston und Charlestown bis nach Dorchester reicht der Weg, der aus miteinander verbundenen Uferstraßen und Promenaden besteht und, den Atlantik stets in Blickweite, auch am North End, der Downtown und South Boston vorbeiführt. Besonders schön: mit dem Leihrad (s. Urban AdvenTours, s. S. 97) vom North End bis zum John F. Kennedy Library and Museum (www.bostonharborwalk.com). Bei der Orientierung hilft die bei Urban Adventours erhältliche Radweg-Karte »Bike Routes of Boston« (www.cityofboston.gov/bikes/).

Paul Revere House 21

April–Okt. tgl. 9.30–17.15, sonst tgl. 9.30–16.15 Uhr

Der Freedom Trail führt nun zunächst auf den hübschen North Square. Das urig wirkende Paul Revere House wäre längst verschwunden, hätte der berühmteste Sohn der Stadt nicht hier gewohnt. Um 1680 erbaut, ist es das älteste noch stehende Haus der Stadt, eine koloniale ›Saltbox‹, in der Revere von 1770 bis 1800 lebte. Den Namen kennt man bereits: »Listen, my children, and you shall hear/Of the midnight ride of Paul Revere.« (Hört zu, meine Kinder/und ihr werdet sie vernehmen/die Geschichte vom Mitternachtsritt des Paul Revere.) Longfellows 1861 verfasstes Gedicht machte den Silberschmied zum Lokalhelden. Nicht ganz verdient, denn die Rebellenführer in Lexington warnte er vor den anrückenden Briten durchaus nicht allein: Denn auch William Dawes, Samuel Prescott und drei Dutzend weitere Reiter erwiesen sich in der Nacht des 18. April 1775 als gute Amerikaner. Longfellow, so heißt es, habe deren Namen nur nicht so gut reimen können.

Old North Church 22

Juni–Okt. tgl. 9–18, sonst tgl. 9–17 Uhr
Auf der Hanover Street geht es an der St. Stephen's Church vorbei auf die **Paul Revere Mall** 23. Die baumbestandene Passage mit dem Reiterstandbild Reveres und Bronzetafeln mit den Namen weiterer Patrioten an den Mauern läuft auf den spitzen weißen Turm der Old North Church zu. Die fotogene georgianische Kirche, 1723 erbaut, ist die älteste der Stadt und ebenfalls unsterblich. »One if by land, two if by sea«, schrieb Longfellow in »Paul Revere's Ride«, sei das verabredete Signal in jener folgenreichen Nacht gewesen. Da soll der Küster mit zwei Laternen im Kirchturm den Rebellen drüben in Charlestown signalisiert haben, dass die Soldaten den Charles River nach Lexington genommen hatten. Über Details wie die Frage, ob das nun alles wirklich so gewesen ist, streiten sich nur die Historiker.

Copp's Hill Burial Ground 24

Betäubt von so viel Pathos für Helden und Sieger, kraxeln Sie im Anschluss zum Luftschnappen auf der Hull Street zum Copp's Hill hinauf. Auf der höchsten Erhebung des Viertels liegt Copp's Hill Burial Ground. Im Jahr 1660 eingerichtet, birgt er so viele Gebeine, dass er sich weit über das Niveau des Bürgersteigs wölbt. Neben etwa 1000 in einer Ecke verscharrten Sklaven wurde hier vor allem Puritaner-Prominenz zur letzten Ruhe gebettet, darunter der Hexenrichter Cotton Mather (1663–1728). Während der Schlacht von Bunker Hill beschossen die Briten von hier aus das auch heute gut einzusehende Charlestown.

Charlestown

Leonard P. Zakim-Bunker Hill-Bridge 25

Von der Charlestown Bridge aus sieht man diese 2003 eröffnete, asymmetrische Brücke. Ein Meisterwerk der Ingenieure, die ein über dem Fluss zusammentreffendes Chaos aus bis zu acht Fahrbahnen bändigen mussten. Sie gilt heute als die breiteste Drahtseilbrücke der Welt. Ihr sperriger Name reflektiert ein Stückchen hitziger Lokalpolitik: Während liberale Bostoner sie nach dem jüdischen Bürgerrechtler Lenny Zakim nennen wollten, forderten konservative Lokalpolitiker aus Charlestown einen Namen zu Ehren der historischen Schlacht von Bunker Hill (s. u.). Am Ende einigte man sich auf den Doppelnamen.

Bunker Hill Monument 26 und Museum 27

Monument tgl. 9–16.30 Uhr;
Museum tgl. 9–17 Uhr
Die Träger der Brücke, zwei umgedrehte Ypsilons, zitieren jedenfalls das **Bunker Hill Monument,** den weithin sichtbaren, 73 m hohen Obelisk, der sich wie ein mahnender Zeigefinger aus dem sich hügelwärts aufschichtenden Häusermeer von Charlestown aufrichtet. Das Mahnmal lohnt allein der Aussicht wegen. Auf den 294 Stufen zur Aussichtsplattform hat man Zeit, das amerikanische Talent, selbst aus Niederlagen Siege zu machen, zu bewundern. Denn eine solche feiert der Obelisk: Am 17. Juni 1775 versuchten die belagerten Briten den Hügel einzunehmen. Gut gedrillten Berufssoldaten standen 2000 schlecht bewaffnete Kolonisten gegenüber, die königlichen Offiziere wähnten leichtes Spiel. Die ersten beiden Angriffswellen scheiterten jedoch am erbitterten Widerstand der Amerikaner. Erst die dritte Welle

durchbrach ihre Stellungen und beendete die Schlacht. 500 Kolonisten, aber über 1000 Rotröcke kamen bei diesem Pyrrhussieg der Engländer ums Leben. Die Kunde vom Hergang der Schlacht lädierte das Image der bis dahin als unbesiegbar geltenden Armee des Empire nachhaltig.

Das neue, im Sommer 2007 eröffnete **Bunker Hill Museum** zu Füßen des Monuments erinnert an diesen ersten großen Waffengang des Unabhängigkeitskriegs mit einem dramatisch ausgeleuchteten Cyclorama, spannend inszenierten Ausstellungen und einer halbstündlich aufgeführten Diashow.

USS Constitution Museum 28

www.ussconstitutionmuseum.org, April–Okt. tgl. 9–18, sonst 10–17 Uhr

Nur 22 Jahre später baute der Staat, an den die Kolonisten auf dem Hügel noch gar nicht zu denken gewagt hatten, hier das modernste Kriegsschiff seiner Zeit. Die mit 54 Kanonen bestückte »U.S.S. Constitution«, eine schnelle Fregatte mit einem Rumpf aus härtester Eiche, verließ im Jahr 1797 den Charlestown Navy Yard, um im Mittelmeer amerikanische Kaufleute vor nordafrikanischen Piraten zu schützen. In 42 Seegefechten siegreich, erhielt sie im Krieg von 1812 ihren Spitznamen »Old Ironsides«, als die Geschosse der englischen »HMS Guerrière« wirkungslos an ihren Planken abprallten. Periodisch überholt und renoviert, hat die U.S.S. Constitution alle Versuche, sie einzumotten, dank engagierter Bürger überstanden und ist heute das älteste noch schwimmende Kriegsschiff der Welt. Jährlich im Sommer, zum 4. Juli, schippert sie einmal feierlich durch den Hafen. Ihrer spannenden Karriere widmet sich das U.S.S. Constitution Museum.

Die »U.S.S. Constitution«, zum Ehrentag festlich geschmückt

Mein Tipp

Inner Harbor Ferry 18

Die Inner Harbor Ferry verkehrt stündlich zwischen Navy Yards (unweit der »U. S. S. Constitution«) in Charlestown und Long Wharf in Boston. Dies ist die beste und zugleich billigste Art, Boston vom Wasser aus zu genießen. Während Sie auf einer Bank auf dem Oberdeck die Beine strecken, präsentiert die 400 Jahre alte Hafenstadt sich Ihnen von ihrer besten Seite. Für ganze 1,70 $.

Übernachten

Übernachten in Boston ist nicht ganz billig. Jedes der hier vorgestellten Hotels bietet jedoch ein ganz besonderes Schlaferlebnis. Ansonsten gilt hier wie überall in den USA: Preiswerter ist's an der Peripherie. Den *best price* erhalten Sie oft auch, wenn Sie online buchen – entweder auf der Homepage des Hotels oder bei einem der vielen Reservierungssysteme, z. B. bei http://hotels.ca.

Preislich interessante B & Bs und möblierte Apartments für längere Aufenthalte listen **Bay Colony Bed & Breakfast Associates** (Tel. 781 449 5302, www.bnbboston.com) und die Bed and Breakfast Agency of Boston (47 Commercial Wharf, Suite 3, Tel. 617 720 3540, www.boston-bnbagency.com) auf. Diese vermittelt 150 B & Bs und Apartments, bei Übernachtungspreisen zwischen 70 und 160 $.

Älteste Promi-Herberge der USA – **Omni Parker House** 1: 60 School St., Tel. 617 227 8600 und 1 800 843 6664, www.omniparkerhouse.com, ab 230 $. Emerson, John F. Kennedy und Co. sind in dem am längsten ununterbrochen geöffneten Hotel des Landes ein und aus gegangen. Geräumige Zimmer mit klassischem Kirschholzmobiliar, weichen Teppichen und schweren Vorhängen. Wireless-LAN, Fitnessstudio.

Typisch Boston – **Harborside Inn** 2: 185 State St., Tel. 617 723 7500, 1 888 723 7565, www.harborsideinnboston.com, DZ mit Blick aufs Atrium ab 200 $, auf die Stadt 210 $. Viel Hotel zu vernünftigen Preisen in dem modifizierten Kaufmannshaus aus dem 19. Jh. Kein Zimmer wie das andere, doch alle mit alten Holzfußböden und nackten, mit orientalischen Teppichen behängten Zimmern. Unweit Faneuil Hall.

Gediegen – **Milner Hotel** 3: 78 Charles St., Tel. 617 426 6220, 1 800 453 1731, www.milner-hotels.com/boston.html, ab 140 $. Für Bostoner Verhältnisse preisgünstiges altes Stadthotel. Etwas zu neutral eingerichtete Zimmer, dafür aber in strategisch günstigster Lage für Erkundungszüge durch Boston.

Essen & Trinken

Bostons Restaurants reflektieren das Profil der Stadt: traditionsbewusst, zukunftsorientiert, multikulturell und chic & hip.

Kult in Boston – **Olives** 1: 10 City Sq., Charlestown, Tel. 617 242 1999, www.toddenglish.com, Di–Fr 17.30–22, Sa 17–22.30 Uhr, ab 30 $. Innovative, mediterran-amerikanische Küche, zu empfehlen die mit Tomaten- und Minzsoße zubereiteten Lammgerichte.

Ah, Bella Italia! – **Mamma Maria** 2: 3 North Sq., Tel. 617 523 0077, www.mammamaria.com, So–Do 17–22, Fr–Sa 17–23 Uhr, ab 26 $. Seit vielen Jahren die unangefochtene Nummer eins im North End. Traditionelle Gerichte aus der Toskana und dem Piemont, z.B. gegrillter Schwertfisch in Basilikum.

California meets Italy – **Bricco** 3: 241

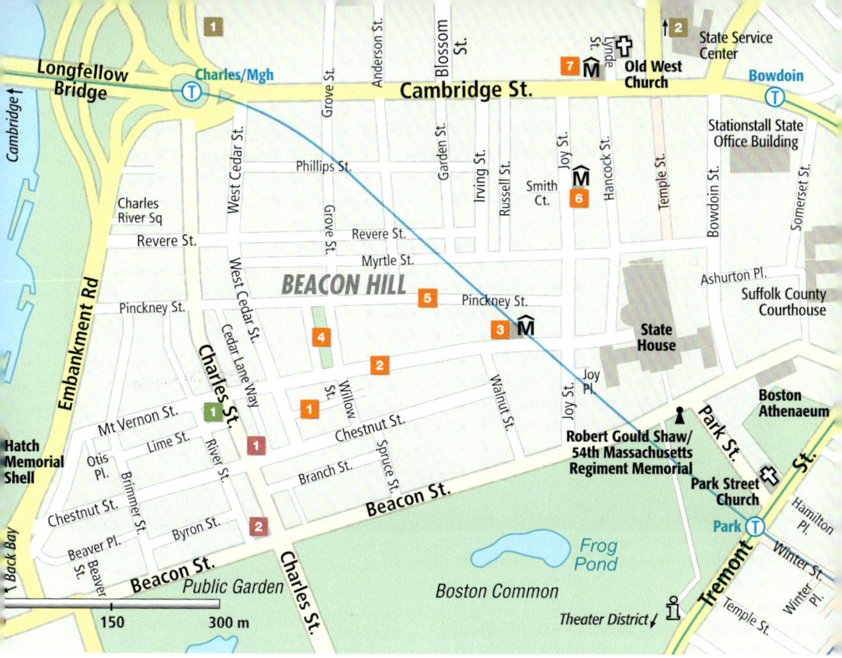

Köche, Kutscher und Stubenmädchen. Branch Street und die oft fotografierte **Acorn Street** 1 waren solche speziell für die Dienerschaft konzipierten Wohnbereiche. Die **Mount Vernon Street** 2 gilt als schönste Straße auf Beacon Hill. Zwei der Patrizierhäuser entwarf Bulfinch höchstpersönlich, 1802 die Nr. 85 für seinen Freund Harrison Gray Otis und 1804 die Nr. 55. Letzteres ist heute das **Nichols House Museum** 3 (April–Okt. Di–Sa 11–16, sonst Do–Sa 11–16 Uhr), das einzige auch von innen zu besichtigende Haus auf dem Hill. Interessanter ist freilich der **Louisburg Square** 4, einst gesellschaftlicher Brennpunkt Beacon Hills und immer noch Bostons heißeste Immobilie. Bulfinch zitierte die mit Rasen und Brunnen versehenen Plätze feiner Gegenden in London, und wie ein Stück viktorianisches ›good ol' England‹ wirkt der vornehme Louisburg Square mit seinen prachtvollen Greek-Revival-Häusern noch heute. Ein ganz besonderes Vergnügen erwartet Sie übrigens, wenn Sie im Mai in Boston weilen: Am dritten Donnerstag öffnen 12 der im – gleichermaßen – vornehmen Beacon Hill Garden Club organisierten Anlieger ihre Gärten für einen Tag der Öffentlichkeit – eine seltene Gelegenheit für einen Blick hinter die alten Backsteinmauern (www.beaconhillgardenclub.org)!

Das andere Beacon Hill

Wie man unter sich blieb, zeigt die parallel zur Mount Vernon Street verlaufende **Pinckney Street** 5: Als einzige Straße auf dem Hügel ohne Querverbindungen angelegt, garantierte sie die gewünschte Exklusivität. Nördlich dieser Straße, über den Hügelgipfel hinweg, begann nämlich das Boston der Mietskasernen, dort lebten Handwerker und freie Schwarze. Bis zum Bürgerkrieg war dies auch ein Knoten-

Am Louisburg Square im Viertel Beacon Hill

punkt der ›Underground Railroad‹, eines von Louisiana bis Kanada gespannten Fluchthelfernetzwerks aus geheimen Pfaden und Unterkünften, das geflohenen Sklaven den Weg in die Freiheit wies. Die Joy Street zwischen Pinckney und Cambridge Street war das Zentrum 8des schwarzen Boston. Über den Alltag der Schwarzen in einem Staat, der die Sklaverei zwar schon 1783 abgeschafft hatte, seine schwarzen Mitbürger de facto aber segregierte, informiert das **Museum of African American History** 6 in der Joy Street (Hauptsaison Mo–Sa 10–16 Uhr; 1. Mo im Sept. bis letzter Mo im Mai Mo–Sa 10–16 Uhr). Hier beginnt auch der sich über 2,6 km erstreckende **Black Heritage Trail** (s. S. 102).

Für andere Viertel hingegen bedeutete der Bau von Beacon Hill den Abstieg. Dazu gehörte Bowdoin Square. Von dem einstigen Nobelviertel besteht heute nur das zwischen Mini-Malls und Bürohäusern fremd wirkende **Otis House Museum** 7 (Mi–So 11–16.30 Uhr, nur geführte Touren). Mit Grundriss und Fassaden im beschwingten Federal Style, zeugt das Interieur des 1796 fertiggestellten Hauses vom eleganten Lebensstil der Oberschicht. Zu bewundern sind importierte Tapeten und Teppiche, Möbel und Gemälde und das Büro des Hausherrn, der als Rechtsanwalt, Spekulant und Bürgermeister Lokalpolitik machte.

Übernachten

Originell – **The Liberty Hotel** 1: 215 Charles St., Tel. 617 224 4000, www.libertyhotel.com, DZ ab 380 $. Aus dem Charles-Street-Gefängnis machten 150 Mio. $ das neueste und ungewöhnlichste Luxus-Hotel. Von dem Knast, in dem einst auch der berühmte Fälscher Frank Abagnale jr. einsaß (im Film dargestellt von »Catch me if you can«-Star Leonardo di Caprio), ist eine 27 m hohe Rotunde mit großen runden Fenstern geblieben, die heute als Lobby fungiert, und mehrere die Außenwände begleitende Galerien, die zu den in rosa gehaltenen, durchgestylten Zellen ... vielmehr: Zimmern führen. Das Haus ist ideal gelegen für Streifzüge durch Beacon Hill und morgendliches Jogging auf den 27 km umfassenden Lauftrails am Charles River.

Spitzwinkelig – **Bulfinch Hotel** 2: 107 Merrimac St., Tel. 617 624 0202, www.bulfinchhotel.com, DZ ab 180 $. 2004 eröffnetes Boutiquehotel in altem ›Flatiron‹-Gebäude: Die mit Fenstern auf drei Seiten ausgestatteten Junior-Suiten des spitzwinklig zulaufenden Hauses sind die schönsten. Alle Zimmer in ruhigen, erdfarbenen Tönen.

Essen & Trinken

Entspannend – **Beacon Hill Bistro** 1: 25 Charles St., Tel. 617 723 7575, www.beaconhillhotel.com/bistro.html, Mo–Sa 7–23, So bis 22 Uhr, ab 24 $. Leichte französische Küche mit kalifornischem Einschlag, zu empfehlen: das Hühnchen-Confit und ›Steak Frites‹, das klassische Bistro-Gericht. Viel Mahagoni, große Spiegel und lange Sitzbänke erzeugen eine angenehm familiäre Atmosphäre.

Traumhaft – **Bin 26 Enoteca** (vormals: Torch) 2: 26 Charles St., Tel. 617 723 5939, www.bin26.com, Mo–Do 12–22, Fr–Sa 12–23, So 17.30–22 Uhr, ab 13 $. Diese neue, in warmen Bernsteinfarben eingerichtete Wein-Bar führt über 200 Weine auf der Speisenkarte und kombiniert sie mit den dazugehörigen, italienisch inspirierten Gerichten so vorzüglich, dass sie allein fürs *pairing* schon viele Preise gewonnen hat.

Einkaufen

Antiquitäten – Mehr als 40 Antiquitätengeschäfte auf weniger als 500 Metern sind an der **Charles Street** 1.

Back Bay und Umgebung

► Karte 3 F–H 5–7, Cityplan S. 91

Anfang des 19. Jh. wurden westlich von Beacon Hill Dämme in den Charles River gebaut. Das hatte die Entstehung eines übel riechenden Sumpfes zur Folge. Bostons Stadtväter beschlossen, zwei Fliegen mit einer Klappe zu schlagen: Die Aufschüttung des Feuchtgebiets sollte das Gesundheitsrisiko beseitigen und zugleich neuen Wohnraum schaffen. 1857 begannen die Erdarbeiten. Sie dauerten über 30 Jahre und vergrößerten das Stadtgebiet um 2 km². Im Jahr zuvor hatte man den Entwurf des Architekten Arthur Gilman abgesegnet. Der war ein Fan des Architekten Baron G. E. Haussmann, der gerade halb Paris mit breiten Avenuen, Boulevards und Second-Empire-Häusern überzog. In Boston verbinden seither fünf mit dem Lineal gezogene Ost-West-Achsen Public Garden und Boston Common mit dem Kenmore Square, Back Bay seinen noblen, weltoffenen Charakter verleihend.

Die endlosen Prachtstraßen kamen damals gut an: Sie standen im diametralen Gegensatz zu dem bis dahin mittelalterlich-verwinkelten Boston und gaben der damals herrschenden Aufbruchstimmung eine Gestalt. Back Bay wurde das ›Nouveau Quartier‹ der Oberschicht. Prächtige vier- bis fünfgeschossige Häuserzeilen im Second-Empire-Stil säumen Avenuen mit edel klingenden Namen wie Marlborough und Newbury Street. Das Aushängeschild ist die Commonwealth Avenue. Sie ist 80 m breit und säumt baumbestandene Grünanlagen in ihrer Mitte. Bis heute zieht sie die Reichen und Wichtigen magnetisch an: ▷ S. 105

Auf Entdeckungstour

Durch das schwarze Boston

Im Jahr 1638 trafen die ersten schwarzen Neuengländer in Boston ein. Der 2,5 km lange Black Heritage Trail führt zu 14 Orten auf Beacon Hill, die in der Geschichte dieser lange ignorierten Bevölkerungsgruppe eine wichtige Rolle spielten.

Für wen: Alle, die sich auch für ein Boston ohne Glanz und Gloria interessieren.

Zeit: ein halber Tag

Planung: Im Museum of African American History (www.afroammuseum.org, Mo–Sa 10–16 Uhr, Eintritt frei) liegt eine »Self-Guided-Tour«-Broschüre aus.

Start: Robert Gould Shaw and 54th Regiment Memorial

Die ersten der heute über 400 000 Afro-Amerikaner Neuenglands trafen 1638 in Boston ein. Anders als in den Kolonien im Süden stand ihr rechtlicher Status hier nicht von vornherein fest. Erst im 18. Jh. verschlechterte sich ihre Situation. Boston wurde – wie Salem, Providence und Newport – Umschlaghafen für Güter aus aller Welt, aber auch für den Sklavenhandel. Zudem schränkten die sogenannten ›Slave Codes‹ die Bewegungsfreiheit der freien Schwarzen von Boston schrittweise ein.

Bostons schwarze Gemeinde

Dass Neuengland nicht völlig den Sklavenhalterstaaten folgte, mag auch an den hiesigen Sklavereigegnern gelegen haben. Allerdings war man im Nordosten auch nicht auf Sklavenarbeit angewiesen. Das Verbot der Sklaverei Ende des 18. Jh. stieß hier deshalb nicht auf Widerstand. Das Verhältnis zwischen Weiß und Schwarz war jedoch keineswegs normal. Immer dann, wenn das politische Klima rauer wurde, kippte in Boston die öffentliche Meinung zuungunsten der schwarzen Einwohner. Wie zum Beispiel im frühen 19. Jh., als sich Bostons schwarze Gemeinde zu einer Drehscheibe der sogenannten »Underground Railroad« entwickelte: Schwarze Familien versteckten Sklaven auf der Flucht und wiesen ihnen den Weg nach Kanada. Als der Kongress 1850 den ›Fugitive Slave Act‹ verabschiedete, der Plantagenbesitzern erlaubte, ihre entflohenen Sklaven auch außerhalb ihres Heimatstaates zu verfolgen, rasten weiße Mobs auf der Suche nach Sympathisanten der Sklavereigegner durch die Straßen. Die Gegensätze blieben bis weit ins 20. Jh. bestehen. Als 1974 ein Richter die Integration an Bostons Schulen forcieren wollte, kam es zu schweren Ausschreitungen: Der Plan, Kinder aus weißen Neighborhoods auf Schulen in schwarzen Vierteln zu schicken und umgekehrt, stieß besonders im irisch-amerikanischen South Boston auf heftigen Widerstand, der sich in Steinwürfen auf Busse mit schwarzen Schülern entlud. Erst 1997 erklärte die Bostoner Schulbehörde die Integration für erfolgreich.

Der Black Heritage Trail

Heute leben die meisten Schwarzen im Stadtteil Roxbury. Zwischen 1800 und 1900 konzentrierte sich das Gros der schwarzen Bostoner auf dem Beacon Hill, auf einem von Pinckney, Cambridge, Joy und Charles Street begrenzten Areal, das heute als ›North Slope‹ bekannt ist. Der Black Heritage Trail führt hier zu Gebäuden (nur teilweise der Öffentlichkeit zugänglich), die als Meilensteine im Kampf um ein besseres Amerika gelten können. Jedes Haus, jede Kirche und jedes Denkmal erinnert an Mut und Zivilcourage unter oft lebensgefährlichen Umständen. Die interessantesten von ihnen:

Zunächst das **Robert Gould Shaw and 54th Regiment Memorial**s (nähere Beschreibung s. S. 87).

George Middleton House

Das älteste von schwarzen Bostonians gebaute Haus (1797) trägt den Namen eines schwarzen Kämpfers für die amerikanische Unabhängigkeit, der später sein Recht, das Ende der Sklaverei auf dem Boston Common zu feiern, mit der Waffe in der Hand verteidigte (5–7 Pinckney St.)

Charles Street Meeting House

Auch in dieser 1807 gebauten Kirche herrschte damals Rassentrennung. Um ihr die Stirn zu bieten, lud der Abolitionist Timothy Gilbert in den 1830er-Jahren seine schwarzen Freunde auf die für seine Familie reservierte Kirchenbank ein. Später baute Gilbert die erste integrierte Kirche der USA (Mt. Vernon und Charles St.).

Lewis and Harriett Hayden House

Das Ehepaar versteckte in diesem Haus geflohene Sklaven. Kopfgeldjäger empfingen sie mit brennenden Kerzen – und dem freundlichen Hinweis auf die beiden Pulverfässer unter der Schwelle, die sie in die Luft zu jagen gedachten, falls die Häscher auch nur einen Schritt über die Schwelle setzten (66 Phillips St.).

Smith Court Residences

Fünf für ein schwarzes Wohngebiet damals typische Ziegelhäuser aus dem frühen 19. Jh. Neben Handwerkern wohnten hier schwarze Aktivisten wie William C. Nell (Nr. 3), der erste schwarze Historiker der Stadt, und Joseph Scarlett (Nr. 10), einer der erfolgreichsten schwarzen Unternehmer jener Zeit.

Abiel Smith School

(im Gebäude des Museum of African American History): Die erste ausschließlich für schwarze Kinder gebaute Schule der USA dokumentiert in verschiedenen Ausstellungen den Kampf der Afro-Amerikaner um Gleichberechtigung bei der Ausbildung (46 Joy St.).

The African Meeting House

Das im Jahre 1806 von schwarzen Maurern und Handwerkern erbaute Gebäude war im 19. Jh. das Zentrum der schwarzen Gemeinde der Stadt. Seine Räumlichkeiten haben viel gesehen, zum Beispiel die Gründung der New England Anti-Slavery Society 1832 durch William Lloyd Garrison und die Rekrutierung des von Colonel Robert Gould Shaw geführten Massachusetts 54th Regiment (46 Joy St.; s.o.). Heute beherbergt es unter anderem das Museum of African American History (s. S. 100), das in ständig wechselnden Ausstellungen immer wieder zu unbekannten Fußnoten der Stadtgeschichte vordringt.

Über 2,6 Kilometer erstreckt sich der Black Heritage Trail

Ein ›Townhouse‹ an der im Back-Bay-Lingo kurz ›Comm. Ave.‹ genannten Straße kostet locker über 10 Mio. $. Dafür hat der Besitzer dann beim Name-dropping auf dem Cocktail-Empfang nicht nur einen Trumpf im Ärmel, er hat auch einige der besten Restaurants, Museen, Boutiquen, Konzertveranstaltungen der Stadt vor der Haustür.

Orientierung in Back Bay

Die Orientierung fällt nicht schwer: Die Ost-West-Achsen Beacon und Marlborough Street, Commonwealth Avenue, Newbury und Boylston Street werden von acht kürzeren Querstraßen in gleich große Blocks unterteilt. **Newbury Street** ist mit Designergeschäften, mehr als 80 Beauty-Salons und namentlich bezeichneten Parkplätzen der Rodeo Drive Bostons. An der Geschäftsstraße **Boylston Street** liegen die meisten Hotels. Im Nordwesten von Back Bay schließt sich das Uni- und Kneipenviertel **Kenmore Square** an. Die besten Kunstmuseen der Stadt liegen in Fenway am Westrand des Viertels.

Charles River Esplanade unweit der Beacon und Arlington Street ist ein weitläufiger Park am Charles River, mit schönen Spielplätzen für Jogger, Radfahrer, Freizeit-Segler und Paddler. An der Esplanade finden im Sommer im Hatch Memorial Shell Konzerte statt. Die Freiluftbühne in Form einer überdimensionalen Muschel ist zudem Austragungsort einer weiteren, echten Neuengland-Tradition namens **›Free Friday Flicks‹**. Dann strömen Familien hierher und genießen beim Picknick die neuesten, ab 20 Uhr auf einen Giant Screen projizierten Familienfilme aus Hollywood.

Rund um den Copley Square

Copley Square 1 und John Hancock Tower 2

Start und Ziel für die Erkundung ist der Platz, das Herz des Viertels. Den Weg weist ein Büroturm, der mal schlank und zerbrechlich, mal robust aussieht, während die Reflexionen vorbeifliegender Wolken seine gläsernen Umrisse mit dem Himmel zu verschmelzen scheinen. Das ist durchaus so gewollt. Der aus Boston stammende Stararchitekt I. M. Pei stellte den 1976 von der Hancock-Versicherungsgesellschaft eröffneten Büroturm auf den Grundriss eines Parallelogramms und benutzte 10 344 Glasplatten als Fassade, um diesen Effekt zu erreichen. Kritikern, denen der 241 m hohe Tower ein Dorn im Auge war, hörten die Bostoner nur anfangs zu, als viele der Fenster auf die Straße fielen. Bis das Problem gefunden war, wurden sämtliche Glas- durch Sperrholzplatten ersetzt – kurzzeitig, spottete die Lokalpresse damals, war der Monolith das höchste Sperrholzgebäude der Welt. Das Hancock Observatory im 60. Stock wurde leider nach dem 11. September 2001 aus Sicherheitsgründen bis auf Weiteres geschlossen.

Trinity Church 3

Führungen Mo–Fr 9–17, Sa 9–17, So 13–18 Uhr

Eher als der seine Umgebung aufsaugende Tower befremdet die 1877 vollendete und von diversen romanischen Vorbildern im Mittelmeerraum inspirierte Kirche. Als Henry H. Richardsons Meisterwerk gefeiert, macht sie dennoch einen arg zusammengewürfelten Eindruck, wobei ihr Inneres so leer wirkt wie ein Bahnhof um Mitternacht.

Boston – Back Bay und South End

Sehenswert
- 1 Copley Square
- 2 John Hancock Tower
- 3 Trinity Church
- 4 Boston Public Library
- 5 Shops at Copley Place
- 6 Prudential Tower
- 7 Christian Science Church Center
- 8 Museum of Fine Arts
- 9 Isabella Stewart Gardner Museum
- 10 Boston Center for the Arts

Übernachten
- 1 Gryphon House B and B
- 2 Newbury Guest House
- 3 Hotel 140
- 4 Fenway Summer Hostel
- 5 Chandler Inn Hotel
- 6 Encore B & B

Essen & Trinken
- 1 Fleming's
- 2 Sonsie
- 3 Summer Shack
- 4 The Beehive
- 5 Charlie´s Sandwich Shoppe
- 6 South End Buttery

Einkaufen
- 1 Heritage on the Garden
- 2 Marshalls

Aktiv & Kreativ
- 1 Charles River Canoe & Kayak
- 2 Community Boating

Abends & Nachts
- 1 Symphony Hall
- 2 Citi Performing Arts Center
- 3 Venu
- 4 Rise
- 5 Bill's Bar

Alle Einträge, die außerhalb des Cityplans liegen, finden Sie in ▶ Karte 3 der Extra-Reisekarte

Boston Public Library 4

Mo–Do 9–21, Fr–Sa 9–17, So ab 13 Uhr
Interessanter noch als die mit Friesen verzierte Fassade im Stil der italienischen Renaissance ist die Geschichte der Bibliothek: 1848 eröffnet, war sie die erste öffentliche Bibliothek des Landes und die erste, die Bücher nicht nur aufbewahrte, sondern tatsächlich auch auslieh. Heute besitzt die BPL über 6 Mio. Bände und registriert 2 Mio. Nutzer jährlich. Sehenswert sind der oasenartige Innenhof, die Wandgemälde in den oberen Etagen und Bates Hall, der 72 m lange, 15 m hohe und von 15 herrlichen Bogenfenstern illuminierte Lesesaal. (Infos zu den täglich stattfindenden Touren durch die heiligen Hallen gibt's am Eingangsschalter.)

Copley Place und ›Pru‹

Wer lieber Preisschilder liest, ist besser im Einkaufszentrum **Shops at Copley Place** 5 (Mo–Sa 10–21, So 11–18 Uhr) aufgehoben. Zu den über 100 Geschäften, darunter Marken wie Neiman Marcus und Louis Vuitton, geht es auf Rolltreppen an einem Wasserfall vorbei. Von hier aus gelangt man durch eine gläserne, über die Huntington Avenue führende Passage ins ›Pru‹. Bei seiner Einweihung im Jahr 1964 war der 221 m hohe **Prudential Tower** 6 das höchste Bauwerk des Landes außerhalb Manhattans. Das hässlichste Gebäude der Stadt ist er noch immer, aber immerhin versöhnt nun der **Skywalk** (Nov.–Febr. tgl. 10–20, März–Okt. tgl. 10–22 Uhr), eine 360-Grad-Aussichtsplattform im 50. Stock, mit seiner trostlos grauen Fassade. Hier oben liegt einem Boston zu Füßen. Neigt sich der Tag dem Ende zu, ist das hier befindliche Restaurant ›Top of the Hub‹ der ideale Ort zum Beineausstrecken.

Christian Science Church Center 7

Di–So 10–16 Uhr
Die monumentale Kuppel an der Südwestseite des ›Pru‹ gehört der 1906 geweihten Mother Church Extension, die um die 1894 errichtete Mother Church

herumgebaut wurde. Zusammen mit den in den 1970er-Jahren von I. M. Pei entworfenen Bürogebäuden bildet der bombastische, Menschen zu Ameisen reduzierende Komplex das Hauptquartier der **Christian Science Church.** Mary Baker Eddy (1821–1910), lange unter chronischen Schmerzen leidend und am Ende Heilung durch die göttliche Heilkraft der Bibel erfahrend, gründete die Glaubensgemeinschaft im Jahr 1879. Heute hat sie 400 000 Mitglieder in 60 Ländern und betreibt außer Fernseh- und Radiostationen die Tageszeitung »Christian Science Monitor«. Sehenswert im Center sind das machtvolle Colonnade Building, der 220 m lange Reflecting Pool, dessen Wasser über abgerundete Ränder aus rotem Granit fließt, und das Mapparium in der Lobby der Mary Baker Eddy Library: Die begehbare, zehn Meter durchmessende Weltkugel wurde aus über 600 bunten Glasplatten gefertigt und ist auch für ihre hervorragende Akustik berühmt.

The Fenway

Weiter westlich geht Back Bay in das mit Musikschulen, kleinen Bühnen und Kneipen bereits im Dunstkreis von Kenmore Square liegende Fenway-Viertel über. Es reicht vom Fenway Park – Baseball-Stadion der legendären Boston Red Sox – über die Parks der Back Bay Fens und der Symphony Hall bis zur Huntington Avenue.

Museum of Fine Arts 8

Mo–Di 10–16.45, Mi–Fr 10–21.45, Sa–So 10–16.45 Uhr

Das Bestreben, Kunst unter einem Dach zu versammeln, mündete bereits in den 1850er-Jahren in der Gründung des Museums, das nach den beiden neuen Eingängen jüngst noch einen weiteren Flügel erhalten hat (Ende 2010 fertiggestellt). 1909 erhielt es seine heutige Heimat an der Huntington Avenue – einen klassizistischen Tempel aus Granit, mit einem Portikus und dem vier Jahre später beigesteuerten Reiterstandbild eines Prärie-Indianers. Zu betreten ist das Museum über den 1981 von I. M. Pei angebauten Westflügel. Mehr als 1 Mio. Artefakte warten, die schönsten davon in acht Sammlungen präsentiert, wobei das Angebot von Tonscherben aus der Antike bis zur Silberschmiedekunst Paul Reveres reicht. Sehenswert vor allem: Die European Collection im zweiten Stock zeigt neben ihren Rembrandts und van Goghs die größte Sammlung von Monets außerhalb Frankreichs. Die American Collection im ersten Stock ordnet all jenen Namen, denen man bis dahin begegnet ist, endlich Gesichter zu. Zu bewundern sind u.a. Copleys Porträts von John Hancock, Paul Revere und Joseph Warren sowie Gilbert Stuarts unvollendeter George Washington – dieses Bild ziert heute die Ein-Dollar-Note.

Isabella Stewart Gardner Museum 9

Di–So 11–17 Uhr

Kunst auch gegenüber. In Fenway Court dient sie jedoch nicht den Wissenschaften, sondern dem Plaisir. So wollte es die Dame, die hier – Kunstexperten zum Graus – rund 2500 Gemälde, Drucke, Zeichnungen und Skulpturen anhäufte, wobei sie sich von nichts anderem leiten ließ als ihrem Geschmack. Isabella Stewart Gardner (1840–1926), reich, verwitwet und unkonventionell, war das Enfant terrible der Bostoner Gesellschaft. Kunst, so schockierte sie die Experten, solle inspirieren, nicht langweilen. Zwar sind viele der ihr zugeschriebenen Skandale unwahr oder übertrieben, doch trank sie schon lieber Bier als Tee, rumpelte im Ochsenkarren durch Boston und trug bei Besuchen der Boston Symphony ein Stirnband mit der Aufschrift »Oh, You Red Sox«. Ihre 1899 errichtete Villa Fenway Court, von Bostoner Zeitungen einst als ›Belle's Folly‹ betitelt, gruppiert sich um ein herrliches venezianisches Atrium, in das man von umlaufenden Galerien aus hinabblickt und in dem es sich herrlich den Lunch aus dem Café verzehren lässt. Zu sehen sind u. a. Werke von Rembrandt, Vermeer, Matisse, Degas und John Singer Sargent. Tizians »Raub der Europa«, eines der wichtigsten Werke der Renaissance, ist einer der Höhepunkt im Isabella Stewart Gardner Museum.

Aktivitäten am Charles River

Auch wenn alljährlich im April der berühmte Boston Marathon ausgerichtet wird: Reich an **Jogging-Wegen** ist die Stadt nicht gerade. Die Charles River Esplanade, ein beiden Ufern des Flusses folgender Parkstreifen zwischen dem Charles River Dam und Watertown, bietet Joggern 27 km Auslauf. Radfahrer und Inline-Skater nutzen den Park ebenfalls. Vom Wasser aus erleben Sie Boston und Cambridge von einer selten fotografierten Seite. Vor allem abendliche **Paddeltouren** in den Sonnenuntergang sind ein unvergessliches Neuengland-Erlebnis. Abendliche Paddeltouren und viele andere, geführte oder individuelle Touren organisiert **Charles River Canoe & Kayak** 1 (2401 Commonwealth Ave., Tel. 617 965 5110, www.paddleboston.com).

Die kleinen Segelboote und Dinghis auf dem Fluss kehren abends in die Marina von **Community Boating** 2 (21 Mugar Way, Tel. 617 523 1038, www.community-boating.org) zurück. Nicht nur die Bostoner lernen hier segeln, auch Tausende von Besuchern haben hier bereits ihren Segelschein gemacht. Erfahrene Segler können hier ihr Boot für einen Tag auf dem Wasser ausleihen.

Das South End

Alleen mit alten Bäumen, gesäumt von viktorianischer Backsteinarchitektur, dazu ein gutes Dutzend kleiner schöner Plätze und Kreuzungen mit Bistros und Bäckereien: Beim Bau von South End in den 1850er-Jahren orientierten sich die Bostoner Architekten vor allem an London, um ihrer Zielgruppe wohlhabender Kaufleute zu gefallen. Heute ist das von Massachusetts Avenue, Berkeley Street, Columbus und Harrison Avenue begrenzte Viertel einer der heißesten Immobilienmärkte der Stadt und besonders bei jungen Familien und schwulen Paaren beliebt.

Bester Ausgangspunkt für einen Bummel durch das Viertel ist das Boston Center for the Arts (s. u.) an der Tremont Street. Danach erreichen Sie bald eine der schönsten, jedoch noch immer nicht über die Stadtgrenze hinaus bekannten Straßen Bostons. Die schattige Union Park Street mit ihrem einen Block langen Park samt Springbrunnen und Mahnmal in der Fahrbahnmitte ist das beste Beispiel der für das South End typischen *residential parks.*

Boston Center for the Arts 10

539 Tremont St., www.bcaonline.org, Tel. 617 426 5000, Mo–Fr 9–17 Uhr, außerdem zu Veranstaltungen

Das selbsternannte *urban cultural village* beherbergt in einer ehemaligen Orgelfabrik u. a. die renommierte Mills Gallery (Mi 12–17, Do–Sa 12–21, So 12–17 Uhr), das Community Music Center of Boston, die Boston Ballet School, ein Theater, das Beehive (s. u.) und rund 50 Künstlerateliers. Vor allem die Mills Gallery, die sich auf zeitgenössische Bostoner und Künstler aus Neuengland spezialisiert hat, lohnt einen Besuch.

Übernachten

Viktorianisch – **Gryphon House B and B** 1: 9 Bay State Rd., Tel. 617 375-9003, www.innboston.com, DZ ab 190 $. Prachtvolles altes Stadthaus am Nordrand von Back Bay, unweit Kenmore Square. Wohlfühl-Quartier für Nostalgiker: Acht tolle Suiten im viktorianischen Stil, ein herrschaftlicher Salon, eine Eingangshalle mit elegant geschwungener Treppe. Besonders schön: die Suite »Aerie« im vierten Stock. In Fußgängernähe zur Newbury Street und vielen Sehenswürdigkeiten des Viertels.

Gemütliches Schnäppchen – **Newbury Guest House** 2: 261 Newbury Street, Tel. 617 670-60 00, www.newbury guesthouse.com, DZ ab 170 $. Überraschend preiswertes, in drei viktorianischen Häusern untergebrachtes B & B auf dem ›Rodeo Drive‹ der Stadt. Bescheidene, aber dennoch gemütliche Zimmer mit Wireless-LAN und vielen historischen Details wie die alten Holzfußböden und weiteren Accessoires.

Ideale Lage – **Hotel 140** 3: 140 Clarendon St., Tel. 617 585-5600, www. hotel140.com, DZ ab 140$. Preiswertes Boutique-Hotel zwischen Newbury Street und South End. Die günstige Lage macht die etwas kleinen, einfach möblierten Zimmer mehr als wett.

Preiswert übernachten – **Fenway Summer Hostel** 4: 575 Commonwealth Ave., Tel. 617 267-8599, www.usahos tels.org, 39 $ pro Bett im Schlafsaal, Drei-Bett-Zimmer ab 99 $. Modernes Gebäude, Mitglied der International American Youth Hostels (2008 neu eröffnet).

Europäisch – **Chandler Inn Hotel** 5: 26 Chandler St., Tel. 617 482-3450, www.chandlerinn.com, DZ ab 170 $. Angenehmes Boutique-Hotel in ruhiger Straße zwischen Back Bay und

South End. Hervorragend als Basis für Entdeckungstouren in beiden Vierteln.
Wie zuhause – **Encore B & B** 6: 116 W. Newton St., Tel. 617 247 3425, www.encorebandb.com, DZ ab 140 $. Vier niedliche Zimmer in schönem Townhouse. Der Hausherr nimmt die Koffer persönlich in Empfang!

Essen & Trinken

Best Steaks in Town – **Fleming's** 1: 217 Stuart St. (im Gebäude des Boston Park Plaza), Tel. 617 292-0808, www.flemingssteakhouse.com, Mo–Mi 17–22, Do–Sa 17–23, So 16–21 Uhr, ab 20 $. Steaks aus Argentinien, amerikanische Prime Ribs, Lamm und Huhn mit mediterranem Twist, in eleganter Atmosphäre. Über 100 Weine im Glas.
Kulinarische Weltreise – **Sonsie** 2: 327 Newbury St., Tel. 617 351 2500, www.sonsieboston.com, So–Di 18–23, Mi–Sa 18–24 Uhr, ab 18 $. Der moderne Treffpunkt Bostoner Gourmets ist schon 17 Jahre alt und noch immer angesagt. ›Schuld‹ an diesem Kunststück: der hervorragende Service, die besten Martinis der Stadt und, natürlich, eine eklektische World Cuisine, die kreiert, was schmeckt. Zu empfehlen: Entenbrust, alle Steinofen-Pizzen und gegrillter Schwertfisch. Nette Cocktail-Lounge.
Seafood & mehr – **Summer Shack** 3: 50 Dalton St., Tel. 617 867 9955, www.summershackrestaurant.com, Mo–Do 17–22, Fr bis 23, Sa 11.30–23, So bis 22 Uhr, ab 11 $. Großes, lautes Family Restaurant, in dem man mit aufgekrempelten Ärmeln überraschend guten Fisch, hervorragendes Seafood und saftige Steaks verzehrt. Die muskulöse Version der typisch neu-englischen ›Lobster Shacks‹. Ein Lieblingsrestaurant der Boston Red Sox Fans.
Brummt – **The Beehive** 4: 541 Tremont St, Tel. 617 423 0069, tgl. 17–2 Uhr, ab 20 $. Zeitgemäße, kreative Küche ohne Berührungängste: *Moroccan cigars* z. B. sind lammgefüllte Frühlingsrollen. Dazu jeden Tag coole Livemusik.
Bestes Frühstück in Boston – **Charlie´s Sandwich Shoppe** 5: 429 Columbus Ave., Tel. 617 536 7669, Mo–Fr 6–14.30, Sa 7.30–13 Uhr, ab 8 $. Als Bostons Hotels noch segregiert waren, war Charlie´s der einzige Treff, wo schwarze Musiker nach ihrem Gig etwas zu essen bekamen. Historische Fotos zieren die Wände. An der Theke: Omelettes, French Toast und Waffeln.
Leute gucken – **South End Buttery** 6: 314 Shawmut Ave., Tel. 617 482 1015, tgl. 6–20 Uhr, ab 6 $. Bäckerei und Café an der Ecke Union Park Street. Immer frische Croissants, Scones, Bagels und Sandwiches.

Einkaufen

Die besten Einkaufszonen Bostons sind **Copley Place,** die Läden im **Prudential Center** und **Newbury Street** mit Edelmarken wie Saks Fifth Avenue.
Kleidung – An der Boylston Street sind über 100 Läden, meist Bekleidungsgeschäfte wie Talbot's und Eddie Bauer, positioniert. **Heritage on the Garden** 1 (300 Boylston St.) bietet Designermarken wie Escada, Hermès und Sonia Rykiel.
Bücher – Man findet sie am besten in den Buchläden und Antiquariaten der Newbury Street.
Erschwinglich – **Marshalls** 2: 300 Boylston St., Tel. 617 262 60 66, www.1.marshallsonline.com. 1956 in Boston gegründet, ist Marshalls Amerikas zweitgrößter Textilien-Discounter. Wöchentlich mit bis zu 10 000 neuen Artikeln versorgt, gibt es hier Markenware zu Niedrigpreisen. Besonders interessant: Das Schuhangebot.

Aktiv & Kreativ

Vier Teams de luxe – Die eher reservierte Bostoner Psyche gibt sich am ehesten während eines Spiels ihrer Lieblingsmannschaft eine Blöße. Sie haben die Wahl zwischen vier Teams der jeweiligen Top-US-League. Die **Boston Red Sox** (April–Sept., Fenway Park, Tel. 1 877-REDSOX9, www.redsox.mlb.com) gehören nach einer jahrzehntelangen Durststrecke wieder zu den Spitzenmannschaften im Baseball. Das Footballteam der **New England Patriots** (1 Patriot Pl., Foxboro, Tel. 1 800 543 1776, www.patriots.com) spielt in der NFL ebenfalls ganz vorne mit.

Kult sind auch die Spiele der **Boston Bruins** im TD Banknorth Garden (100 Legends Way, Tel. 617 931 2222, http://bruins.nhl.com). Die Bruins gehören trotz der letzten enttäuschend verlaufenen Spielzeiten zu den besten Eishockey-Teams der National Hockey League. NBA-Basketball der Extraklasse gibt es bei den Heimspielen der **Boston Celtics** (TD Banknorth Garden, s. o.).

Abends & Nachts

Musik und Theater

Das Boston Symphony Orchestra unter dem legendären James Levine! Die Boston Pops unter Keith Lockhart. Die Handel and Haydn Society! Und natürlich die Boston Chamber Music Society ... Kultur ganz groß, das war schon immer so in Boston. Kaum ein Tag in der Grand Old Lady ohne Weltklasse-Darbietungen, in vornehmen Auditorien oder im Lichtgewaber modernster Lasershows. In der **Symphony Hall** 1 erklingen Konzerte des Boston Symphony Orchestra wie auch der Handel and Haydn Society.

Boston Symphony Orchestra: Symphony Hall, 301 Massachusetts Ave., Tel. 617 266-1492, www.bso.org. Während ihrer Spielzeit von Oktober bis April führen die 1881 gegründeten Symphoniker sowohl Klassik als auch leichte Kost auf, Spieltage: Di, Do, Sa. Die Boston Pops spielen von Mai bis Juli (Di–So). Aktuelle Veranstaltungshinweise sind überall erhältlich, z. B. in

Spannung pur bei einem Spiel der Boston Red Sox

den Tageszeitungen »Boston Globe« und »Boston Herald« sowie in den alternativen Wochenzeitungen »The Weekly Dig« und »The Boston Phoenix«. Tickets gibt es am Schalter oder bei BosTix (Tel. 617 262 8632, www.bostix.org). Der Ticketverkäufer unterhält Schalter am Copley Square (Boylston und Dartmouth, Mo–Sa 10–18, So 11–16 Uhr) und am Quincy Marketplace (Di–Sa 10–18, So 11–16 Uhr). Am Tag der Aufführung verkauft BosTix die Tickets zum halben Preis.

Handel and Haydn Society: 300 Massachusetts Ave., Tel. 617 262 1815, www.handelandhaydn.org. Das bereits 1815 gegründete Ensemble benutzt bei seinen Auftritten zeitgenössische Instrumente.

Citi Performing Arts Center 2: 270 Tremont St., Tel. 617 482-9393, www.citicenter.org. Unter diesem Namen werden seit Ende 2006 sowohl das Wang Center (270 Tremont St.) als auch das Shubert Theatre (265 Tremont St.) geführt. Beide haben auch Shows und Broadway-Musicals im Programm.

Nachtleben

Seit die konfuse TV-Anwältin Ally McBeal vorführte, wie und wo Bostons hippe Crowd den Arbeitstag beschließt, hat auch Bostons Nachtleben endlich die Anerkennung bekommen, die es verdient. Nach Einbruch der Dunkelheit ist an der Boylston Street und rund um Kenmore Square am meisten los. Die Bars in Back Bay und im South End sind besonders bei Yuppies und gut situierten Schwulen beliebt.

Abtanzen – **Venu** 3: 100 Warrenton St., Tel. 617 338 8061, tgl. 22.30–2, Mi 22–2 Uhr. Wenn in anderen Klubs und Diskos der *flow* abnimmt, geht es hier erst richtig los. Bei Dancehall, Zouk, Hip Hop, House und Latin rockt hier das junge, gut aussehende Boston.

Mordsgaudi – **Rise** 4: 306 Stuart St., Tel. 617 423 7473, www.riseclub.us, Rocken bis zum Umfallen, Red Bull in Strömen! In den Rankings der Blogosphäre rangiert das Rise immer ganz oben. Tolle Lightshow, Bostoner aller ›Stämme‹.

Schön unzivilisiert – **Bill's Bar** 5: 5 Lansdowne St., Tel. 617 421 9678, www.billsbar.com, Di–Sa 22–2, So 21.30–2 Uhr. ›Rock'n Roll never dies‹, vor allem nicht in Boston's bestem R & R-Schuppen. Bill's holt junge Indie-Gruppen ebenso auf die Bühne wie gestandene Alt-Rocker. Laut, schmierige Tische, tolle Atmosphäre.

Nachtschwärmer besuchen in diesem Viertel gerne auch das **Sweetwater Café** und **Whiskey's Food & Spirits** (s. S. 97, Karte S. 90).

Sehenswertes in anderen Vierteln

John F. Kennedy Presidential Library 29

Cityplan S. 91; *tgl. 9–17 Uhr*

Jeder US-Präsident bekommt nach seinem Amtsende seine Bibliothek, das ist so Tradition in den USA. Die für Bostons noch immer beliebtesten Sohn liegt in Dorchester im Südosten der Stadt, auf dem Campus der University of Massachusetts-Boston. Mit ihren klaren Linien – Architekt war einmal mehr I. M. Pei – sich kühn gegen die Silhouette des Hafens absetzend, beherbergt die John F. Kennedy Presidential Library nicht nur die Papiere der Regierungszeit des 35. Staatsoberhauptes der USA, sondern erinnert mit Videos, Schautafeln und Audio-Beispielen an die Lebensstationen des 1963 ermordeten Präsidenten. Nachgebaut wurden u. a. sein Schreibtisch im Oval Office sowie das Fernsehstudio, in dem er sich 1960 mit Herausforderer Richard M. Nixon zur ersten Fernsehdebatte der Geschichte traf. Natürlich gibt es auch eine seiner Frau Jacqueline und ihrer Garderobe gewidmete Ausstellung.

Nüchterner Schlusspunkt dieser ansonsten sehr patriotischen Ausstellung ist das ununterbrochen in einem abgedunkelten Raum gespielte Video von Kennedys Ermordung.

Institute of Contemporary Art 30

Cityplan S. 91

Di–Mi, Sa–So 10–17, Do–Fr 10–21 Uhr

Mit dem 2006 wiedereröffneten Museum für moderne Kunst will Boston den zuvor verlorenen Anschluss an das weltberühmte Museum of Modern Art in New York wiederherstellen. Die Voraussetzungen dazu sind nicht schlecht. Über eine breite, zum Wasser führende Freitreppe kragt ein gewaltiger, nachts angestrahlter Glaskasten aus – lichtdurchfluteter Ausstellungsraum für innovative Künstler aus den USA und aller Welt. Erstmals beherbergt das ICA auch eine permanente Ausstellung: Zu sehen sind u. a. Arbeiten von Video- und Digitalkünstlern.

Cambridge ▶ D 9

2001 verriet die Tageszeitung »Boston Globe« ›Harvard's dirty little secret‹: Die Vergabe der begehrten Auszeichnungen *cum, magna* und *summa cum laude* werde inflationär gehandhabt, selbst durchschnittliche Studenten erhielten Spitzennoten. Tatsächlich beendeten im Juni jenes Jahres mehr als 90 % der Harvard-Studenten ihr Studium mindestens cum laude. Dagegen gelang dies in Yale und anderen Elite-Unis allenfalls der Hälfte.

Das weltberühmte Harvard, Schmiede von Präsidenten, Nobelpreisträgern und Karrieremenschen – ein Schatten seiner selbst? Klischees sterben nur langsam, und für die Bostoner ist es heute so klar wie vor 50 Jahren: Jenseits des Charles River ist »where the smaht kids are«. Und die drücken Bostons Schwesterstadt Cambridge noch immer ihren Stempel auf.

Die 106 000-Einwohner-Stadt begann 1630 als New Towne. 1636 gründeten die Puritaner dort ein College für Geistliche, um den Fortbestand ihrer Theokratie zu sichern. Benannt nach seinem Förderer John Harvard, erhielt das bald in Cambridge umbenannte Dorf 1640 die erste Druckerpresse Nordamerikas und gab danach den Ruf als Lehrzentrum nicht mehr ab. Während der Belagerung Bostons war hier das Hauptquartier der Rebellen. Den Disziplinen Religion und Ethik gesellten sich im Laufe der Zeit weitere Fakultäten hinzu: 1782 die medizinische, 1817 die juristische, 1867 die zahnmedizinische. Frauen dürfen seit 1879 hier studieren. Bis heute hat Harvard sechs US-Präsidenten, 29 Nobelpreisträger und zahllose Promis produziert.

Die zweite Eliteschule der Stadt – anders als Harvard über jede Kritik erhaben – wurde 1861 gegründet, das Massachusetts Institute of Technology (MIT). Das bemerkenswerte Ensemble funktionaler moderner Architektur liegt am Kendall Square im Arbeiterviertel East Cambridge. Im 20. Jh., v. a. während des Vietnam-Kriegs, machte sich die traditionell den Liberalen zuneigende Stadt, in der bis heute die Hälfte der Einwohnerschaft dem Lehrbetrieb verbunden ist, einen Ruf als ›Moscow on the Charles‹: MIT-Professoren gaben ihren Studenten bessere Noten, damit diese nicht nach Vietnam mussten – eine ›Unart‹, die Kritikern zufolge auch nach Harvard überschwappte.

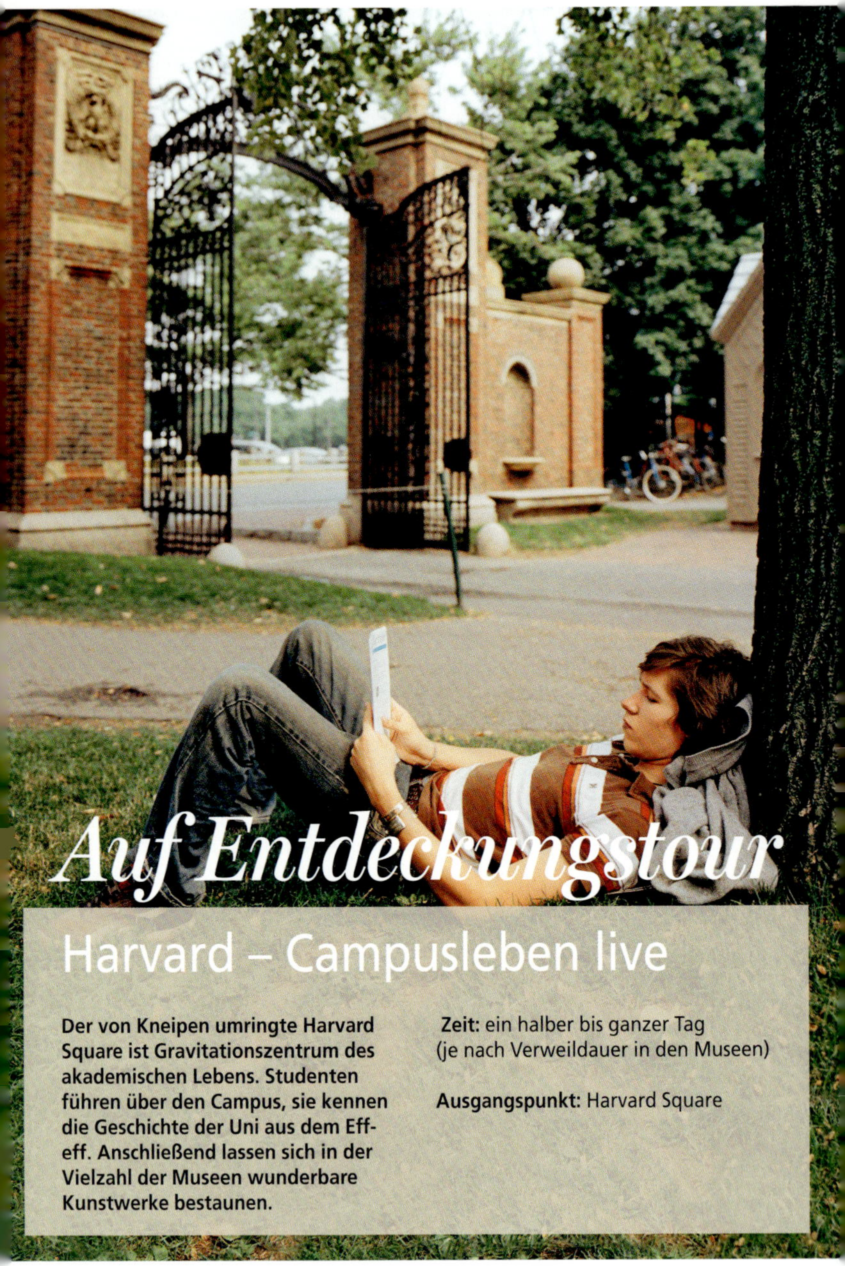

Auf Entdeckungstour

Harvard – Campusleben live

Der von Kneipen umringte Harvard Square ist Gravitationszentrum des akademischen Lebens. Studenten führen über den Campus, sie kennen die Geschichte der Uni aus dem Effeff. Anschließend lassen sich in der Vielzahl der Museen wunderbare Kunstwerke bestaunen.

Zeit: ein halber bis ganzer Tag (je nach Verweildauer in den Museen)

Ausgangspunkt: Harvard Square

Harvard Square

Seine Originalität hat unter der Ankunft der Ketten-Coffee-Shops arg gelitten, doch im Sommer sorgen Bands, Künstler und Lebenskünstler hier noch immer für einen Schuss Bohème. Von hier aus können Sie Old Cambridge mit der schönen Brattle Street erkunden. Vor allem das 1759 erbaute **Longfellow House** (105 Brattle St., tgl. 10–16.30 Uhr), wo der Dichterfürst residierte und George Washington die Belagerung Bostons befehligte, ist besuchenswert. Die Massachusetts Avenue ist die Hauptgeschäftsstraße. Hier liegt auch der umzäunte Harvard Yard, Ausgangspunkt für einen Campus-Bummel.

Rund um Harvard Yard

Die Subway aus Boston spuckt Sie genau vor dem Old Yard aus. »You can't paak your caa in Havaad Yaad«, empfangen Guides selbst die Subwayfahrer, um potenziellen Kunden den breiten Bostoner Dialekt zu demonstrieren. In der Regel sind es Studenten vom **Harvard Information Center**. Sie kennen jede Menge Anekdoten. Wie die über die ›Statue of three lies‹ im Old Yard vor der University Hall. Denn die Statue zu Ehren von »John Harvard, founder 1638« stellt erstens nicht den porträtlos gestorbenen Wohltäter dar, sondern einen Studenten, der Modell saß, verjüngt zweitens die Universität um zwei Jahre und macht drittens den Mäzen fälschlicherweise zum Gründer. Die Studenten haben »ol' John« jedenfalls ins Herz geschlossen. Vor Prüfungen reiben sie seine Schuhspitzen (das bringt Glück), oder sie erleichtern sich hier (das bringt Prestigegewinn).

Vom Old Yard aus schlendert man über einen weitläufigen Campus mit Wohnheimen, Mensen und Vorlesungsgebäuden aus Backstein und Granit. Zwei Blicke wert sind die von einem imposanten Säulenwald bewachte, renovierte **Widener Memorial Library**, mit 3,5 Mio. Bänden die größte private Bücherei der Welt, sowie die zur berühmten Harvard Law School gehörige **Langdell Hall.** Der Hauptlesesaal im vierten Stock ist öffentlich zugänglich.

Die Harvard-Museen

Die erstklassigen Kunstmuseen der Universität liegen dicht beieinander. Das **Busch-Reisinger Museum** (32 Quincy St., Mo–Sa 10–17, So 13–17 Uhr) ist als einziges im Land auf deutschsprachige Expressionisten spezialisiert. Die Joseph-Beuys-Sammlung gilt als eine der umfangreichsten der Welt. Unter der gleichen Adresse dokumentiert das **Fogg Art Museum** (Mo–Sa 10–17, So 13–17 Uhr) die Entwicklung der europäischen Kunst seit dem Mittelalter. Gleich daneben konzentriert sich das **Arthur M. Sackler Museum** (485 Broadway, Mo–Sa 10–17, So 13–17 Uhr) auf die Antike sowie auf asiatische Kunst. Zwei Blocks weiter nördlich vereinen die **Harvard University Museums of Cultural and Natural History** gleich mehrere gute Museen unter einem Dach (alle 11 Divinity Ave.): Das 1866 gegründete **Peabody Museum of Archeology and Ethnology** (tgl. 9–17 Uhr) beherbergt völkerkundliche Exponate und zeigt eine schöne Sammlung mesoamerikanischer Kunst. Im **Botanical Museum** sind die von den Dresdner Brüdern Blaschka zwischen 1877 und 1936 geschaffenen Blashka Glass Flowers sehenswert, eine Sammlung detaillierter Blumen-Nachbildungen aus mundgeblasenem Glas. Das Museum of Comparative Zoology und auch das Geological Museum sind eher trockene Angelegenheiten.

Übernachten

Stilecht – **Mary Prentiss Inn:** 6 Prentiss St., Tel. 617 661 2929, www.maryprentissinn.com, DZ ab 129 $. Historischer Inn mit antikem Mobiliar – und zeitgemäßen orthopädischen Matratzen.

Essen & Trinken

Preisgekrönt – **Chez Henri:** 1 Shepard St., Tel. 617 354 8980, Mo–Do 18–22, Fr–Sa 17.30–22.30, So 17.30–21.30 Uhr. Ab 21 $. Hervorragende französische Küche mit kubanischem Einschlag. Gedämpftes Licht und elegantes Pariser Bistro-Ambiente in warmen Farben.
Angesagt – **The Blue Room:** One Kendall Sq., Tel. 617 494 9034, Mo–Do 17.30–22, Fr–Sa 17.30–23, So 17.30–21 Uhr. Ab 23 $. Untergebracht in einer alten Fabrik, bietet der Raum zwischen Ziegelmauern und Holzbalken Biodynamische Küche mit mediterranen und asiatischen Einflüssen.

Einkaufen

Ganz groß, vor allem rund um den **Harvard Square.** Hier finden Sie topaktuelle Klamotten junger Designer ebenso wie Mode von der Stange, organische Gemüseläden wie Starbucks-Cafés. Unübersehbar: die vielen Buchläden, v. a. entlang der Massachusetts Avenue.

Abends & Nachts

Nach Einbruch der Dunkelheit ist um den Harvard Square am meisten los.
Hemdsärmelig – **Grendel's Den:** 89 Winthrop St., Harvard Square, Tel. 617 491-1160. Lauter Studi-Treff, Motto: »Resisting the Tide of Corporate Homogenization since 1971«. Livemusik, Pubgerichte ab 8 $.
Absolut irisch – **The Plough & Stars:** 912 Massachusetts Ave., Tel. 617 576-0032. Zünftiger irischer Pub am Central Square, standesgemäß mit täglicher

Hinter Säulen: die Widener Memorial Library in Harvard

Livemusik und gutem Essen (Gerichte ab 7 $).

Infos

Allgemeine Informationen

Cambridge Office for Tourism: 4 Brattle St., Tel. 617 441-2884, www.cambridge-usa.org
Harvard Information Center: 1350 Massachusetts Ave., Tel. 617 495-1573
MIT Information Center: 77 Massachusetts Ave. (Rogers Building), Tel. 617 253-4795, Mo–Fr 9–17 Uhr

Verkehrsmittel

Von Boston aus mit der Subway, der Red Line, bis Harvard Yard. Zu Fuß über die Harvard Bridge. Autofahrer werden Parkplatzprobleme haben, vor allem rund um den Harvard Square.

Umgebung von Boston ►D 8/9

Boston also ist genossen und Harvard bewundert – somit nichts wie weg und rein nach Neuengland! Doch halt … auch wenn dies nicht Los Angeles ist: So schnell kommt man nicht raus aus dieser Stadt! Greater Boston ist das elftgrößte Ballungsgebiet der USA, hier leben 4,6 Mio. Menschen. Der Verkehr hinaus ist zwar flüssig, doch so dicht wie anderswo zur Rushhour, und so werden Sie Muße zum Lesen von Firmennamen haben. An den strahlenförmig ins Hinterland strebenden Interstates und Highways, v. a. an der Rte. 128, liegen die Hauptquartiere wegweisender Hightech-Unternehmen, darunter 3Com, AMD, Bose, EMC, Akamai, Intel und vieler anderer. ›Wegweisend‹ ist im Übrigen ein Charakterzug, der im Grundbuch dieser Gegend steht. Seit die Puritaner mit Boston ein »moralisches Leuchtfeuer für die ganze Welt« gründeten, haben viele weltweit bedeutende Entwicklungen hier ihren Ausgang genommen. Hier schlugen die Amerikaner die ersten Schlachten ihres Unabhängigkeitskrieges, hier formulierten sie eine Verfassung, die später der amerikanischen als Vorlage diente. Im frühen 19. Jh. begannen hier die amerikanische Literatur und das amerikanische Industriezeitalter, und nach dem Zweiten Weltkrieg schaffte die Region, dank ihrer Hochschulen, nicht nur den Anschluss ans Informationszeitalter, sondern setzte sich als Global Leader auch an dessen Spitze.

In der Übersetzung: Es gibt ein paar Orte, die Amerika verstehen helfen und deshalb sehenswert sind. Wie Lexington und Concord, wo aus Kolonisten Amerikaner wurden und denkende Männer und Frauen etwas später die amerikanische Literatur aus der Taufe hoben. Oder Salem, dessen berühmt-berüchtigte Hexenjagd ein Synonym für die Verfolgung Unschuldiger wurde. Und Lowell, die erste geplante Industriestadt, die später auch die ersten Arbeitskämpfe des Landes erlebte und die, irgendwie passt auch das, einen Vater der amerikanischen Gegenkultur zu ihren berühmtesten Söhnen zählt. Wohl nirgends sonst in den USA fanden so viele Schlüsselszenen, die für den Weg des Landes zur Großmacht wichtig waren, auf so engem Raum statt wie hier.

Salem ►D 9

Alle scheinen nur das eine von dieser Stadt zu wollen: Hexen! Von Arthur Miller literarisch verewigt und in unzähligen Englisch-Klassen erbarmungslos durchgekaut, ist der Hexenhammer, der 1692 hier zuschlug, heute die Hauptattraktion der Stadt. Dabei hat der ›Salem bewitched‹-Zirkus Salems die goldene Zeit der Stadt während des China-Handels in den Hintergrund gedrängt. Denn damals, im frühen 19. Jh., bildeten allein ihre Steuereinnahmen auf Importwaren 15 % der Staatseinkünfte, hielten die chinesischen Handelspartner Salem für ein märchenhaft reiches Land – so viele Schiffe aus dieser Stadt warfen damals vor Chinas Küsten ihre Anker.

Peabody Essex Museum !

In der Sorge um ihre verödende Stadtmitte – allen Hexen zum Trotz liegt die City nach 18 Uhr wie ausgestorben da – haben sich die Stadtväter in der letzten Zeit verstärkt ihrer ›Merchant Princes‹ erinnert. So wurden um 1800 die erfolgreichsten der Salemer Handelsherren genannt. Deren Biografien widmet sich das großartige **Peabody Essex Museum** (East India Sq., Di–So 10–17 Uhr). Über 30 Ausstellungsräume zeigen, was die ersten Millionäre der USA zu Hause anhäuften: chinesisches Porzellan und eigens für die ›Langnasen‹ hergestellte Haushaltswaren, ihre von chinesischen Auftragsmalern angefertigten Porträts, Sänften aus Mahagoni und grandiose Schnitzereien aus Elfenbein. Eine Sammlung zeigt die Porträts kühn blickender Kapitäne und Reeder. Selbst das komplette Haus der Kaufmannsfamilie Huang aus der Zeit vor 200 Jahren ist zu bewundern.

Salem maritim

Ein Gefühl für die schnellen Klipper jener Zeit bekommt man bei der Besichtigung der **»Salem Friendship«**. Der seetüchtige Nachbau des 1796 in Dienst gestellten Handelsschiffs liegt im zum Jachthafen zurückgestuften Salem Harbor und gehört zur **Salem Maritime National Historic Site** (193 Derby St.), die von Rangern geführte Touren durch das **Custom House** und das **Derby House** von 1762 veranstaltet (alle tgl. 9–17 Uhr). Im Custom House von 1819 verdingte sich Nathaniel Hawthorne für drei Jahre als Zollbeamter. Von der Villa aus konnte der Millionär Elias Hasket Derby seine im Hafen liegenden Schiffe überblicken.

Übernachten

Gut bürgerlich – **Salem Inn:** 7 Summer St., Tel. 978 741-0680, 1 800 446 2995, www.saleminnma.com, ab 120 $. Viktorianischer Inn mit 42 zeitgenössisch eingerichteten Zimmern in drei Häusern. Einige der Zimmer mit Kitchenette, die meisten mit Kamin.

Urgemütlich – **The Coach House Inn:** 284 Lafayette St., Tel. 978 744 4092, 1-800-688-8689, www.coachhousesalem. com, ab 130 $. Schöner träumen in einem der elf geräumigen Zimmer dieses Kapitänshauses von 1879.

Essen & Trinken

Rundum ›bello‹ – **Bella Verona:** 107 Essex St., Tel. 978 825 9911, www.bellaverona.com, Mo–Sa 16–23, So 16–21 Uhr, ab 11 $. Beste norditalienische Küche, gegenüber vom Hawthorne Hotel im Herzen der Stadt. Familiäre, unprätentiöse Atmosphäre. Richtig gut: *Pasta Alla Matriciana.*

Denkwürdig – **Rockmore Floating Restaurant:** 94 Wharf St., Salem Harbor, Tel. 978 740-1001, Mai–Sept. tgl. 11–23 Uhr, ab 12 $. Frisches Seafood, schnörkellos zubereitet. Eine kleine Fähre ab Rowes Wharf Dock.

Gesellig – **Tavern at the Hawthorne** (im Hawthorne Hotel): 18 Washington Sq. (Common), Tel. 978 825-4342, tgl. 11–23 Uhr, ab 13 $. Typische Pub-Gerichte.

Einkaufen

Verhextes – Der Monat Oktober steht, wie sich unschwer erraten lässt, ganz im Zeichen von Halloween. »Haunted Happenings«, das dreiwöchige Hexen-Festival, endet am 31. Oktober schließlich mit einem großen Kostümfest auf dem Salem Common (www.haunted happenings.com). Die dazu nötige Hexen-Ausrüstung – Besen, Hut und Zaubertrank – können Sie im **Crow Haven Corner** (125 Essex St., tgl. 10.30–17 Uhr) erstehen. Oder aber Sie wenden sich vertrauensvoll an Salems *official witch* Laurie Cabot. In ihrem Laden **The Cat, The Crow, and the Crown** (63R Pickering Wharf, Tel. 978 744-6274, www.lauriecabot.com) werden Sie sicher den Zauberspruch finden, der Ihren Chef in ein Kaninchen verwandelt.

Infos

Destination Salem: 54 Turner St., Tel. 978 744-3663, www.salem.org

Lexington und Concord

▶ C/D 8

Zwei Orte, die die Amerikaner in einem Atemzug nennen: In Lexington fielen am 19. April 1775 die ersten Schüsse, in Concord gewannen die Kolonisten noch am gleichen Tag das erste Gefecht des Unabhängigkeitskriegs. Die Vorgeschichte: In der Nacht waren 700 britische Soldaten von Boston aus aufgebrochen, um im 35 km entfernten Concord ein Munitionslager der Rebellen auszuheben. Reiter konnten die in Lexington wartenden Rebellenführer Sam Adams und John Hancock jedoch warnen. Am nächsten Morgen empfingen 77 ›Minutemen‹ – so genannt, weil sie in Minutenschnelle einsatzbereit zu sein hatten – die Rotröcke auf dem Lexington Green. Nach einer kurzen Schießerei waren acht Kolonisten tot, und die Soldaten setzten ihren Weg auf der heute ›Battle Road‹ genannten Route 2A fort. In Concord war ihr Marsch jedoch zu Ende. Auf der anderen Seite der Old North Bridge warteten 500 zu allem bereite Minutemen. Wer hier den ersten Schuss abfeuerte, weiß niemand mehr, dass es jedoch ein Schuss war, »den die ganze Welt hörte«, dessen sind sich amerikanische Historiker sicher. Unter schweren Verlusten zogen sich die Briten Richtung Boston zurück. Tags darauf besetzten sie die Stadt. Der Rest ist Geschichte.

Lexington

Der Tourismus profitiert natürlich davon, dass Lexington und Concord zum Mythos hochgeschrieben wurden. Alte Kneipen sind auf wenigstens ein Einschussloch stolz, an über 200 Jahre alten Häusern hängen Tafeln, die an denkwürdige Taten und Daten auf Tag und Stunde genau erinnern. Beide Städtchen, heute wohlhabende Vororte Bostons, bezeichnen sich stolz als ›Birthplace of America‹. Angenehmerweise geht es dennoch wenig martialisch zu. Über Lexingtons Hauptattraktion, dem sorgfältig gepflegten **Battle Green,** weht zwar ein riesiges Sternenbanner, doch die 1900 enthüllte Statue ›The Minute Man‹ zeigt keinen grimmen Kämpen, sondern den – gut aussehenden – Captain Parker, Anführer der Minutemen, mit tatkräftig hochgekrempelten Ärmeln. Ringsherum sorgen hübsch hergerichtete Kolonialhäuser für Neuengland-Idylle. In der 1709 eröffneten **Buckman** ▷ S. 123

Auf Entdeckungstour

Salem verhext – Hexenhammer und Amerikas Lust auf Moral

Kein anderer Ortsname in den USA wurde derart zum Synonym für die Verfolgung und Verurteilung Unschuldiger.

Für wen: Für alle, die hinter die Kulissen der manchmal etwas allzu blutrünstig inszenierten Hexen-Attraktionen blicken und den historischen Zusammmenhang verstehen wollen.

Zeit: Vormittags

Planung: Besichtigungen um die Mittagszeit, das Witch Trial Memorial am besten frühmorgens

Start: Salem Witch Museum (Washington Sq., Juli–Aug. tgl. 10–19, sonst tgl. 10–17 Uhr, Eintritt 8,50 $)

Was geschah in Salem?

Im Sommer 1692 begannen die Töchter des Reverend Samuel Parris, sich absonderlich zu verhalten. Als die besorgten Bürger, strenggläubige Puritaner, die Mädchen verhörten, fielen Namen. Bald brach eine Flut von Denunziationen über Salem herein. Über 400 Menschen wurden der Hexerei angeklagt. 150 landeten im Gefängnis, 20 wurden als Hexen gehängt. Die Vernehmungsprotokolle lassen das Blut in den Adern gefrieren: »Sarah Good, mit welchem bösen Geist hast Du Umgang?« »Mit keinem.« »Hast Du keinen Vertrag mit dem Teufel gemacht?« »Nein.« »Warum plagst Du diese Kinder?« »Ich plage sie nicht. Das weise ich von mir.« »Welche Kreatur ist Dir zu Diensten?« »Keine Kreatur, sondern ich bin zu Unrecht angeklagt.« Die Richter hatten kein Erbarmen. Sarah Good, eine Bettlerin, wurde am 16. Juli 1692 gehängt. Erst als sogar die Frau des Gouverneurs von Massachusetts ins Visier der Hexenjäger geriet, war der Albtraum plötzlich zu Ende.

Thesen

Die Suche nach den Gründen für den kollektiven Aussetzer der Bürgerschaft hält dagegen an. Soziologen haben sich daran versucht, Feministen, Psychologen und zuletzt Historiker. Die sehen die Ereignisse im Kontext des Zeitgeschehens und verweisen auf die damalige unsichere Lage. Indianer und Franzosen terrorisierten die Städte und Dörfer im Norden. 1676 und 1690 fiel einer von zehn Siedlern ihren Angriffen zum Opfer. Viele der Anklägerinnen seien demnach junge Mädchen aus Maine gewesen – womöglich von Indianerangriffen traumatisierte Überlebende, behaupteten sie doch in Salem, den Teufel in Gestalt eines Indianers gesehen zu haben. Für die gottesfürchtigen Siedler hätten, so die These weiter, die Aussagen der traumatisierten Mädchen plausibel geklungen. Die pragmatischen Führer der Kolonie Massachusetts ihrerseits hätten die Aussagen instrumentalisiert, um vom eigenen Versagen beim Bürgerschutz abzulenken: Nur weil die Indianer mit dem Teufel im Bunde gewesen wären, sei man in die Flucht geschlagen worden. Natürlich ist auch diese These bereits heftig kritisiert worden. Man darf deshalb schon jetzt auf die nächste gespannt sein. Bis dahin mag man sich Gedanken über ein typisch amerikanisches Phänomen machen: die öffentliche Erörterung der Moral eines Menschen. Bis zur McCarthy-Ära in den 1950er-Jahre bezeichnete man dies als Hexenjagd. Im heutigen Amerika nennt man es Wahlkampf. In diesen Zeiten schrumpft das Riesenland zu einem winzigen Dorf zusammen, und der Kandidat wird, wie einst in Salem, vor ein Forum gezerrt, wo darüber beraten wird, ob man es mit einem »good guy« oder »bad guy« zu tun hat.

Ein Denkmal für die ermordeten Frauen

Rundgang

Derweil hat Salem aus dem Hexenwahn von damals erfolgreich Kapital geschlagen ... Außer etlichen Andenkenläden, die Besen und andere ›hexige‹ Memorabilia verkaufen, sind zumindest vier leicht zu Fuß erreichbare Hexen-Attraktionen im Stadtzentrum sehenswert.

Salem Witch Museum 1

In diesem Museum werden die Ereignisse des Jahres 1692 mit lebensgroßen Wachspuppen und qualvollem Stöhnen vom Band blutrünstig, aber detailgenau rekonstruiert. Die Show dauert etwa 30 Minuten und gibt die Chronik der Ereignisse wieder, wobei die audiovisuelle Präsentation von Szene zu Szene wandert und besonders bei der Folterung eines Mannes, dem der Brustkorb mit Steinen eingedrückt wird, verharrt. Begleitende Ausstellungen werfen ein Licht auf den neuesten Stand der Hexenforschung .

Salem

Witch Dungeon Museum 2

April–Nov. tgl. 10–17 Uhr

Die Beschuldigten wurden an diesem Ort während ihres Prozesses verwahrt. Professionelle Schauspieler spielen hier Schlüsselszenen der Hexenhysterie nach, u. a. auch Szenen aus dem Prozess um Sarah Good. Ein haarsträubendes Erlebnis! (16 Lynde St., Eintritt 8 $)

Witch Trials Memorial 3

Die Geschichte hat die hingerichteten »Hexen« und ihren berüchtigtsten Richter wieder vereint: Auf dem Old Burying Point Cemetery (hinter dem Peabody), wo auch Hathorne begraben wurde, erinnert das Witch Trials Memorial – eine Reihe rauer Blöcke mit den Namen der 20 Opfer – an Salems kollektiven Aussetzer. Unter den Namen stehen ihre letzten Worte. So sagte Elizabeth Howe: »If it was the last moment I was to live, God knows I am innocent.«

House of the Seven Gables 4

Jan.–Juni tgl. 10–17, Juli–Okt. tgl. 10–19, Nov.–Dez. tgl. 10–17 Uhr

Unweit der Salem Maritime National Historic Site, in der Derby Street 115, steht das düstere Haus, das im Jahr 1668 erbaut wurde. Es diente dem Schriftsteller Nathaniel Hawthorne als Inspiration für seinen Romanerfolg gleichen Titels (1851). Kostümierte Guides veranstalten Führungen, erschröckliche Anekdoten inklusive. Im Garten steht das bescheidene, hier wieder aufgebaute Geburtshaus des Autors. Hawthorne, der seinem Namen ein ›w‹ beifügte, um sich von seinem Vorfahren, dem berüchtigten Hexenrichter John Ha-thorne, zu distanzieren, verarbeitete das finstere Kapitel aus seiner Familiengeschichte mit der Feder.

Tavern (tgl. 10–16 Uhr) wurden die verletzten Minutemen behandelt, das Loch in einer der Türen soll ein englischer Querschläger hinterlassen haben. Ein paar Gehminuten entfernt steht das **Hancock-Clarke House** (35 Hancock St., März–Okt. Mo–Sa 9–17, So 13–17 Uhr), eine schlichte braune ›Saltbox‹, in der Adams und Hancock in besagter Nacht die Schicksalsnachricht erreichte. Zu sehen ist neben kolonialem Mobiliar die Trommel, die während der Salven der Kolonisten gerührt wurde.

Auf der Battle Road nach Concord

Viele der historischen Gebäude in Lexington und Concord werden vom **Minute Man National Historic Park** verwaltet. Er umfasst Landstreifen beiderseits der Battle Road und bietet im Minute Man Visitor Center (April–Okt. tgl. 9–17, sonst 9–16 Uhr) eine audiovisuelle Zusammenfassung der Ereignisse. Nach 8 km durch dichten Wald ist Concord erreicht.

Concord

Mehr noch als Lexington hat sich Concord seinen ländlichen Charme erhalten: Weiße Kirchen und schöne Kolonialhäuser, allesamt von Grün umgeben, lassen den Fuß vom Gas nehmen, aussteigen, durchatmen. Die **Old North Bridge** (Monument St.) – es handelt sich um eine 2005 restaurierte Replik von 1956 – ist allerdings nichts weiter als ein Brücklein über ein ruhig dahinplätscherndes Flüsschen. Den Europäer beeindruckt sie erst, wenn er bedenkt, dass an diesen Böschungen die Supermacht USA zum allerersten Mal mit ihren Muskeln spielte (s. S. 122). Wer wo auf wen schoss, erfahren Sie im North Bridge Visitor Center (174 Liberty St., tgl. 9–17 Uhr).

Beeindruckend auch, dass Concord keine 60 Jahre später das Weimar Amerikas war. Die Geburtshelfer der amerikanischen Literatur lebten hier nur Steinwürfe voneinander entfernt. Nathaniel Hawthorne wohnte 1842–1845 in **Old Manse** (269 Monument St., April–Okt. Mo–Sa 10–17, So 12–17 Uhr), einem grauen Holzhaus in Sichtweite der Old North Bridge, das er von den Emersons gemietet hatte. 1852 kaufte er **Wayside** (455 Lexington Rd., April–Okt. Di–So 10–17.30 Uhr), wo er bis 1870 lebte. Das schöne Anwesen mit der umlaufenden Terrasse war zuvor das Elternhaus von Louisa May Alcott gewesen. Sie hatte bis 1848 hier gelebt. Beide Häuser sind noch mit Originalmöbeln ausgestattet. Gleich daneben steht **Orchard House** (April–Okt. Mo–Sa 10–16.30, So 13–16.30 Uhr), wo Alcott »Little Women« schrieb und ihre Familie 1858–1877 wohnte. Im **Emerson House** (28 Cambridge Turnpike, April–Okt. Do–Sa 10–16.30, So 13–16.30 Uhr) residierte 1835–1882 der Vordenker des Transzendentalismus. Hier trafen sich Neuenglands intellektuelle Schwergewichtler. Lohnenswerter ist jedoch das **Concord Museum** (200 Lexington Rd., Mo–Sa 9–17, So 12–17 Uhr). Neben vielem Sehenswerten zeigt es Emersons Schreibstube und Henry David Thoreaus Habseligkeiten, mit denen er sein Einsiedlerdasein am **Walden Pond** erträglich machte.

Walden Pond

Der kleine See südlich von Concord an der SR 126 ist heute als **Walden Pond State Reservation** geschützt. Hier gilt in besonderem Maße: Man sieht nur, was man weiß. Thoreaus Statue und eine Rekonstruktion der winzigen Hütte (915 Walden St.), in der er jene Werke schrieb, die Bürgerrechtler, Umweltschützer und die Hippiebewegung inspirierten, versetzt Thoreau-Jünger aus aller Welt in Ekstase.

Weniger Vorbelastete freuen sich über den hübschen Badestrand. Der 2,5 km lange Spaziergang um den Walden Pond gehört zu den Highlights in Concord.

Übernachten

Stilgerecht – **Hawthorne Inn:** 462 Lexington Rd., Concord, Tel. 978 369 5610, www.concordmass.com. 125–245 $. Von alten Bäumen umgebenes, gemütliches B & B mit wohl gefüllten Bücherregalen, dicken Teppichen und Zimmern mit Himmelbetten und zeitgenössischem Mobiliar.
Familiär – **Samuel Fitch House:** 91 Powers Rd., Concord, Tel. 978 952 6888, www.samuelfitchhouse.com, 125–175 $. Drei gemütliche Zimmer, eine Zwei-Zimmer-Suite im angeschlossenen Carriage House, B & B.

Essen & Trinken

Preiswert – **Bertucci's:** 1777 Massachusetts Ave., Lexington, Tel. 781 860 9000, Mo–Do 11–23, Fr–Sa 11–24, So 12–23 Uhr, ab 8 $. Italiener der gleichnamigen Kette, Familienrestaurant.
Jovial – **Via Lago:** 1845 Massachusetts Ave., Lexington, Tel. 781 861 6174, Mo–Mi 7–21, Do–Sa 7–21.30 Uhr, ab 7 $. Lebendiges Café mit Bäckerei und Takeout, das abends als italienisches Restaurant doubelt. Alles frisch.
Vielseitig – **Colonial Inn:** 48 Monument Sq., Concord, Tel. 978 369 2373, www.concordscolonialinn.com, tgl. bis 23 Uhr, 6–30 $. Im größten Hotel Concords warten drei Restaurants für jedes Reisebudget: The Merchant's Row (Fine Dining), The Village Forge Tavern (Pubgerichte), The Liberty Restaurant (für Familien).

Infos

Lexington Visitor Center: 1875 Massachusetts Ave., Tel. 781 862 2480, www.lexingtonchamber.org
Concord Chamber of Commerce: 15 Walden St., Suite 7, Tel. 978 369 3120, www.concordchamberofcommerce.org

Cape Ann ▸ D 8

Gloucester

Im Gloucester Visitors' Center erinnert man sich gern an die Filmcrew aus Hollywood, die hier »Der Sturm« (2000) produzierte. In der letzten Szene, die in St. Peter spielt, saß man als Statist mit auf den Kirchenbänken, während die Schauspielerin Mary Elizabeth Mastrantonio eine Gedenkrede für Käpt'n Billy Tyne (George Clooney) und seine Crew von der »Andrea Gail« hielt. Sie waren in den ›Halloween Nor'Easter‹ von 1991 geraten, den schlimmsten Sturm seit Menschengedenken, und untergegangen. Es sei, erinnern sich die Ortsansässigen, die gleiche Rede gewesen, die man im Jahr des Unglücks an gleicher Stelle gehört habe. Regisseur Wolfgang Petersen habe später beim Schneiden ein Klopfen gehört, das er zunächst nicht habe deuten können. Bis ihm aufgegangen sei, dass es das Herz der zutiefst bewegten Mrs. Mastrantonio gewesen war.

Geschichten wie diese hört man oft am Cape Ann. Auf der 65 km nördlich von Boston liegenden Halbinsel dreht sich seit der Gründung Gloucesters 1623 alles um den Fischfang. Möwengeschrei und Salzwassergeruch dominieren hier, nicht zu vergessen die »Lobster Shacks« genannten Hummer-Imbisse am Straßenrand, die von Mai bis Oktober zu Imbiss-Stopps verleiten. Im 19. Jh. war Gloucester der produktivste Fischerhafen der Welt. Bis zur Krise der 1990er-Jahre war Fischfang und -verarbeitung der einzige Erwerbszweig. Aber der raue Nordatlantik gab nicht nur, er nahm eben auch. Es heißt, fast jede Familie in der 31 000-Einwohner-Stadt habe jemanden an die See verloren. An jene, die auf See blieben, erinnert das Denkmal des **Gloucester Fisherman** (Western Blvd. und Stacy Ave.). Zehn Granitplatten zieren die Namen von 5000 der mehr als 10 000 Gloucester-Fischer, die nicht zurückkamen. Im Hafen dahinter sind noch immerhin 200 Kutter registriert, die Freizeitkapitäne sind jedoch längst in der Überzahl.

Die Bilder dieser großen Vergangenheit bewahrt das wunderbare **Cape Ann Historical Museum** (27 Pleasant St., Di–Sa 10–17, So 13–16 Uhr). Hier hängen die Bilder meeresbegeisterter Maler wie Fitz Hugh Lane. Die Künstlerkolonie **Rocky Neck,** eine Ansammlung in Galerien umfunktionierter Bootshäuser im Osten der Stadt, bedient Souvenirjäger. Einmal hier, lohnt jedoch der Abstecher zum fotogenen Leuchtturm Eastern Point.

Abstecher nach Rockport und Halibut Point

Abseits der Route 127A von Gloucester nach Rockport liegt das **Sleeper-McCann House** (75 Eastern Point Blvd., Mai–Sept. Mo–Fr 10–16 Uhr), das unkonventionelle Anwesen von Henry Davis Sleeper (1873–1934). Der zu seiner Zeit berühmteste Innenarchitekt der Nation richtete das aus 40 Zimmern bestehende, labyrinthartige Innere nach historischen Themen ein – sehenswert!

Ähnliches gilt leider nicht (mehr) für das 8 km nördlich von Gloucester liegende Städtchen **Rockport.** Dessen von windschiefen Lager- und Bootshäusern umgebener Fischerhafen beförderte es zwar in den 1920er-Jahren zur Künstlerkolonie, bringt aber seitdem auch Heerscharen von Tagesausflüglern aus Boston. Geboten wird Gebrauchskunst. ›Perlentaucher‹ werden noch am ehesten in den Ausstellungen der **Rockport Art Association** fündig (12 Main St., Mo–Sa 10–17, So 12–17 Uhr).

Nördlich von Rockport führt die Küstenstraße Rte. 127 nach Norden zum **Halibut Point State Park** (Mai–Okt. tgl. 8–20 Uhr). Früher ein Granit-Steinbruch, schützt der Park heute ein 5 km langes Stück Felsenküste mit tollen Blicken von hohen Klippen, v. a. vom ›Scenic Overlook‹. Im Park führen Trails durch kniehohes Blaubeergestrüpp zu Picknickstellen mit prima Aussicht.

Übernachten, Essen

Familienfreundlich – **Cape Ann Motor Inn:** 33 Rockport Rd., Tel. 978 281 2900, 1 800 464 8439, www.capeannmotorinn.com, 80–170 $. Modernes Motel am Badestrand Long Beach.

Das Auge isst mit – **Atlantis Oceanfront Inn:** 175 Atlantic Rd., Tel. 978 283 0014, www.atlantisoceanfrontinn.com, DZ 140–215 $. Vor sich ein herzhaftes Frühstück, draußen der endlos blaue Atlantik: Das Restaurant dieses modernen Hotels stimmt auf faule Strandferien ein.

Aktiv & Kreativ

Walbeobachtung – Ein halbes Dutzend Veranstalter bringen Besucher zu den Fressgründen der nördlichen Stellwagen Bank, u. a. **Cape Ann Whale Watch** (415 Main St., Rose's Wharf, Tel. 1 800 877 5110, www.seethewhales.com).

Liberty Ride
tgl. 10.30–16.30 Uhr
Historisch bedeutsame Ereignisse pflegen die statistikverrückten Amerikaner auf Stunde und Minute genau zu dokumentieren. Allein schon deshalb lohnt sich die Teilnahme am **Liberty Ride.** Der Shuttlebus fährt in Concord mehrmals täglich vom einen Ende der Battle Road zum anderen, während ein kostümierter Guide historisch verbürgte Dramen – wie das vom ›Bloody Angle‹, wo 30 Soldaten gemeuchelt wurden – zum Besten gibt (Liberty Ride, c/o Lexington Chamber of Commerce, Masha Traber – Program Coordinator, Tel. 339 223 5623, www.libertyride.us).

Infos & Termine

Gloucester Tourism Commission: 9 Dale Ave., Tel. 978 281 4101, www.gloucesterma.com
St. Peter's Fiesta: 26.–29. Juni. Mit Prozessionen und Musikveranstaltungen der italienischen Gemeinde. Am letzten Tag erfolgt die Segnung der Fischereiflotte.

Lowell ▶ D 8/9

»Deshalb, wenn die Sonne in Amerika untergeht und ich auf dem alten verwitterten Flußdamm sitze und die weiten, weiten Himmel über New Jersey betrachte und all das rauhe Land spüre, das in einem unglaublichen, riesenhaften Wulst der Westküste zurollt, und die Straße spüre, die dorthin führt … und niemand, niemand weiß, was einem beschieden ist, außer den trostlosen Fetzen des Alterns: dann denke ich an Dean Moriarty …«. Der mit so wehmütigen Gedanken sein berühmtestes Buch »Unterwegs« (On the Road) schloss, wurde manchmal selbst fast verrückt vor Sehnsucht. Jack Kerouac (s. S. 70) war ein Sohn Lowells, und wer heute durch die Stadt fährt, versteht, warum er damals abgehauen ist – auch wenn die einst trostlosen Textilfabriken und Mietskasernen inzwischen schöngereinigt und in Museen und Apartmentblocks verwandelt wurden. Lowell ist die erste geplante Stadt der USA. Hier nahm die industrielle Revolution Amerikas Fahrt auf, hier erlebten die Amerikaner erstmals den Übergang vom Landleben zur Industriegesellschaft, in der die Arbeit immer gleich war und Werkssirenen statt Jahreszeiten den Lebensrhythmus bestimmten. 1813 rekonstruierte der Bostoner Kaufmann Francis Cabot Lowell, was er in englischen Textilfabriken gesehen hatte. Um seinen mechanischen Webstuhl baute er 1822 am damals reißenden Merrimack River jedoch nicht einfach eine Textilfabrik herum, sondern gleich eine ganze Fabrikstadt, mit Arbeiterwohnheimen, Kirchen, Schulen und Kanälen, und benannte sie nach sich. Lowell wurde zur Vorzeige-›Milltown‹ und zum größten Textilproduzenten des Landes.

Allerdings ging der Wohlstand auf Kosten der Arbeiter. Niedrigstlöhne und 70-Stunden-Woche führten zu den ersten Streiks des Landes, die oft von den ›Mill Girls‹ unter Lebensgefahr angeführt wurden. Als Teenager mit Jahresverträgen nach Lowell gelockt, saßen diese bis zu 15 Stunden täglich an den Webstühlen, jederzeit ersetzbar durch noch billigere Immigranten, die ab 1840 in die Stadt strömten. Kaum zeigten die Arbeitskämpfe Wirkung, da begann der Exodus der neuenglischen Textilfabriken in den billigeren Süden. Lowell siechte dahin. Nach dem Zweiten Weltkrieg schien der Exitus unabwendbar.

Ein Anlaufpunkt auf dem Kerouac Trail ist die Bar im Pawtucketville Social Club

Lowell National Historical Park

tgl. 9–17 Uhr

Doch in den 1970er-Jahren rettete die Ansiedlung von Hightech-Branchen die Stadt. Zugleich besann man sich auf den Tourismus und bereitete die Stadtgeschichte im **Lowell National Historical Park** (246 Market St.) auf. Industrieruinen wurden in Ausstellungsräume verwandelt, die man vom Visitor Center aus besuchen kann. Durch die Kanalschluchten der alten Fabrikkomplexe werden Bootstouren organisiert. Höhepunkte sind die 1876 gebauten **Boott Cotton Mills** (400 John St.), wo der Lärm von 88 noch funktionstüchtigen Webstühlen die damaligen Arbeitsbedingungen eindrucksvoll ›vor Ohren‹ führt.

Kerouacs Lowell

Im **Patrick J. Mogan Cultural Center** (40 French St., Mo–Fr 9–17, Sa 10–15 Uhr) erzählt die Ausstellung »Working People Exhibit« die Geschichte der ›Mill Girls‹. Hier wird auch Jack Kerouac mit einer kleinen Ausstellung gewürdigt. »Ti-Jean«, wie seine Freunde ihn nannten, war, wie viele im multi-ethnischen Lowell, franko-kanadischer Abstammung. Zu sehen sind seine alte Underwood-Schreibmaschine, ein Korkenzieher, sein Rucksack, Aspirin und andere Requisiten seines unsteten Lebens. Die Gemüter bewegt er noch immer: An seinem Grab auf dem **Edson Cemetery** (375 Gorham St.) hinterlassen Fans leere Bier- und Likörflaschen mit Gedichten »for Jack« darin. Lowell hat nach langem Zögern – der berühmteste Alkoholiker der Stadt schien nicht gerade werbewirksam – auch einen **Kerouac Trail** kreiert. Die Broschüre mit allen Kerouac-relevanten Sehenswürdigkeiten ist im Visitor Center des Historical Park erhältlich. Last but not least wird er auch jährlich im Oktober mit dem Festival ›Lowell celebrates Kerouac‹ (www.lckorg.tripod.com) gefeiert.

Infos

Greater Merrimack Valley Convention & Visitors Bureau: 40 French St., Lowell, Tel. 978 459 6150, Fax 459 4595, www.merrimackvalley.org

Das Beste auf einen Blick

Massachusetts

Highlights!

Provincetown: Sand weht über die Straße. Möwen schreien, auf scharfen Böen surfend. Es riecht nach Tang, Salz und Treibgut. Ein paar Radwanderer ziehen vorbei, verschwinden zwischen den Dünen. Provincetown, das schönste Versteck am Ende einer Straße. S. 137

Mass MoCA: Provokant, anders, gegen den Strom: Mit jeder Ausstellung sucht das Massachusetts Museum of Contemporary Arts in North Adams die Grenzen der Wahrnehmung zu erweitern. Platz genug hat es: Seine Ausstellungshallen sind die größten der USA. S. 165

Auf Entdeckungstour

Nantucket Whaling Museum: Manchmal ist eine wahre Geschichte fast noch spannender als der Klassiker, den sie inspiriert hat. In diesem kleinen Museum auf Nantucket liegt der Schlüssel zu »Moby Dick«. Nur dass der Käpt'n damals nicht Ahab hieß, sondern auf den weniger klangvollen Namen Pollard hörte. S. 144

Rockwell Museum, Stockbridge: Illustrator und Ronald Reagans Lieblingskünstler: Die etablierten Kritiker schalten ihn einen ›Heile-Welt-Maler‹, doch die Bevölkerung mochte ihn. Der Rummel um das Werk Norman Rockwells reflektiert die Gemütslage einer ganzen Nation. S. 158

Kultur & Sehenswertes

Plimoth Plantation, Plymouth: Das Palisadendorf ist eine Zeitreise ins Jahr 1627. S. 131

Hancock Shaker Village, bei Pittsfield: Die Siedlung der Glaubensgemeinschaft – sanfter Fundamentalisten – ist die schönste Neuenglands. S. 161

Aktiv & Kreativ

Wandern im Cape Cod National Seashore: Den Wind dabei beobachten, wie er durch die Dünen weht. S. 135

Chesterfield Gorge: Prima zum Beinevertreten und eine wildromantische Kulisse ist diese schöne Schlucht bei Northampton. S. 153

Bash Bish Falls State Park: Nackte Granitklippen, dunkle Schluchten, schöne Blicke und fotogene Wasserfälle: eines der schönsten Fotomotive in Massachusetts. S. 157

Genießen & Atmosphäre

Belfry Inne, Sandwich: In der Kirche des Belfry Inne träumt es sich selig – mit heiligem Beistand. Besonders empfehlenswert die Zimmer im Painted Lady oder in der Abbey. S. 134

Six Flags New England, Springfield: Warum nicht mal Hightech-Achterbahnen statt Kunstgalerien? S. 152

Tanglewood Music Festival: Die Boston Symphoniker, internationale Solisten, Pop, Rock und Jazz: Lenox ist im Sommer *die* Adresse für Musik vom Feinsten. S. 160

Abends & Nachts

Chicken Box: Name des Nachtlebens auf Nantucket. Vielleicht ist es deshalb so ausgelassen. S. 148

Jacob's Pillow Dance Festival, Becket: Moderne Tanzdarbietungen der besten Ensembles Nordamerikas. S. 160

Amerikas Auftakt

Infobox

Tourist Information
Massachusetts Office of Travel & Tourism: 10 Park Plaza, Suite 4510, Boston, MA 02116, Tel.: 617 973 8500, www.massvacation.com

Anfahrt und Weiterkommen
Von Boston bis zum Cape sind es nur 120 km. Plymouth liegt am Weg, für die dortigen Sehenswürdigkeiten sollten max. vier Stunden eingeplant werden. Der Verkehr auf dem Cape fließt eher langsam, einzige Ausnahme: der mitten hindurch führende Hwy. 6.

Von Boston aus gelangt man am schnellsten auf der Interstate 90 ins Pioneer Valley. Rte. 5 und Interstate 91 folgen beide dem Valley von Süden nach Norden – wobei man diese schöne Landschaft eher auf der langsameren Rte. 5 kennenlernt.

Die Anreise in die Berkshires erfolgt entweder von Norden über den Mohawk Trail oder von Süden über die Interstate 90.

Das Meer und die Strände, hübsche College-Städtchen, die grünen Berge und ihre Bühnen, die die Welt bedeuten: Massachusetts *ist* Neuengland. Die schönsten Facetten des Staates: Cape Cod, Pioneer Valley und die Berkshire Hills.

Cape Cod

Sandstrände und pastellfarbenes Licht: Cape Cod, die hakenförmige Insel vor den Toren Bostons, ist das amerikanische Sylt und ... aber halt: Es hat noch mehr Asse im Ärmel! Fahnenschwingenden Patriotismus in Plymouth zum Beispiel und eine linksliberale Schwulenszene in Provincetown. Und exklusive Sommerfrischen, wo der alte Ostküstenadel immer schon Urlaub machte, sowie Städtchen, in denen er noch nie ein Bein auf die Erde bekommen hat. Im Detail: In Provincetown gingen die Pilgerväter zuerst an Land, in Plymouth auf dem Festland ließen sie sich nieder. Oder, wie Marketingexperten es sehen: Die USA begannen in Neuengland, Neuengland aber begann am Cape – mit allen touristisch unausweichlichen Folgen. Die Fischerei, sie verpasste dem Cape den Namen ›Kabeljau-Kap‹, gebar die schnuckeligen Städtchen. Der Walfang brachte Wohlstand, und kaum waren die ersten Autostraßen gebaut, da ward Cape Cod als Sommerfrische entdeckt.

Einziges Haar in der Suppe: Im Sommer wird's eng. Ohne Reservierung läuft dann nichts. Sehenswert sind nur die Ortschaften entlang der alten Rte. 6A, der Cape Cod National Seashore und Provincetown. Die überentwickelte Südhälfte des Cape können Sie sich sparen. Nur wer nach Nantucket oder Martha's Vineyard möchte, muss nach Falmouth oder nach Hyannis – der Fähre wegen.

Plymouth ► D 9/10

Zunächst also geht es, Sie ahnen es schon, nach Plymouth. Eigentlich hatten die Pilgerväter weiter südlich landen wollen. Herbststürme trieben ihre »Mayflower« jedoch vom Kurs ab – das Ergebnis liegt links vom Highway: Greller Pilgerväter-Tourismus und der markige Beiname ›America's Hometown‹ für eine Stadt mit 58 000 Einwohnern, heute das Einkaufszentrum von Südwest-Massachusetts. Alles Pilgrim-Relevante liegt unübersehbar ausgeschildert am Wasser.

Plymouth Rock

Erste Station beim Stadtrundgang, unschwer an dem drumherum gebauten Tempelchen erkennbar. Dieser Felsen war angeblich das Erste, was die Stiefel der »Mayflower«-Passagiere bei deren erstem Landgang berührte. Eine Replik ihres Schiffs, die 1957 in London gebaute **»Mayflower II«** (Ende März–Ende Nov. tgl. 9–17 Uhr), liegt in Sichtweite, eine 32 m lange Nussschale, auf der die 102 frommen Passagiere zwei Monate lang unter Deck eingepfercht in Schmutz und Gestank aushielten. Dicht an dicht drängeln sich auch die Besucher, während ›echte‹ Pilgerväter erschröckliche Anekdoten von der Überfahrt zum Besten geben.

Plymouth National Wax Museum

15 Carver St., März–Ende Nov. tgl. 9–21, Juni/Sept.–Okt. tgl. 9–19 Uhr

Ein paar Minuten landeinwärts stellen verstaubte Wachsfiguren im meist rührende Episoden aus der Frühzeit von Plymouth dar. Das Denkmal vor dem Museum ist jedoch interessanter. Es zeigt Wampanoag-Häuptling Massasoit, der die in der Wildnis hilflosen Kolonisten während der ersten Winter durchfütterte. Hätte er gewusst, dass von seinen 100 000 Stammesbrüdern zwischen Cape Cod und Narragansett Bay 50 Jahre später nur noch wenige Hundert übrig sein würden, er wäre wohl kaum so hilfsbereit gewesen (s. S. 66). Krankheiten und der von den Kolonisten provozierte King Philip's War unter seinem Sohn Philip löschten sein Volk fast aus. Zwangsläufig hat ›Thanksgiving‹ für die heutigen Wampanoag einen bitteren Beigeschmack. Während also das weiße Amerika in Plymouth alljährlich mit Pauken und Trompeten des ersten Thanksgiving auf amerikanischem Boden gedenkt, versammeln sich Massasoits Nachfahren an ihrem ›Day of National Mourning‹ um seine Statue und erinnern daran, dass Philips gevierteilte Leiche hier einst 27 Jahre lang zur Schau gestellt wurde.

Plimoth Plantation

Weniger Pathos, dafür mehr wissenschaftlich fundierte Erkenntnis vor allem über die Ureinwohner bietet das hervorragende Museum der **Plimoth Plantation** 3 km weiter südlich (Ende März–Ende Nov., tgl. 9.30–17.30 Uhr). Hinter dem Museum steht das palisadenbewehrte Museumsdorf, das Plymouth im Jahre 1627 zeigt. Der Qualm der Kochstellen hängt süßlich in der Luft, die kostümierten ›Bewohner‹, historisch belegte Charaktere darstellend, hacken Brennholz, jäten, juxen, tratschen – und nehmen den Besucher mit auf eine veritable Zeitreise. Ein hübscher Spaziergang führt von hier aus zur **Wampanoag Education Site,** wo Nachkommen der Wampanoag ein für jene Zeit typisches Lager rekonstruiert haben und die Mayflower-Geschichte aus ihrer Sicht erzählen.

Übernachten

Mitten drin – **Governor Bradford Motor Inn:** 98 Water St., Tel. 508 746 6200, www.governorbradford.com, 80–140 $. Angenehmes Motel am Wasser, 94 moderne Zimmer, mit schönem Blick aufs Wasser. Alles im Ort ist von hier zu Fuß erreichbar.

Schnuckelig – **Best Western Cold Spring Motel:** 188 Court St., Tel. 508

746 2222, 1 800 678 8667, 110–170 $. Hübsches 56-Zimmer-Motel in ruhiger Lage, alle Sehenswürdigkeiten in einem Umkreis von 10 Spazierminuten erreichbar.

Essen & Trinken

Jovial – **Union Dockside Bar & Grill:** 14 Union St., Tel. 508 747 4503, Lunch tgl. 11.30–16, Dinner So–Do 16–22, Fr–Sa 1–23 Uhr, ab 16 $. Zur Marina hin offenes Restaurant. Schöner Blick auf Jachten und Kutter, solide, anspruchslose Küche mit Fisch, Lobster und Pasta.
Fünfe gerade sein lassen – **Cabby Shack Restaurant & Pub:** 30 Town Wharf Restaurant & Pub, Tel. 508 746 5354, ab 13 $. An heißen Sommertagen wähnt man sich hier in der Karibik: Veranden auf zwei Etagen, Meer und Yachthafen in Sichtweite, frischer Hummer und Kalypso-Musik. Was will man mehr?

Einkaufen

Kunsthandwerk und mehr – Bei so viel Pathos ist Nepp unvermeidbar. Vor allem im Stadtzentrum um Main St., Middle St. und Court St. Zwischen all den ›Colonial‹-Souvenirläden gibt es jedoch auch ein paar Schmuckstücke. Die in einer Saltbox von 1640 residierende **Sparrow House Pottery** (42 Summer St., tgl. 10–17 Uhr, Mi geschl.) bietet hochwertige Keramik. In **Lily's Apothecary** (6 Main St. Extension, Mo–Fr 10–18, Sa 10–17, So 11–16 Uhr) warten Kosmetika in einem irgendwo zwischen Miami Beach, Paris und New York angesiedelten Ambiente auf sie und ihn, und im **Main Street Marketplace** (46–58 Main St., tgl. 10–17, So 12–17 Uhr) bieten fast 200 Antiquitätenhändler ihre Ware an. Weit weit weg vom Pilgrim-Pathos zielt die **Dasken Gallery** (Rte. 1 bzw. 1 Puritan Place, hinter dem Hyundai-Händler, Tel. 508 591 7600, www.daskengallery.com, Sa–So 12–16) mit etablierten und neuen Künstlern aus der Region auf kunstinteressierte Cape-Reisende.

Aktiv & Kreativ

Hummerfang – Die Ärmel hochgekrempelt, die Hummerfallen an Bord gezogen: An Bord der ›**Lobster Tales**‹, einem Schiffchen für 70 Passagiere, lernt man nicht nur, wie die gepanzerten Rambos gefangen werden, sondern sieht dieses Stück Amerika auch aus der Perspektive der Pilgerväter. Lobster Tales, Town Wharf, Tel. 508 746 5342, April–Okt.

Infos

Destination Plymouth: 170 Water St., Tel. 508 747 7533, www.visit-plymouth.com; Visitor Center, 130 Water St., tgl.

Sandwich ► E 10

Der 12 km lange und 160 m breite Cape Cod Canal macht aus dem Kap eine Insel, die im Norden durch die Sagamore, im Süden durch die Bourne Bridge mit dem Festland verbunden wird. Das relaxte Cape-Gefühl stellt sich ein, sobald Sie im Städtchen einlaufen. Es liegt gleich hinter der Sagamore Bridge an der Rte. 6A und ist das vielleicht schönste des Cape. 1637 von Quäkern gegründet, denen die Puritaner in Plymouth zu fanatisch waren, ist es auf jeden Fall das älteste. Verschlafen räkelt es sich unter einer dichten Walddecke. Es gibt einen Dorfteich mit Enten und der Replik einer Mühle von 1654, gepflegte alte Kapitäns-

Der Hafen von Plymouth

häuser, das neuenglandtypische Ensemble von Green und Kirche sowie urige Inns und eine Bäckerei mit Kaffeestube.

Sehenswertes

Als Sehenswürdigkeiten präsentieren sich, unaufgeregt und mit pensionierten Volontären als Kartenabreißer, das **Heritage Museum & Gardens** (67 Grove St., Apr.–Okt. tgl. 10–17 Uhr) mit netten Americana wie dem 1930er-Dusenberg von Gary Cooper und einer kleinen Galerie mit maritimer Volkskunst, das **Sandwich Glass Museum** (129 Main St., Feb.–März Mi–So 9.30–16, April–Dez. tgl. 9.30–17 Uhr), das die schönsten Stücke des bis 1888 hier produzierten Sandwich-Glases verwahrt, und das um 1680 erbaute **Hoxie House** (18 Water St., Mitte Juni–Okt., Mo–Sa 10–16.45, So 13–17 Uhr), eine so kleine wie nüchterne ›Saltbox‹, die mit zeitgenössischem Mobiliar eingerichtet wurde. Nach dem Dinner im Bistro des Belfry Inne sollten Sie auf dem **Boardwalk** den Tag ausklingen lassen – einem Plankenweg, der aus dem Ort heraus durch die Marschen zum Strand führt.

Über den Sandwich Board

Der Spaziergang auf dem 330 m langen Sandwich Boardwalk über den Mill Creek und im Wind wiegendes Marschgras hinaus ans Meer gehört zu den abendlichen Ritualen der Hiesigen. Vielleicht erzählen sie Ihnen, wie es war, als Hurricane Bob 1991 den ersten Plankenweg hinwegfegte. Beginn: Ende Jarves St.

Übernachten

Gediegen – **The Dan'l Webster Inn & Spa:** 149 Main St., Tel. 508 888 3622, 1 800 444 3566, www.danlwebsterinn.com, 129–330 $. Als Kolonialhaus ›verkleideter‹ Motor Inn. 48 Zimmer und

Suiten, meist mit Himmelbett, Kamin und Whirlpool. Restaurant, Pub.
Erinnerungswürdig – **The Belfry Inne & Bistro:** 8 Jarves St., Tel. 508 888 8550, 1 800 844 4542, www.belfryinn.com, 15 Zimmer, 145–295 $. Reizender, aus zwei nebeneinanderliegenden Häusern bestehender Inn. Schön die Zimmer im ›Painted Lady‹, einem Haus im verspielten Queen-Anne-Stil, und in der Abbey, einer modifizierten Kirche mit Bistro-Bar.
Vernünftig – **The Earl of Sandwich Motel:** 378 Rte. 6A, Tel. 508 888 1415, 1 800 442 3275, www.earlofsandwich.com, 24 Zimmer. 55–130 $. Solides Motel in East Sandwich, en route nach Provincetown.

Infos & Termine

Cape Cod Chamber of Commerce: 5 Shoot Flying Hill Rd., Centerville, Tel. 508 362 3225, www.capecodchaber.org
Mash-pee-Powwow: 1. Juli-Woche. 4-tägiges Mashpee, ein farbenfrohes Fest der Ureinwohner, mit Wettbewerben und Tänzen (www.mashpeewampanoagtribe.com)

Auf der Route 6A nach Provincetown

► E 9/10

Mehr als 60 km/h (ca. 40 mph) lässt die an Teichen und Marschen vorbeikurvende Route 6A nicht zu. Beiderseits der zweispurigen Straße sind adrette holzverschalte Häuser, von Grün umgeben, zu sehen, mit teuren Autos in der Einfahrt und Wetterfahnen in Form von Walen auf dem Dach. Erfreulich das Fehlen von Gebrauchtwagenhändlern und Fastfood-Ketten. Die Old King's Highway Historical Commission sorgt dafür, dass der Mainstream hier zumindest von den Straßenrändern die Klauen lässt.

Yarmouthport

Hallet's Store (139 Rte. 6A) ist ein stilgerechter Ort für den Snack zwischendurch. Der Laden, der 1889 als Apotheke öffnete, ist mit seiner schweren Eichentheke und dem altmodischen Sprudelspender darauf (Geschmacksrichtungen: Ingwer, Birke, Sarsaparilla, Kirsche, Orange) ein Treffpunkt der Hiesigen.

Dennis

Dennis lässt weit blicken: Von der Spitze des auf einen Hügel gebauten **Stone Observation Tower** reicht die Sicht über die Bay bis hinüber nach Provincetown. Auch das hiesige **Cape Playhouse** (Rte. 6A, 820 Main St., Juni–Sept., Tickets Tel. 508 385 3911) lohnt einen Besuch. Viele Hollywood-Stars, darunter Gregory Peck und Lana Turner, begannen in dem 1927 gegründeten Sommertheater ihre Karriere. Zudem befindet sich in Dennis das renommierte **Cape Museum of Fine Arts** (Rte. 6A, Mai–Okt. Di–Sa 10–17, Do bis 20, So 12–17 Uhr). Seine über 900 Bilder zeigen den Einfluss des Cape auf lokale und international berühmte Künstler wie Childe Hassam und Robert Motherwell, einen der Hauptvertreter des abstrakten Expressionismus.

Auf dem Cape Cod Rail Trail

Radler können von South Dennis bis nach Wellfleet in die Pedale treten. Der 35 km lange, geteerte Radweg führt durch Harwich, Brewster, Orleans und den Cape Cod National Seashore und verfügt über viele Abstecher zu Stränden und stillen Teichen. Räder können u. a. beim Idle Times Bike Shop (2616 Rte. 6, Tel. 508 349 9161, Juni–Aug.) in Wellfleet gemietet werden.

Brewster

Für seine schönen Kapitänshäuser bekannt ist Brewster. Geschichten über Geschichten – die spannendste ist die von Kapitän David Nickerson. Eine verschleierte Frau, so heißt es, habe ihm während der Französischen Revolution in Paris ein Baby überreicht mit der Bitte, es in Amerika großzuziehen. Historiker glauben bewiesen zu haben, dass es sich dabei um den verschollenen Sohn von Marie Antoinette und Ludwig XVI. gehandelt habe. Auch René Rousseau – so nannte Nickerson seinen Ziehsohn – wurde Kapitän. 26-jährig blieb er auf See. Gedacht wird seiner auf dem Friedhof der neogotischen **First Parish Church** (1969 Rte. 6A): Sein Name befindet sich auf der Rückseite von Kapitän Nickersons Grabstein. Ist Ihnen ein Friedhofsbesuch im Urlaub zu morbid, sollten Sie auf jeden Fall das **Cape Cod Museum of Natural History** (Rte. 6A, 869 Main St., Juni–Ende Sept., tgl. 9.30–16, sonst Mi–So 11–15 Uhr) besuchen. Neben dem Museum mit den üblichen Ausstellungen zum ökologischen Zusammenhang von Meer und Marsch gibt es schöne, kommentierte Spazierwege zu Teichen und Prielen, die repräsentativ sind für Cape Cod.

Cape Cod National Seashore

Hinter Orleans schließt sich die Rte. 6A der vierspurigen 6 an, die nun durch lichte, auf Sand wachsende Wäldchen entschlossen nach Norden strebt. Motels und Imbisse für Angler und Strandurlauber begleiten die Straße.

In **Eastham** informiert das **Salt Pond Visitor Center** (Rte. 6, tgl. 9–16.30 Uhr) über den von Präsident Kennedy im Jahr 1961 eröffneten Cape Cod National Seashore. Der Nationalpark, ein Ensemble aus hohen Dünen, Feuchtgebieten und windgebeugten Wäldchen, schützt knapp 70 km Küstenlinie auf der Atlantikseite. Besucher können das nahezu unbesiedelte Gelände des bis nach Provincetown reichenden Parks

Dünenlandschaft unter strahlend blauem Himmel auf Cape Cod

zu Fuß oder per Fahrrad erkunden. Badegäste dürfen sich an endlosen Sandstränden aalen.

Übernachten

Total entspannt – **Lamb and Lion Inn:** 2504 Rte. 6A, Barnstable, Tel. 508 362 6823, 1 800 909 6923, 11 Zi., www.lambandlion.com, 110–300 $. Freundliche Zimmer in hellen Cape-Cod-Tönen, um einen großen Pool gruppiert. Vom Innkeeper verfasste Broschüren mit tollen Ausflugs- und Restaurant-Tipps!

Essen & Trinken

Romantisch – **Red Pheasant:** 905 Rte. 6A, Dennis, Tel. 508 385 2133 (unbedingt reservieren!), tgl. ab 17 Uhr, ab 24 $. Kreative amerikanische Küche in

Mein Tipp

Zum Lunch Austern & Bücher
Die Bestellung erfolgt am ersten Fenster, gewartet wird am Strand, und schließlich wird das Bestellte am zweiten Fenster abgeholt: **Mac´s Seafood** auf der Pier von Wellfleet ist eine Institution. Und wer lieber ein Bier oder eine Bloody Mary zu seinen Austern möchte, der gehe einfach zum Bookstore Restaurant um die Ecke. Im angeschlossenen Buchladen hat schon so mancher die Zeit vergessen ...
(Mac´s Seafood, 265 Commercial St., Wellfleet, Tel. 508 349 0404; The Bookstore Restaurant, 50 Kendrick Ave., Wellfleet, Tel. 508 349 3154).

Am nördlichsten Punkt von Cape Cod: Provincetown

200 Jahre alter, ehemaliger Scheune. Am besten: Lamm und Ente.
Bewährt – **Brewster Fish House:** Rte. 6A, 2208 Main St., Brewster, Tel. 508 896 7867 (reservieren!), Mo–Sa 11.30–21.30, So 12–21.30 Uhr, ab 18 $. Die Küche hält, was der Name verspricht: marktfrischer Fisch, Hummer sowie Seafood, nach bewährten Rezepten zubereitet, Atmosphäre: *casual elegance.*

Aktiv & Kreativ

Baden – In **Dennis** lockt der **Corporation Beach** (Corporation Rd.) mit sauberem Sand und ruhigem Wasser – *bayside* ist das Meer generell ruhiger. Rauer ist es an den sechs Stränden des **Cape Cod National Seashore.** Alle Strände haben Parkplätze, Umkleiden, Duschen – und Rettungsschwimmer!

Provincetown ! ► E 9

Provincetown (3200 Einwohner), alt und verwinkelt, ist am nördlichsten Punkt des Cape gelegen, durch hohe Dünen vom Rest der Welt getrennt. 1620 erholten sich die Pilgerväter hier von der Überfahrt. Während der Walfang Ära im frühen 19. Jh. dann die Blütezeit: 40 Piers – heute sind es nur noch drei – streckten sich in die Bay hinein. Nach dem Ende des Walfangs erinnerte sich die Stadt der Fischerei, dieses Mal betrieben von portugiesischen Fischern, die heute mit ›Radio Globo‹ sogar eine eigene Radiostation haben.

Um 1900 erlebte die Stadt den Auftritt eines gänzlich anderen Menschenschlags. Licht, Meer und das Lebensgefühl am Ende der Straße machten aus Provincetown die Künstler- und Schwulenkolonie P-Town. Edward Hopper, Jackson Pollock, Mark Rothko, sie alle malten hier, oft in der Einsamkeit der ›Dune Shacks‹ draußen am Strand. Ihre wilden Partys sind Legende. Auch Theater wurde gespielt. Eugene O'Neill und Tennessee Williams arbeiteten mit den Provincetown Players, die Brandos, Pacinos und Geres begannen hier ihre Karrieren.

Heute gilt P-Town als liberalste Stadt östlich von San Francisco. 80 % der Häuser, so Immobilienhändler, gehören inzwischen homosexuellen ›Wash-Ashores‹, P-Town ist einer der teuersten Immobilienmärkte der USA. Strengste Bauvorschriften halten Spekulanten bislang in Schach und lenken den Tourismus in gemütliche B & Bs, Inns, Restaurants und in ein vielfältiges Freizeitangebot, das vom Badeurlaub über Shopping bis Bar-Hopping reicht.

Rund um die Commercial Street

Hauptstraßen sind die enge Commercial und die parallel verlaufende Bradford Street. Etwa 40 kurze Querstraßen verbinden die beiden wie Sprossen eine Leiter. Für Bürgersteige ist kaum Platz, wenn ein Auto kommt, drückt man sich in einen Hauseingang.

Mein Tipp

Boston – P-Town zu Fuß

Wer für Cape Cod keine Zeit hat, auf Provincetown aber nicht verzichten möchte, kann die alte Walfängerstadt bequem an einem Tag von Boston aus besuchen. Der Motor-Katamaran »Providence III« verkehrt dreimal täglich und braucht für die Strecke nur 90 Minuten (ab Pier am World Trade Center, Seaport Blvd., Tel. 877 783 3779, www.baystatecruisecompany.com, Hin- und Rückfahrt 79 $.

MACMILLAN PIER
PARKING LOT RATES
$ 2.50 PER HOUR
OR ANY PORTION THEREOF
DAILY MAXIMUM $ 25.00
LOST TICKETS
24 HR
MINIMUM
CASH ONLY
NO
CHECKS
CREDIT CARDS
FOREIGN CURRENCY
THANK YOU

Lieblingsort

MacMillan Wharf

Zu Fuß übers Meer bummeln, ohne besonderes Ziel. Das Möwengeschrei und den Fisch- und Krabbengeruch in sich aufnehmen, sich am Ende der Pier umdrehen und beim Blick auf das in sich verschlungene Provincetown die Seele baumeln lassen. Am besten abends. Kurz vor Sonnenuntergang bleibt das Licht noch eine Weile auf den Häusern und den bunten Kuttern hängen und schafft eine magische Atmosphäre. Tagsüber ist die MacMillan Wharf im Übrigen das Einfallstor der mit der Fähre herüberkommenden Bostoner – einer munter schnatternden, Rollies hinter sich her ziehenden Gesellschaft jeglichen Alters, Aussehens und sexueller Orientierung. Eine ausgelassene Meute, deren Lebenslust ansteckend ist und gute Laune verbreitet.

Die schönsten Unterkünfte liegen im ruhigen West End. Hinter den Häusern der Commercial Street beginnt der Strand, dort liegen Boote, Bojenbündel, Hummerkäfige. Im Sommer herrscht hier Karnevalsatmosphäre, man sieht stoppelbärtige Fischer auf dem Heimweg, schwule Pärchen mit Dackel und junge Eltern mit Kinderwagen.

Im modernen Besucherzentrum **Stellwagen Bank National Marine Sanctuary** (205 Commercial St, Mo–Fr 9–16 Uhr) erklären Touchscreen-Computer die Unterwasser-Fauna der nördlich von Provincetown liegenden Stellwagen Bank, eines krillreichen Tummelplatzes für Wale und Delfine.

Die **Commercial Street** ist zudem die **Shopping-Meile** der Stadt. Die Öffnungszeiten variieren, viele Ladenbesitzer machen mittags den Laden zu, haben dann aber so lange geöffnet, wie Kunden Interesse zeigen. Elegante Boutiquen, Leder-Läden, Drag-Queen-Ausstatter, Kunstgalerien und natürlich die promenierenden ›Wash-Ashores‹, von denen sich nicht wenige schrill in Szene setzen, machen den Bummel zum Vergnügen.

Sportlich über die Dünen

Von den vielen Trails durch die Dünen hinter der Stadt Provincetown sind die zu den drei Leuchttürmen wohl die schönsten. Am leichtesten erreichbar ist das vor einigen Jahren in ein B & B verwandelte **Race Point Lighthouse**. Gut zu Fuß sollte man für die beiden anderen sein: **Wood End Light** und **Long Point Light** liegen, von der Stadt aus fingernagelgroß zu sehen, am Ende des »Angelhakens«.

Ein schönes Radwegenetz durch die Dünen und zu den Stränden deckt den gesamten Nordzipfel ab. Räder können bei einem halben Dutzend Verleiher gemietet werden, die sich entlang der Commercial Street konzentrieren.

Pilgrim Monument

April–Nov. tgl., April–Mai 9–17, Juni–Sept. 9–19, Okt.–Nov. 9–17 Uhr

80 m hoch ist der Nachbau eines toskanischen Campanile (Commercial St.). Wer auf diese Idee kam, weiß heute keiner mehr. Die Aussicht lohnt die 116 Stufen und 60 Rampen allemal!

Museen in Provincetown

Das Schiffsmodelle, Walharpunen und Gemälde beherbergende **Provincetown Heritage Museum** (Commercial St. 356, tgl. 10–18 Uhr) setzt die oft dramatische Stadtgeschichte in Szene. Im **Provincetown Art Association and Museum** (Nr. 460, Mai–Sept. Mo–Do 11–20, Fr 11–22, Sa–So 11–17 Uhr, sonst Do–So 12–17 Uhr) geht es um die Kunstszene in der Stadt.

An der MacMillan Wharf

Walbeobachtungsschiffe stechen von der Wharf aus in See. Hier liegt auch eines der ungewöhnlichsten Museen der USA. Das **Whydah Museum** (Mai–Okt., tgl. 10–17, Juli/Aug. bis 20 Uhr, www.whydah. com) dokumentiert die hartnäckige Suche nach dem Piratenschiff »Whydah«, das 1717 vor Wellfleet sank und im Jahr 1984 von Barry Clifford, einem Einheimischen, gefunden wurde. Zu sehen sind Goldmünzen, Juwelen, Waffen und die Schiffsglocke vom Schiff des berüchtigten Piraten »Black Sam« Bellamy.

Strände bei Provincetown

Für die Erkundung der Umgebung leiht man sich am besten ein Rad. Eher früher als später gelangt man zu einem der wunderbaren Sandstrände. Reichlich Sand und eine herrliche Abendstimmung charakterisieren die schönsten: **Race Point Beach** und **Her-**

ring Cove Beach. Der Erstere bietet 13 km gelben Sand, kräftige Wellen und das interessante, sich der Ökologie der Dünenlandschaft widmende Province Lands Visitor Center. Das Wasser des der Bay zugewandten Herring Cove Beach ist ruhiger. Im Sommer verkehren Shuttles zwischen der MacMillan Wharf und den beiden Stränden.

Übernachten

Nobel – **Crowne Pointe Historic Inn:** 82 Bradford St., Tel. 508 487 6767, 1 877 276 9631, www.crownepointe.com, 100–600 $. P-Towns bestes Stück: Eleganz, mit vielen gemütlichen Ecken. 40 individuell eingerichtete Zimmer, hübscher Garten mit Pool und Whirlpool.
Praktisch – **Crown & Anchor:** 247 Commercial St., Tel. 508 487 1430, www.onlyatthecrown.com, 95–300 $. Eine der ältesten Herbergen im Ort und immer noch gut. Mit Nachtklub, Gay Disco und Kabarett.
Urgemütlich – **Revere Guest House:** 14 Court St., Tel. 508 487 2292, 1 800 487 2292, www.reverehouse.com, 85–295 $. Acht kuschelige Zimmer, gemeinsame Nutzung zweier Badezimmer, hübscher Garten.

Essen & Trinken

Detailverliebt – **Front Street:** 230 Commercial St., Tel. 508 487 9715, Juni–Okt. tgl. 18–22.30 Uhr, sonst geschl., ab 19 $. Keller-Bistro, seit Jahren die Nummer eins: Gekocht wird, was schmeckt, v. a. *Pumpkin Tortelloni* und *Crab Stuffed Filet Mignon*.
Anspruchsvoll – **The Mews Restaurant & Café:** 429 Commercial St., Tel. 508 487 1500, Juni–Sept. tgl. 11–15, 18–1 Uhr, ab 24 $. Restaurant auf dem Sandstrand, große Fenster, exquisite Küche: Köstlichkeiten aus aller Welt, frisches Seafood, zubereitet nach allen Regeln der American Fusion Cuisine. Beste Wodka-Auswahl auf dem Cape. Café und Bistro im Obergeschoss.
Schnörkellos – **Lobster Pot:** 321 Commercial St., Tel. 508 487 0842, Juni–Sept. 11.30–22.30 Uhr, sonst unterschiedlich, ab 17 $. In dieser Essstube geht es nur um das eine: Hummer.
Herzhaft – **Napi's:** 7 Freeman St., Tel. 508 487 1145, Mai–Okt. tgl. 17–22, Nov.–Apr. tgl. 11–16.30 u. 17–22 Uhr, ab 21 $. Holzvertäfelter, mit Meeres-Nippes dekorierter Treff der Jüngeren. Satt machende Küche, gut die griechischen und chinesischen Gerichte.
Ungeschminkt – **Portuguese Bakery:** 299 Commercial St., Tel. 508 487 1803, Linoleumböden, Sitzbänke aus Sperrholz, Neonlicht: Gemütlich ist es hier nicht. Muss es auch nicht sein: Nach mehr als 100 Jahren Erfahrung im Bäckerhandwerk ist der Nachbarschaftstreff über alle Zweifel erhaben. Zu empfehlen: der Brotpudding und die *Pasteis de natas* (Vanillekuchen).

Einkaufen

Kunst und mehr – Einen guten Ruf auf der Commercial St. genießen v. a. **Karilon Gallery and Angela Russo Fine Art Giclee** (447 Commercial St., Tel. 508 487 2380) und die **Albert Merola Gallery** (424 Commercial St., Tel. 508 487 4424). Einen Querschnitt der bunten Einwohnerschaft trifft man in **Adam's Pharmacy** (254 Commercial St.), dem ältesten Gemischtwarenladen der Stadt.

Aktiv & Kreativ

Walbeobachtung – **Provincetown Whale Watch:** Tel. 1 800 826 9300, 508 240 3636, www.provincetownwhale

watch.com, April–Okt. Dreimal täglich fahren die Boote von der MacMillan Wharf aus hinaus zur Stellwagen Bank.

Abends & Nachts

Nach Einbruch der Dunkelheit geht in den Klubs und Kneipen rund um die Commercial Street die Post ab.

Schon ewig da – **Governor Bradford:** 312 Commercial St., Tel. 508 487 9618. Seit Jahrzehnten als Treffpunkt der heterosexuellen Nachtschwärmer etabliert. Pooltische, Livemusik.

Populär – **Paramount Nightclub:** 247 Commercial St. (im Crown & Anchor), Tel. 508 487 1430. Größter Nachtklub vor Ort, Disco und Livemusik.

Angesagt – **Atlantic House:** 6 Masonic Pl., Tel. 508 487 3821, tgl. 12–1 Uhr. Bester Hangout der Gay Scene mit Disco und ›Macho-Bar‹ (tgl. 22–1 Uhr) im ersten Stock.

Infos & Termine

Provincetown Chamber of Commerce: 307 Commercial St., Tel. 508 487 3424, Fax 487 8966, www.ptownchamber.com, Mo–Fr 10–16, Sa–So 9–18 Uhr.

Blessing of the Fleet: 4. Juniwoche. Buntes Straßenfest rund um die Segnung der Fischkutter (www.provincetownportuguesefestival.com)

Fantasia Fair: 3. und 4. Oktoberwoche. Schrille Party der Schwulengemeinde von P-Town (www.fantasiafair.org)

Martha's Vineyard

▶ D/E 10

Zum Sommeranfang, heißt es hier, verabschieden sich die Taxifahrer von ihren Familien, um bis zum Herbst genug Geld mit den Touristen zu verdienen, damit sie ihre Familien über den besucherarmen Winter bringen können. Es bleibt ihnen auch nichts anderes übrig: Acht Kilometer vor der Südküste von Cape Cod ist das Leben nicht ganz billig. Die Lebenshaltungskosten hier liegen 60 %, die Immobilienpreise gar 90 % über dem nationalen Durchschnitt. Die Insel mit dem hübschen Namen gehört zu den populärsten Urlaubszielen der USA und ist dank ihrer warmen Flachwasserstrände, Wälder und Eichenalleen auch bei amerikanischen Promis beliebt, die hier, anders als in Aspen und anderen Promi-Laufstegen, fünfe gerade sein lassen und sich barfuß und ungekämmt in der Öffentlichkeit zeigen. Im Sommer lassen Tagesausflügler die Bevölkerung von 14 000 auf 100 000 anschwellen.

Die wichtigsten Orte sind **Vineyard Haven** und **Edgartown.** Beide begannen als Fischer- und Walfängerhäfen und besitzen meerwärts blickende Kapitänshäuser. Einige der schönsten Strände der Insel umrahmen das schnuckelige Oak Bluffs. Die Hauptattraktion der Insel sind jedoch das friedvolle Ineinander von Land und Meer, das Fehlen großflächiger Werbeflächen und die schönen Küstenstraßen.

Sehenswertes

In **Vineyard Haven** lohnen das historische Viertel rund um die **William Street** und das **Old Schoolhouse Museum** (110 Main St., Juni–Sept. Di–Fr, So 12–16 Uhr) den Besuch. Anschauen sollte man auch das **Vineyard Museum** (59 School St., Juni–Okt. Mo–Sa 10–17, sonst Mi–Fr 10–16 Uhr) in Edgartown. Es enthält u. a. Logbücher alter Walfängerschiffe und die vergilbte Aufnahme von Kapitän Valentine Pease, der den Schriftsteller Herman Melville inspirierte.

Oak Bluffs wartet mit **Cottage City** auf, einer reizenden Ansammlung von

300 filigranen ›Lebkuchenhäuschen‹. Sie ersetzten Ende des 19. Jh. eine Zeltstadt, in der sich Methodisten aus dem ganzen Land zu den jährlichen ›Methodist Camp Meetings‹ trafen. Die orange, rot und grau schimmernden **Gay Head Cliffs** sind besonders bei Sonnenuntergang ein fotogenes Naturschauspiel.

Biking und Walking durch das Inselinnere

Die 36-km-Tour von Vineyard Haven durch das pastorale, dabei hügelige Inselinnere nach Aquinnah geht Radfahrern ordentlich in die Beine. Beliebt ist auch der die Beach Road begleitende Radweg von Edgartown nach Oak Bluffs.

Die schönsten Spazierwege liegen in den Naturschutzgebieten der Insel. Versuchen Sie die im **Felix Neck Wildlife Sanctuary** (Felix Neck Drive, Besucherzentrum Juni–Aug. Mo–Fr 8.30–16.30, Sa 9.30–16.30, So 10–15 Uhr) auf einer Halbinsel zwischen Edgartown und Oak Bluffs. Sie führen durch lichten Wald und Salzwassermarschen zu hübschen Stränden und Brutgebieten von Wasser- und Watvögeln. Über 1000 einheimische und eingeführte Pflanzenarten können Sie auf idyllischen Spazierwegen durch das **Polly Hill Arboretum** (809 State Rd., tgl.) in West Tisbury bewundern.

Strände auf Martha's Vineyard

Die rund 200 km lange Küstenlinie der Insel bietet viele sehenswerte Strände. Am **Joseph Sylvia State Beach** drehte Steven Spielberg »Der Weiße Hai«. Dabei ist das Wasser des von Dünen und wilden Rosen umgebenen Strandes alles andere als gefährlich ...

Katama Beach ist der größte öffentliche Strand der Insel und wegen seiner hohen Wellen bei Surfern beliebt. Der **Menemsha Public Beach** unmittelbar neben dem Eingang zum Dutcher's Dock ist windgeschützt und selten voll. Der Weg zum acht Kilometer langen **Aquinnah Beach** führt durch ▷ S. 146

Martha's Vineyard: Villen in Oak Bluffs

Auf Entdeckungstour

Nantucket Whaling Museum – Wie Melville zu Moby Dick kam

Harpunen und harte Taue, Schiffsmodelle und Porträts erfolgreicher Kapitäne, abenteuerliche Gestalten mit schwarzen Augenklappen und Ohrringen. Das kleine Nantucket Whaling Museum beleuchtet eine Legende besonders liebevoll: die von Moby Dick.

Für wen: Für alle, die sich jenseits der blutigen Metzelei für die Bedeutung und die Auswirkungen des Walfangs für Neuengland interessieren.

Zeit: 1–2 Stunden

Planung: 815 Broad St.; Mai–Okt tgl. 10–17 Uhr, Eintritt 17 $

Das Skelett des 14 Meter langen Pottwals scheint direkt auf den Besucher hinabzustoßen. Überall Hinweise darauf, wie gefährlich der Job des Walfängers war. Etwas abseits, in einem Nebenraum: eine kleine, kindlich anmutende Zeichnung, die auch im Online-Archiv des Museums zu betrachten ist. Sie stammt von einem Thomas Nickerson und zeigt einen Pottwal, der ein Walfangschiff rammt. Kommt Ihnen bekannt vor? Denn wie »Moby Dick« zustande kam, ist fast noch spannender als der Roman selbst. Herman Melville lernte auf hoher See einen gewissen William Henry Chase kennen. Der Junge aus Nantucket war der Sohn von Owen Chase – jenes Mannes, der 20 Jahre zuvor als Obermaat an Bord des Walfängers »Essex« gewesen war. Melville hatte von ihrem Schicksal gehört: 1820 war sie 1000 Seemeilen westlich der Galapagos-Inseln von einem Pottwal versenkt worden. William Henry lieh Melville das Buch, das der Vater über seine Rettung geschrieben hatte. Der Rest ist Literaturgeschichte.

Verfilmt mit Gregory Peck: »Moby Dick«

Das Tagebuch des Schiffsjungen

140 Jahre lang – »Moby Dick« war längst ein Klassiker – war Chase' Bericht als einzige Quelle zum Unglück der Essex vergessen. Dann wurde auf einem Dachboden im Staat New York das Tagebuch eines gewissen Thomas Nickerson entdeckt. Nickerson war Schiffsjunge auf dem Unglücksschiff gewesen. 1980 gelangte das Tagebuch auf den Tisch eines Historikers. Erst seither ist das volle Ausmaß der Tragödie bekannt. 1819 war die »Essex«, ein 328-t-Segler, unter Kapitän George Pollard von Nantucket aus in See gestochen. Im Jahr darauf, in den Weiten des Pazifiks, traf sie auf eine Pottwal-Schule. Dann passierte das Unglaubliche: Ein riesiger Bulle rammte den Bug des Schiffs so heftig, dass es in kürzester Zeit unterging. Die 20-köpfige Besatzung rettete sich in die Fangboote. Aus Furcht vor Kannibalen auf den Marquesas nahmen sie Kurs auf das weiter entfernt liegende Südamerika. Einen Monat lang schafften sie es, die Boote zusammenzuhalten. Am 35. Tag jedoch trieb ein Sturm sie auseinander. Im Boot von Chase begann das Sterben. Die ersten beiden Leichen warfen sie ins Meer, dann siegte der Überlebenswille: Zuerst aßen sie das Herz, dann Arme und Beine toter Kameraden. Zehn Tage später wurden Chase und zwei Leidensgenossen von einem englischen Schiff aufgelesen. Auch Kapitän Pollard und vier weitere Besatzungsmitglieder wurden gerettet.

Mit wem es der Kapitän damals im Pazifik zu tun gehabt hatte, lässt sich heute im Museum nur ahnen. Immerhin ist der Kopf des kleinen Pottwals unter der Decke noch immer so groß wie ein Lastwagen.

Johannisbeergestrüpp und endet an einem Sandstreifen, der ein ›Ende-der-Welt-Gefühl‹ vermittelt.

Übernachten

Runde Sache – **Surfside Motel:** 7 Oak Bluffs Ave., Oak Bluffs, Tel. 508 693 2500, 1 800 537 3007, www.mvsurfside.com, 85–220 $. Viel Unterkunft für – verhältnismäßig – wenig Geld, dazu mit Blick auf den Nantucket Sound und hübschen Cafés und Restaurant vor der Haustür.

Heimelig – **Edgartown Inn:** 56 N. Water St., Edgartown, Tel. 508 627 4794, www.edgartowninn.com, 75–300 $. 20 helle, zeitgenössisch eingerichtete Zimmer in einem 200 Jahre alten, grauschindeligen Kapitänshaus.

Preiswert – **Nashua House:** 30 Kennebec Ave., Oak Bluffs, Tel. 508 693 0043, 1 888 343 0043, www.nashuahouse.com, 69–220 $. Gemütliches viktorianisches Cottage, nur wenige Schritte vom Wasser entfernt. Helle, hübsch altmodisch eingerichtete Zimmer, davon viele mit Meeresblick. Unschlagbar günstige Preise.

Essen & Trinken

Angesagt – **Atria:** 137 Main St., Edgartown, Tel. 508 627 5850, Juni–Aug. tgl. 17.30–22, ab 30 $. Eines der ›It‹-Restaurants der Insel: Einfühlsame Fusion Cuisine mit frischen, hier angebauten Ingredenzien. Tische auch auf der Veranda. Besonders interessant: »Cod is great«, in Prosciutto gewickelter Kabeljau.

Geradeheraus – **Square Rigger:** Upper Main St., Edgartown, Tel. 508 627 9968, tgl. 11–15, 17–22 Uhr, 14–25 $. Schöne Holzbalken in altem Haus, Steaks und Seafood vom Holzkohlegrill.

Aktiv & Kreativ

Radfahren – Leihräder können telefonisch bei **Martha's Bike Rentals** (1 800 559 0312) angefordert werden. MBR bringt sie Ihnen an die Tür.

Abends & Nachts

Livemusik – Strenge Alkoholgesetze haben die Insel fast trockengelegt. Fast: Im **Nectar's** (Airport Rd., Edgartown, Tel. 508 693 1137, www.nectarsmv.com) gibt es gute Livemusik und fließt das Bier in Strömen. Hier werden im ›Gigs Bistro‹ appetitlich aussehende Gerichte (ab 6 $) serviert.

Infos

Martha's Vineyard Chamber of Commerce: Vineyard Haven, Beach St. (gleich nach der Fähre), Tel. 508 693 0085, www.mvy.com

Fähren: Sie bedienen die Insel von fünf Orten aus. Die einzige Autofähre geht ab Woods Hole (Steamship Authority, Reservierung Tel. 508 477 8600, tgl. Mo–Fr 7.30–21, Sa–So 8–17 Uhr) und sollte reserviert werden. Die Fähren, die ab Falmouth (nach Oak Bluffs, Tel. 508 548 4800), Hyannis (nach Oak Bluffs, Tel. 508 778 2600), New Bedford (nach Vineyard Haven, Tel. 1 866 683 3779) und Nantucket (nach Oak Bluffs, Tel. 508 778 2600, nur im Sommer) verkehren, sind Passagierfähren.

Nantucket ▶ E 10

Für einen Besuch auf Nantucket lässt man das Auto am besten in Hyannis oder Harwich Port zurück. Das 50 km vor der Südküste von Cape Cod liegende Eiland umfasst nur ein Drittel der Fläche von Martha's Vineyard und ist – zumindest sah Melville das so – nur ein Haufen Sand mit 12 000 Insulanern darauf.

Diese nennen ihr Nantucket lieber ›little grey lady in the sea‹, nach den grauen, von roten Kletterrosen umrankten Schindelhäusern, und leben im gleichnamigen Hauptort der Insel. Der weist inzwischen die teuersten Quadratmeterpreise des Staates Massachusetts auf und erlebt – seit dem Ende der Walfang-Ära um 1840 hat es hier keine Aufregung mehr gegeben – dieser Tage ein erbittertes Tauziehen zwischen bauwütigen Investoren und besorgten Einheimischen um die Verwandlung der historischen Waterfront in einen teuren Jachthafen (nähere Informationen unter www.saveourwaterfront.org). Bislang scheinen die *locals* in diesem Disput jedoch die Oberhand zu behalten: Noch fühlt sich Nantucket-Stadt an wie schon vor 150 Jahren.

Nach Verlassen der Fähre passieren Sie ein paar Radverleiher und stehen einen Lidschlag später auf dem Kopfsteinpflaster der von viktorianischen Gemäuern gesäumten **Main Street.** Sanft ansteigend, ist sie mit ihren Restaurants und Geschäften das Gravitationszentrum der Insel. Zu Beginn des 19. Jh. lag hier das Zentrum des neuenglischen Walfangs. Schiffe aus Nantucket kreuzten auf allen Weltmeeren, ihre Harpuniere galten als die besten. Die Ehefrauen wurden während der langen Abwesenheit ihrer Männer erfolgreiche Unternehmerinnen: Die Main Street hieß in dieser Zeit auch ›Petticoat Row‹ – wegen der gut gehenden, von Frauen geführten Läden dort. Auf keinen Fall versäumen sollten Sie bei Ihrem Besuch auch das **Nantucket Whaling Museum** (815 Broad St.; s. S. 144).

Seit dem Ende des Walfangs lebt das Eiland vom Tourismus. Wer hier an

Gemütlich viktorianisch: die Geschäftsstraßen von Nantucket

Land geht, kommt der insgesamt 80 km langen Sandstrände wegen und der erholsamen Spaziergänge oder Radtouren zu Leuchttürmen. Die schönsten Strände sind **Dionis Beach, Jetties Beach, Madaket Beach** und **Surfside Beach**.

Übernachten

Einladend – **The Roberts House:** 11 India St., Tel. 508 228 0600, www.roberts houseinn.com, 115–375 $. Ansehnliches Greek-Revival-Haus mit Veranda und Schaukelstühlen zum Leutegucken. 25 freundliche Zimmer im viktorianischen Dekor, viele mit Himmelbett.
Unprätentiös – **The Nesbitt Inn:** 21 Broad St., Tel. 508 228 0156, 100–175 $. Viktorianisches Haus im Ort, 13 Zimmer, gemeinsame Badbenutzung.

Essen & Trinken

Elegant – **Brant Point Grill:** im White Elephant Hotel, 50 Easton St., Tel. 508 325 1320, Apr.–Dez. tgl. 11.30–15 und 17.30–22 Uhr, Dinner: Menü 45 $. Elegantes Steak- und Lobster-Restaurant mit Terrasse. Weinkarte vom Wine Spectator empfohlen.
Handfest – **Black-Eyed Susan:** 10 India St., Tel. 508 325 0308, tgl. 7–13, 18–22 Uhr, ab 14 $. Die Schlange auf dem Bürgersteig signalisiert gutes Essen: Leichte, bekömmliche Küche ideenreich zubereitet, besonders gut sind die Linguini.

Aktiv & Kreativ

Radfahren – Rad- und Fußwege ziehen sich kreuz und quer über die Insel. Fahrradverleiher am Fähranleger, u. a. **Young's Bicycle Shop** (6 Broad St., Tel. 508 228 1151, www.youngsbicycle shop.com, tgl. 8.30–18 Uhr).

Abends & Nachts

Das Nachtleben ist zwangsläufig übersichtlich.
Livemusik – **Brotherhood of Thieves** (23 Broad St., Tel. 508 228 2551) steht seit Jahren für angenehme Abende.
Hemdsärmelig – und um einiges lauter – geht es im **Chicken Box** (16 Dave St., Tel. 508 228 9717) zu, der Diskothek der Insel.

Infos & Termine

Infos

Nantucket Island Chamber of Commerce: Zero Main St., Tel. 508 228 1700, Fax 325 4925, www.nantucketcham ber.org

Fähren

Die **Steamship Authority** (Tel. 508 477 8600) betreibt von Hyannis aus eine Autofähre nach Nantucket. Die **Hy-Line Cruises High Speed Ferry** (Tel. 1 800 492 8082), ebenfalls in Hyannis, halbieren die Reise mit ihrem Katamaran auf eine Stunde, was jedoch erheblich mehr kostet. Die Gesellschaft unterhält Juni–Sept. auch eine Passagierverbindung zwischen Nantucket und Martha's Vineyard.

Festival

Nantucket Daffodil Festivals: 4. Aprilwoche: Während des dreitägigen Festivals blühen 3 Mio. Narzissen.

New Bedford ▸ D 10

Warum Sie nach dem gefälligen Cape Cod noch nach New Bedford sollen, wird Ihnen beim Einlaufen in diese Stadt zunächst nicht einleuchten: Nichts zu sehen, außer einem tristen braunen Häusermeer mit Kränen,

Schiffen und Containern dazwischen. Nichts deutet vom Highway aus darauf hin, dass dies einmal das Zentrum der Walfangindustrie war. Denn als um 1840 der Hafen von Nantucket versandete, ging die Führung an New Bedford über. Bis 1860 kreuzten über 700 neu-englische Schiffe mit 20 000 Mann an Bord auf den Weltmeeren und erlegten 20000 Pottwale jährlich. Weitere 50000 Menschen beschäftigte die Verarbeitung an Land. 400 der gedrungenen Walfangschiffe waren allein in New Bedford registriert, Seeleute aus aller Herren Länder versoffen hier ihre Heuer. Die Stadt, über der ständig der Gestank aus den Trankochereien hing, gelangte zu märchenhaftem Reichtum. Das Ende der Walfang-Ära konnte sie dank ihrer großen Fischfangflotte und rechtzeitiger Diversifizierung abfedern. Erst die durch Überfischung in den 1990er-Jahren ausgelöste Krise veränderte die Situation dramatisch, und seitdem sucht die 100000-Einwohner-Stadt ihr Heil zunehmend auch im Tourismus.

Heute reflektiert der Bevölkerungsspiegel das maritime Erbe: Über 60 % sind portugiesischer Herkunft, der Rest sind Franko-Kanadier, Deutsche, Iren, Norweger. Ansonsten ist von Moby Dick & Co. im Stadtbild fast nichts mehr zu sehen. Fast: Denn der **New Bedford Whaling National Historic Park** in der Altstadt am Hafen dokumentiert anhand von 13 Häuserblocks die Bedeutung des Walfangs und bietet dreimal täglich am Besucherzentrum beginnende geführte Touren an (Park Visitor Center, 33 William St., tgl. 9–17 Uhr). Die beiden Stars des Parks setzen dieses spannende Thema gebührend in Szene. Das gerade erweiterte **New Bedford Whaling Museum** (tgl. 9–17 Uhr) ist das beste zum Thema. Beiboote, Harpunen, das komplette Skelett eines 22 m langen Blauwals, Logbücher, eine

Mastengewirr im Hafen von New Bedford

Herman-Melville-Ausstellung und ein 27 m langes Modell des Walfängers »Lagoda«: Nur zu leicht folgt man den Seebären auf ihren Zügen über die sieben Weltmeere. Gleich gegenüber steht die 1832 geweihte **Kapelle Seaman's Bethel** (Mai–Okt. Mo–Sa 10–16, So 12–16, sonst Mo–Fr 11–13, Sa 10–16 Uhr). Wie von Melville beschrieben, holten sich die Walfänger hier ihren Segen, bevor sie für Jahre in See stachen. 31 Tafeln an den Wänden erinnern an die Unglücklichen, die auf See blieben.

Essen & Trinken

Entspannt – **Freestone's City Grill:** 41 William St., Tel. 508 993 7477, So–Do 11.30–22, Fr–Sa 11.30–23 Uhr, ab 8 $. Nur einen Block vom Whaling Museum entfernt, bietet dieses Restaurant in einer ehemaligen Bank nicht nur bestes Seafood, darunter eine preisgekrönte Fischsuppe, sondern auch Black Angus Steaks sowie Sandwiches.
Unwiderstehlich – **Antonio's:** 267 Coggeshall St., Tel. 508 990 3636, Mo–Fr 11.30–21, Sa 11.30–21.30 Uhr, So geschl., ab 12 $. Der Fisch hat's hier nicht weit bis auf den Tisch: Das portugiesische Restaurant nördlich vom Historic Park gehört zu den besten in Massachusetts. Besonders lecker: die Shrimps!

Infos

New Bedford Area Chamber of Commerce: 794 Purchase St., Tel. 508 999 5231, www.newbedfordchamber.com

Das Pioneer Valley

Das historische Pioneer Valley ist ein Abschnitt des in Nord-Süd-Richtung verlaufenden Connecticut Valley und reicht von Springfield bis Vermont. Kosmopolitisch und liberal wie Boston und mit idyllischen Dörfern ›new englandly‹ im besten Dickinson'schen Sinne, lockt es mit dem Schönsten aus beiden Welten. Kaum zu glauben, dass hier bis 1800 der ›Wilde Westen‹ lag ... Im Süden ist das Pioneer Valley städtisch geprägt. Nach Norden übernimmt mit grünen Hügeln und altehrwürdigen College Towns klassisches Neuengland. Bis weit ins 18. Jh. war dies Amerikas Frontier. Überfälle und Entführungen waren gang und gäbe. Sichere Zeiten brachen erst mit den Textil- und Papierfabriken im frühen 19. Jh. an. Sie brachten Geld genug, um moderne Lehrbetriebe und die Künste zu finanzieren. Heute studieren über 60 000 junge Amerikaner im Valley. Die prominentesten fünf Hochschulen sind Amherst College, Hampshire College und die University of Massachusetts in Amherst sowie die renommierten Frauencolleges Smith und Mount Holyoke in Northampton und South Hadley.

Die ländliche Bevölkerung ist nach wie vor meist englisch-irischer Abstammung. Das städtische Pioneer Valley erlebt dieser Tage einen verstärkten Zufluss von Einwanderern aus Südostasien, der früheren Sowjetunion und Lateinamerika. Homosexuelle Bewohner nennen ihr Tal auch ›Happy Valley‹: Hier gedeiht die größte Schwulen-Gemeinde östlich von San Francisco, in Northampton blüht eine aktive Lesben-Szene. Eine weitere Besonderheit: Es gibt mehr unabhängige Buchläden in dieser überschaubaren Region als in Boston. Fast jeder Ort besitzt mindestens eines dieser gemütlichen, mit Büchern vollgestopften Refugien, in denen man nicht nur lesen, sondern die Zeit auch mit gutem Espresso und netten Gesprächen verbringen kann.

Einfach schön: das Pioneer Valley mit Orten wie Deerfield

Springfield ►B 9

Western-Fans wissen: Gary Cooper jagte seine Bösewichter mit einer ›Springfield Rifle‹. Im 19. Jh. war die Stadt am Connecticut River Amerikas Waffenschmiede. Dann kamen Krisen und Arbeitslosigkeit, doch stets schaufelte sich die Stadt im Fadenkreuz der Interstates 90 und 91 frei. Nicht ohne Grund nennt sie sich deshalb heute »Comeback City of America«. Attraktiver wurde sie allerdings nicht: Die Stadt Springfield ist das Einkaufszentrum der Region.

Basketball-Fans wird es dennoch magisch in die moderne, mit Multi-Media-Gadgets vollgestopfte **Naismith Memorial Basketball Hall of Fame** ziehen (1000 W. Columbus Ave., Mo–Sa 10–18, So 10–17 Uhr). Die Ausstellungen dokumentieren den Weg des von Dr. James Naismith 1891 als Wintersport für seine Studenten erfundenen Spiels vom ersten Match in einem YMCA in Springfield zum von 300 Mio. Menschen gespielten Massensport.

Amerikas inniges Verhältnis zu Feuerwaffen mag man in der **Springfield Armory National Historic Site** (1 Armory Sq., tgl. 10–17 Uhr) studieren. Nachdem George Washington 1794 die strategisch günstig liegende Stelle ausgesucht hatte, entstand hier Amerikas größte Feuerwaffenfabrik. Bis zu ihrer Schließung 1968 stieß sie Waffen für amerikanische Soldaten aus, darunter besagtes, im Bürgerkrieg benutztes Springfield-Gewehr. Das 1978 eröffnete Museum beherbergt die größte Waffensammlung des Landes.

Einen Tyrannosaurus Rex in voller Größe präsentiert das **Springfield Science Museum** (21 Edwards Street, Di–Sa 10–17, So 11–17 Uhr) in seiner Dinosaur Hall. Die African Hall lädt zur Safari und das angegliederte Seymour Planetarium entführt in ferne Sternenwelten.

Übernachten

Herrlich altmodisch – **Naomi's Inn:** 20 Springfield St., Tel. 413 433 6019, 1 888 762 6647, www.naomisinn.net, 115–135 $. Drei Zimmer, aus denen man nicht mehr ausziehen möchte, einen Steinwurf vom Zentrum entfernt.

Essen & Trinken

Urig – **The Student Prince Café:** 8 Fort St., Tel. 413 788 6628, Mo–Mi 11–21, Do–Sa 11–22, So 11–21 Uhr, ab 10 $. Amerikanische und deutsche Küche. Probieren: die hausgemachten Desserts.

Einkaufen

Outletreich – Als größte Stadt der Region bietet Springfield alle Einkaufsmöglichkeiten. Das Einkaufszentrum **Tower Square** (1500 Main St., Tel. 413 733 2171, www.visittowersquare.com) verfügt über 60 gute Geschäfte, darunter den Preisbrecher US Factory Outlets. Hunderte von Geschäften finden Sie ferner im Korridor der **Boston Road.**

Aktiv & Kreativ

Vergnügungspark – In der Vorstadt Agawam bietet **Six Flags New England** über 40 »thrill rides«, u. a. neun Achterbahnen und zwei Wasserrutschen (Rte. 159, 1623 Main St., April–Okt., variierende Öffnungszeiten).

Infos

Greater Springfield Convention and Visitors Bureau: 1441 Main St., Springfield, Tel. 413 787-1548, 1 800 723 1548, www.valleyvisitor.com

South Hadley ►B 9

Nahezu vom Lehrbetrieb aufgesogen wird die mit 17 200 Einwohnern kleinste der College Towns im Valley. Das 1836 für Mädchen gegründete Mount Holyoke College präsentiert sich als vornehme, mit alten Ahornbäumen dekorierte Campus-Uni. Derzeit studieren hier rund 2000 junge Frauen aus 70 Ländern.

Sehenswert ist das 14 000 Bilder und Skulpturen beherbergende **Mount Holyoke College Art Museum** (Lower Lake Rd., Di–Fr 11–17, Sa–So 13–17 Uhr). In den als ›Teaching Museum‹ für die Studenten konzipierten Räumen warten alte Meister wie auch römische Büsten.

Den Kopf frei bekommt man danach auf einer Tour durch den **Allen Skinner State Park** (Rte. 47, April–Nov.). Von dem 600 m über South Hadley ragenden, im Auto erreichbaren Summit House aus liegt einem das weitläufige Connecticut Valley fotogen zu Füßen.

Liebhaber skurriler Attraktionen können im **Nash Dino Land** einen Stopp einegen (Rte. 116, April–Dez. Mo–Fr 8.30–17, Sa–So 10–17 Uhr). Vom Museum/Gift Shop aus geht es an moosüberwachsenen Dino-Standbildern vorbei zu einem eingezäunten Steinbruch, wo – wenn auch stark erodiert – Dinosaurierspuren zu erkennen sind. Seele des Unternehmens war der 1997 verstorbene Carlton Nash. In den 1930er-Jahren stolperte er über Steine mit ›Dino Tracks‹ und begann schon bald mit dem Verkauf der versteinerten Abdrücke, Werbeslogan: »The perfect gift for those that have everything« (Das ideale Geschenk für Menschen, die schon alles haben). Heute zieren Deko-Platten mit Dinospuren angeblich jeden Kamin in der Umgebung.

Northampton ►B 9

Northampton hört auf den Kosenamen »NoHo«. Mit 31 000 Einwohnern von solidem Kleinstadtformat wirkt es mit seiner polyglotten Bevölkerung und der von eleganten Geschäften, Restaurants und Coffee Shops gesäumten Main Street entschieden großstädtisch. Das 1875 von Sophia Smith eingerichtete Smith College, eine Campus-Uni in einem Stilmix aus Neogotik und angestrengter Postmoderne, vertrieb den fundamentalistischen Mief aus der 1654 von Puritanern gegründeten Stadt. Smith kostet die Studenten-Eltern 35 000 $ pro Jahr, entsprechend anspruchsvoll, so heißt es, sei der Lehrplan. Dass dies zumindest auf das soeben renovierte **Smith College Museum of Art** (Elm St., Di–Sa 10–16, So 12–16 Uhr) zutrifft, dessen kann man sich bei einem Besuch von Georgia O'Keefe, Picasso, Monet, Degas, Arp et al. vergewissern. Von den Galerien im dritten Stock genießen Sie im Übrigen einen schönen Blick über Campus und Northampton.

Durch die Chesterfield Gorge
Die wenige Autominuten westlich von Northampton liegende Chesterfield Gorge ist ein wildromantisches Stillleben aus schroffem, grauem Fels und Mischwald, die sich im klaren Westfield River spiegeln. Kurze, aber schöne Trails zu Aussichtspunkten.

Übernachten

Nostalgisch – **Hotel Northampton:** 36 King St., Tel. 413 584 3100, 1 800 547 3529, www.hotelnorthampton.com, 140–210 $. Altmodisch gehaltenes Grand Hotel im Zentrum, mit 106 eleganten Zimmern und Suiten, WLAN, Coolidge Park Café und Wiggins Tavern.

The Tunnel Bar
Zum Absacker in einen Tunnel. Allerdings in einen mit tiefen Ledersesseln und XL-Martinis. Die entsprechende Martini-Bar befindet sich in einem 30 m langem Tunnel unter dem Union Station Restaurant in Northampton. (125A Pleasant St., Tel. 413 586 5366, tgl. 17–1 Uhr)

Praktisch – **Autumn Inn:** 259 Elm St., Tel. 413 584 7660, 90–180 $, 32 Zimmer. Nette Basis für Touren in die Umgebung. Campus-Nähe, Pool.

Essen & Trinken

Intim – **Del Raye Bar & Grill:** 1 Bridge St., Tel. 413 586 2664, So–Do 17–22, Fr–Sa 17–23 Uhr, ab 21 $. Elegant, aber relaxt, mit einsehbarer Küche. Neue amerikanische Cuisine mit französisch-kalifornischem Twist. Besonders nett sind die ›Theme Dinner Series‹, bei der ein Vier-Gänge-Menü um ein Stichwort herum konzipiert wird.
Urban – **Eastside Grill:** 19 Strong Ave., Tel. 413 586 3347, Mo–Do 17–22, Fr 17–22.30, Sa 16–22.30, So 16–21 Uhr, ab 14 $. Beliebtes City-Restaurant. Steaks, Seafood, Cajun Cuisine.

Einkaufen

Für alle etwas – Studenten, Uni-Angestellte und Menschen mit schrill gefärbten Haaren bevölkern die Main Street. Ideale Zielgruppe für Läden wie **Sasha's Gypsy Heart** (Nr. 122) für Vintage-Klamotten, **Ten Thousand Villages** (Nr. 82) für Dritte-Welt-Kunsthandwerk und die **Don Muller Gallery** (Nr. 40) für Schmuck und handgearbeitete Accessoires.

Aktiv & Kreativ

Nature Center – Das von der renommierten Massachusetts Audubon Society betriebene **Arcadia Nature Center and Wildlife Sanctuary** (Rte. 10, Richtung Easthampton, Tel. 413 584 3009, Mo–Fr 9–15 Uhr) bietet hübsche Spaziergänge durch ein geschütztes, von vielen Watvogelarten bewohntes Feuchtgebiet.

Abends & Nachts

Kaum zu glauben, aber wer hier nachts auf Trebe geht, hat die Qual der Wahl. Besonders zu empfehlen:
Laut & Gut – **Iron Horse Music Hall:** 20 Center St., Tel. 413 584 0610, Tickets: Tel. 586 8686, www.iheg.com. Die Hall ist die beste Adresse für Livemusik, die fast jeden Abend gespielt wird. Neben beliebten Lokalmatadoren treten hier auch internationale Rockstars auf.

Infos

Greater Northampton Chamber of Commerce: 99 Pleasant St., Northampton, Tel. 413 584 1900, www.explore northampton.com

Amherst ▸ B 9

Dieses 35 000-Einwohner-Städtchen, typisches Neuengland vertretend, konzentriert sich um seinen von schönen Ahornbäumen gesäumten Common. Bücher schleppende Studenten gehören zum Stadtbild: Gleich drei Hochschulen sind in Amherst zu Hause, das ruhmreiche Amherst College am Common, die moderne University of Massachusetts und das Hampshire College am Stadtrand, das sich nur langsam von seinem Hippie-Image zu lösen vermag.

Auf dem efeuumrankten, Altehrwürdigkeit verbreitenden Campus des Amherst College lohnt der Besuch des **Mead Art Museum** (Di–Mi 10–16.30, Do 10–21, Fr–So 10–16.30 Uhr, Mo geschl.) mit seiner erstklassigen Sammlung Alter Meister, bedeutender amerikanischer Schulen, u. a. der Hudson River School, sowie russischer Modernisten.

Emily Dickinson Museum

März–Dez. Mi–So 11–16, Juni–Aug. Mi–So 10–17 Uhr

Am Common strahlt das schöne, von dichtem Grün umgebene Museum (280 Main St.) besonderen Charme aus. Das aus zwei Häusern – dem cremefarbenen Geburtshaus und Heim der Künstlerin, »The Homestead«, und dem von einem Türmchen gekönten »Evergreen«, in dem ihr Bruder lebte – bestehende Museum ist das Ziel einer internationalen Dickinson-Fangemeinde. Geführte Touren durch die nahezu unverändert gebliebenen Räumlichkeiten vermitteln nicht nur einen Eindruck vom Leben und Werk der exzentrischen Lyrikerin, sondern auch vom Alltag der amerikanischen Oberschicht um 1850. Der Höhepunkt jeder Führung ist eher prosaisch: Ihre über 1800 Gedichte, die sie posthum in den Pantheon der amerikanischen Dicherfürsten hievten, schrieb Emily Dickinson in einem nur spärlich möblierten Hinterzimmer– wo der Sekretär angeblich noch immer dort steht, wo sie ihn einst hinrückte.

Über den Norwottuck Rail Trail

Der asphaltierte Radweg (www.mass.gov/dcr/parks/central/nwrt.htm) führt von Amherst ins 16 km entfernte Northampton und quert dabei schönes Farmland und geschütztes Feuchtgebiet.

Übernachten

Detailverliebt – **Allen House Victorian B&B Inn:** 599 Main St., Tel. 413 253 5000, www.allenhouse.com, 75–195 $. Gepflegtes Haus. 6 zeitgenössisch hergerichtete Zimmer. Stadtzentrum.
Günstig – **University Lodge:** 345 N. Pleasant St., Tel. 413 256 8111, 59–140 $. Motelartige Lodge, 20 große Zimmer, Nähe Stadtmitte.

Essen & Trinken

Munter – **The Pub:** 15 East Pleasant St., Tel. 413 549 1200, tgl. 11–1 Uhr, ab 7 $. Solider Pub, ›Wasserloch‹ von Studenten, Jung-Akademikern und fröhlichen Collegekids. Burger, Sandwiches, Salate in oppulenten Portionen.

Abends & Nachts

Zwanglos – **Black Sheep Café:** 79 Main St., Tel. 413 253 3442. Studentenpinte und Deli, fast jeden Abend Livemusik.

Deerfield ►B 9

Mitten in einem Idyll wie in einem Ölschinken aus Opas Zeiten – weite Korn- und Tabakfelder mit roten Scheunen – liegt Deerfield, ein Ort mit gerade 5000 Einwohnern. 1669 begann er als Vorposten der englischen Zivilisation und erlebte diverse Indianerüberfälle. Zweimal wurde er komplett ausgelöscht, zuletzt während des Deerfield Massacre im Winter 1704, bei dem verbündete Indianer und Franzosen 56 Siedler töteten und die restlichen 109 Siedler ins 480 km entfernte Montréal verschleppten. Deerfield kam jedoch wieder hoch – dank seiner Landwirtschaft und der Deerfield Academy, einer angesehenen Preparatory School.

Mohawk Trail
Der schönste Weg von Deerfield nach Williamstown! Nur wenige Kilometer nördlich von Deerfield stößt die Rte. 5 auf die in Ost-West-Richtung verlaufende Rte. 2. Der 101 km lange Abschnitt zwischen Millers Falls und Williamstown ist bekannter als Mohawk Trail. Einem alten Indianertrail folgend, arbeitet sich die Straße durch einen besonders fotogenen und nur dünn besiedelten Teil der Berkshire Hills. Zwischen Florida und North Adams werden die »Hills« zu veritablen Bergen, windet sich der Mohawk Trail in engen Kurven durch eine zusehends raue Berglandschaft.

Anstrengungen zum Erhalt der schönen Häuser an der Hauptstraße mündeten 1952 in die Gründung der Vereinigung Historic Deerfield. Heute sind 14 der über 80 Häuser begehbare Museen und bilden den von 250 Menschen bewohnten Stadtkern gleichen Namens. Das **Hall Tavern Information Center** (tgl. 9.30–16.30 Uhr) gegenüber dem Deerfield Inn organisiert geführte Touren. Sehenswert in dieser Zeitkapsel aus dem 18. Jh. ist v. a. das bereits

1880 eröffnete **Memorial Hall Museum** (8 Memorial St., Mai–Nov. Di–So 11.30–16.30 Uhr) mit seiner volkskundlichen Sammlung aus wilden Tagen, darunter eine 1704 von Tomahawks bearbeitete Tür.

Übernachten

Historisch – **Deerfield Inn:** 81 Old Main St., Tel. 413 774 5587, 1 800 926 3865, www.deerfieldinn.com, 130–260 $. 24 viktorianische Zimmer, eingerichtet mit Originalmöbeln, Repliken und zudem Flachbild-Fernsehern. Gutes Restaurant mit besonders aufmerksamem Service.

Die Berkshires

Nicht viele Gegenden in den USA sind so assoziativ besetzt wie die grünen Berge im Westen von Massachusetts. Hier heißt Urlaub in den Berkshire Hills seit vielen Generationen: Kultur und Natur, beides vom Feinsten und bekömmlich gemischt! Auf Deutsch: In alten Country Inns können Sie die Tage Tee schlürfend und Leute guckend auf der Veranda verbringen und dabei hin und wieder eine gemütliche Autotour durch die sattgrüne Hügellandschaft einschieben, den erholsamen Spaziergang durch stillen Forst inklusive.

Abends gehen Sie dann ins Konzert oder Theater und genießen Künstler von Weltrang bei der Arbeit. Denn der hiesige Veranstaltungskalender würde auch New York City gut anstehen. Dies war nämlich einst die Sommerfrische der Dichter, Künstler und ihrer reichen Bewunderer von der Ostküste. Um 1900 trugen die Berkshires deshalb den Spitznamen ›Inland Newport‹, dank der vielen prächtigen Cottages, in denen das alte Geld sich vom Geldverdienen erholte.

Wie bitte? Das klingt Ihnen ein bisschen arg schläfrig? Keine Sorge: Sie können den Berkshires selbstverständlich auch Ihre persönliche Note geben. Tagsüber barfuß wildromantische Wasserfälle inspizieren? Oder schweißtreibende Trails zu grandiosen Panoramablicken unter die Stiefel nehmen? Und trotzdem am Abend dann in **Tanglewood** den Tag krönen mit einem Picknick, zu dem die Bostoner Symphoniker aufspielen? Auch diese Kombination geht hier, und zwar in allen Variationen. Die Berkshires arbeiten jeglicher Urlaubsform entgegen. Die Täler sind breiter als im Osten, Farmland beherrscht das Bild. Rasch lernen Sie drei Siedlungstypen unterscheiden. Funktionale Stadtzentren aus rotem Backstein wie in Pittsfield erinnern an die Anfänge als frühindustrielle ›Milltown‹. Oft ist ein General Store, der auch Postamt und Tankstelle doubelt, der soziale Mittelpunkt verschlafener Dörfer und Weiler. In Touristenzentren wie Stockbridge oder Lenox dagegen kann die Parkplatzsuche frustrierend wie in Boston sein. Dennoch wirken die Berkshires trotz Tourismus ländlicher als das Pioneer Valley. Und das Allerschönste: Selbst in Stockbridge liegt das pastorale Neuengland keine drei Autominuten entfernt.

Infos

Berkshire Visitors Bureau: 3 Hosaac St., Adams, Tel. 413 743 4500, 1 800 237 5747 (ext. -506, für Hotelreservierungen), www.berkshires.org

Stockbridge ► A 9

Makellos, perfekt, idyllisch: Stockbridge provoziert diese Adjektive am laufenden Band. Allerdings mischen

Weit weg vom Großstadtgetriebe: die Berkshires

sich in den Lobgesang auch andere Töne: Zu schön, um wahr zu sein, urteilen skeptischere Zeitgenossen. Stockbridge, das 1734 als Missionsstation für die Indianer anfing, ist Geschmackssache. Am besten erklärt sich die Popularität des 2500-Einwohner-Städtchens mit Blick auf den 11. September 2001. Nach den Terroranschlägen in Washington und New York kletterten hier die Besucherzahlen steil nach oben. Noch mehr als sonst war nun ›heile Welt‹ gefragt, und Stockbridge vermittelte das umso leichter, als es mit dem beliebtesten Künstler Amerikas gern in einem Atemzug genannt zu werden pflegte. Viele der Postkartenmotive in den Gift Shops stammen nämlich von Norman Rockwell: die schöne Häuserzeile an der Main Street, das Postamt, die Alltagsszenen mit ihren liebevoll gepinselten Charakteren. Und so mag man von der Terrasse des kolonialen **Red Lion Inn** aus den Hochbetrieb auf der Main Street verdammen oder bei einer Tasse Tee entspannt genießen, das kleine, vom ersten Missionar am Ort bewohnte **Mission House** (19 Main St., Mai–Okt. tgl. 10–17 Uhr) besuchen oder auch nicht und vielleicht nach **Chesterwood** (4 Williamsville Rd., Mai–Okt. 10–17 Uhr), dem Sommersitz von Daniel Chester French, pilgern. Der Bildhauer schuf amerikanische Monumente, darunter Abraham Lincoln im Lincoln Memorial von Washington D. C. Ganz sicher aber wird man dem **Norman Rockwell Museum** einen Besuch abstatten (9 Rte. 183, s. S. 158/59).

Hiking-Reviere um Stockbridge

Südlich von Stockbridge, in der äußersten Südwestecke von Massachusetts, liegt der **Bash Bish Falls State Park.** Den nur 30-minütigen Hike durch den dichten Tann bis zu der Stelle, wo das Wasser 20 Meter tief in einen zum Schwimmen einladenden Felsenpool stürzt, zählen Outdoorfreunde zu den schönsten Neuenglands (10 km südl. von South Egremont, Falls Rd.).

Ein anderes schönes Hiking-Revier ist der **October Mountain State Forest** nördlich von Stockbridge bei Lee. Der Appalachian Trail (s. S. 53) ▷ S. 160

Auf Entdeckungstour

Rockwell Museum – Ein Maler der amerikanischen Seele

Kein anderer amerikanischer Künstler malte Amerika schöner. Dabei produzierte Norman Rockwell, wie sein Museum in Stockbridge zeigt, als »America's most beloved artist« nicht nur kitschige Heile-Welt-Themen.

Zeit: 1–2 Stunden, auch für den Spaziergang in den herrlichen Gärten ringsherum.

Planung: Mai–Okt. tgl. 10–17, sonst Mo–Fr 10–16, Sa–So 10–17 Uhr, Eintritt 15 $

Das in einem schönen weißen Bau untergebrachte Museum ist gut gefüllt. Ehrfürchtig schieben sich die Besuchermassen an vier großen Bildern vorbei. Selbst die Erstklässler sind mucksmäuschenstill, als ihre Lehrerin über die Bilder spricht. Es sei Präsident Roosevelts Rede zur Lage der Nation im Jahre 1941 gewesen, sagt sie, die den Maler zu diesen Bildern inspiriert habe. Die Bilderserie heißt »Four Freedoms«. »Freedom of Speech«, das erste Bild, zeigt einen jungen Mann bei einer Rede vor seiner Gemeinde, »Freedom of Worship« Menschen beim Gebet. Eine Familie sitzt bei »Freedom from Want« am gedeckten Tisch. Das eindringlichste Bild ist »Freedom of Fear«. Es stellt ein Kinderzimmer dar. Vater und Mutter decken ihre beiden kleinen Söhne zärtlich zu, wobei der Vater eine gefaltete Tageszeitung hält. Die Schlagzeilen schreien »Bombing«, »Horror« und »Battle of Britain«. Der Maler: Norman Rockwell.

Auf den Titelseiten

Rockwell (1894–1978) wird gern als »America's most beloved artist« bezeichnet. Ronald Reagan nannte ihn seinen Lieblingskünstler. Geboren in New York, lebte und arbeitete er von 1953 an in Stockbridge. Zu diesem Zeitpunkt war er bereits eine Institution: Hob die »Saturday Evening Post« eines seiner Bilder auf ihre Titelseite, stieg die Auflage um 250 000 Exemplare. Insgesamt produzierte er 323 Titelseiten für die »Post«, die erste schon 1916, als er in New York noch Kinderbücher illustrierte. Insgesamt brachten mehr als 80 Magazine seine Bilder auf ihrem Cover.

Rockwells Bildsujets

Spielende Kinder, vom Tagwerk ruhende Erwachsene und gesunde Patienten untersuchende Ärzte zeigten den Amerikanern eine heile, von traditionellen Werten geprägte Welt. Rockwells Detailbesessenheit und sein Talent, eine Botschaft herüberzubringen, machten ihn zum Darling der Anzeigenindustrie. In einer politisch turbulenten Zeit malte Rockwell die Welt so, wie sie sein sollte. Damit machte er sich zwar zum Außenseiter der Kunstszene, doch der breiten Bevölkerung sprach er damit aus dem Herzen.

Kompetente Führung im Museum

Als ›ernsthafter‹ Künstler wurde er erst akzeptiert, als er sich ernsteren Themen zuwandte. So sind seine Werke zum Rassismus – er begleitete die Bürgerrechtsbewegung für ›Look‹ – dunkle Bilder, die die Unmenschlichkeit der Segregation auf den Punkt brachten.

Von jeher ein Schrein gut amerikanischer Normen und Werte, erlebte das Norman Rockwell Museum in Stockbridge nach dem 11. September 2001 einen weiteren Aufschwung: Im Jahr 2002 war es das meistbesuchte Museum in den Berkshire Hills.

Mein Tipp

Guthrie Center

Eine ganze Generation wuchs mit Arlo Guthries Song »Alice's Restaurant« auf. Das Restaurant ist längst geschlossen, doch die Trinity Church, die den Folk-Sänger einst inspirierte, steht südlich von Stockbridge in Great Barrington. 1967 diente sie als Kulisse für den gleichnamigen Film. 1991 kaufte Guthrie die Kirche und verwandelte sie in das multifunktionale Guthrie Center, wo Musik gehört, meditiert und bei Livemusik Bekanntschaft mit Alt-Hippies und 68ern aus allen Teilen der USA geschlossen werden kann. (Trinity Church, 4 Van Deusenville Rd., Tel. 413 528 1955, www.guthriecenter.org, Di–Fr 11–16 Uhr)

zieht durch den schönen Mischwald, ein anderer noch fotogenerer führt zur Schermerhorn Gorge, einem tiefen Riss in der Bergflanke.

Festivals in Stockbridge

Stockbridge ist im Sommer die ideale Basis für den Besuch dreier berühmter Festivals. Das renommierte **Berkshire Theatre Festival** (www.berkshiretheatre.org, Juni–Ende Aug.) findet seit Ende des 19. Jh. in einer umgebauten Scheune an der Main Street statt. Aufgeführt werden alte und neue Produktionen, dargeboten von Broadway-Stars und aus Film und Fernsehen bekannten Schauspielern. Eine halbe Autostunde nordwestlich von Stockbridge liegt an der Rte. 8 der Ort Becket. Hier findet alljährlich das **Jacob's Pillow Dance Festival** (www.jacobspillow.org, Ende Juni–Ende Aug.) statt: International angesehene Truppen wie das Dance Theatre of Harlem präsentieren auf mehreren Bühnen ihre neuesten Produktionen. 20 Autominuten nördlich von Stockbridge liegt Lenox, landesweit bekannt für das **Tanglewood Music Festival** (www.tanglewood.org, Juli/Aug.). Neben den Bostoner Symphonikern, die Dauergäste sind, spielen hier auch international berühmte Solisten aus Pop, Rock und Klassik auf.

Übernachten

Ein Muss – **Red Lion Inn:** 30 Main St., Tel. 413 298 5545, www.redlioninn.com, 90–350 $. Begann 1773 als Postkutschen-Stopp. 111 viktorianisch eingerichtete Zimmer in Haupthaus und separaten ›Guest Houses‹. Uralter Aufzug, drei Restaurants, gemütliche Leseecken in der Lobby, die Veranda ideal für *people watching*.

Stocknüchtern – **Pleasant Valley Motel:** 42 Stockbridge Rd., West St. Tel. 413 232 8511, 50–120 $. Modernes Motel, 16 Zimmer, Tanglewood und Stockbridge sind bequem zu erreichen.

Essen & Trinken

Gediegen – **Red Lion Inn:** Adresse/Tel. s. o. Verfügt über drei Restaurants unterschiedlicher Preisklassen. Im ›Main Dining Room‹ (17–22 Uhr, ab 24 $) wird moderne, mit Rezepten aus aller Welt verfeinerte amerikanische Küche geboten. Sehr zu empfehlen sind Ente, Lachs und Forelle. Etwas entspannter geht es in der ›Widow Bingham's Tavern‹ zu (17–22 Uhr, ab 10 $). Hier gibt es leckere Sandwiches, saftige Steaks und Burger. Im ›Lion's Den‹ (16–24 Uhr, ab 9 $) werden zu Livemusik Pasta- und Pizzagerichte serviert (s. auch S. 25).

Einkaufen

Antiquitäten – Die Stadtväter tun alles, um das rockwelleske Stadtbild zu konservieren. Die charmant-harmlosen Antiquitätengeschäfte und Gift Shops an der **Main Street** sind Teil dieser Bemühungen.

Pittsfield ▶ A 9

Lange Zeit schien Pittsfield alles daranzusetzen, den Besucher schnell wieder loszuwerden. Im 19. Jh. eine blühende Papierfabrikstadt mit multinationaler Arbeiterschaft, hatte es unterwegs in die Gegenwart die Runderneuerung verpasst und galt bis vor wenigen Jahren noch als gesichtsloses Verwaltungszentrum. Heute jedoch empfiehlt sich das Städtchen mit einem makellos restaurierten alten Stadtkern als angenehmer Stopover und Basis für die Erkundung der Umgebung. Und sollten Sie Herman-Melville-Fan sein, könnten Sie hier durchaus einen Tag extra einlegen.

Denn nicht auf dem stickigen Unterdeck eines Walfängers schrieb Melville seinen »Moby Dick«, sondern in einer muffigen Kammer im Obergeschoss seines bis heute persönliche Gegenstände aufbewahrenden **Hauses Arrowhead** (780 Holmes Rd., Mai–Okt. tgl. außer Do 10–16, geführte Touren 11–15 Uhr, stündlich) am Südrand der Stadt. Fast noch interessanter, weil vollgestopft mit Melville-Memorabilia, ist der Herman Melville Memorial Room im **Berkshire Athenaeum,** der Stadtbücherei (1 Wendell Ave., Mo–Do 9–21,Fr 9–17, Sa 10–17 Uhr). Darunter ist auch der Tisch, an dem er »Billy Budd« schrieb.

Hancock Shaker Village

Der wichtigste Grund für eine Reise nach Pittsfield führt allerdings wieder aus der Stadt hinaus. 8,5 km westlich liegt das **Hancock Shaker Village** (Rtes. 20 und 41, s. S. 162). Die Glaubensgemeinschaft der Shaker erlebte ihre Blütezeit im frühen 19. Jh. Heute unterhält nur noch eine Handvoll Brüder und Schwestern eine Siedlung in Süd-Maine. Die Shaker gehören unter anderem wegen ihrer genial einfachen Möbel, die besonders japanische und skandinavische Designer inspirierten, zum Kulturerbe Neuenglands (s. S. 61). Hancock war von 1790 bis 1960 bewohnt. Die 21 Steinhäuser des Museumsdorfes sind noch mit Originalmöbeln eingerichtet, die Besucher erhalten anrührende Einblicke in den Alltag dieser urchristliche Prinzipien lebenden Menschen. Sehenswert ist v. a. das große Brick Dwelling und die Round Stone Barn genannte Rundscheune, deren geniale Anlage es einem einzigen Mann ermöglichte, 54 Kühe gleichzeitig zu füttern.

Übernachten

Schön altmodisch – **Thaddeus Clapp House B & B:** 74 Wendell Ave., Tel. 413 499 6840, www.clapphouse.com, 125–295 $. Die Residenz aus dem Jahr 1871 steht unter Denkmalschutz, sie verfügt über acht nach neu-englischen Promis benannte, zeitgenössisch eingerichtete Suiten.

Essen & Trinken

Gemütlich – **Brix Wine Bar,** 40 West St., Tel. 413 236 9463, Di–Do 17–22, Fr–Sa 17–22.30, So und Mo geschl., ab 11 $. Französisch inspiriertes Bistro mit prachtvoller, handgearbeiteter Theke. Die typischen Bistro-Gerichte, allen voran: Cuisse de Canard und Steak Frites.

Lieblingsort

Hancock Shaker Village

20 Gebäude, schmucklose Architektur in Weiß und Rot: Die einstige ›City of Peace‹ der religiösen Gemeinschaft ist auch heute eine Oase des Friedens. Am meisten beeindruckt mich jedoch, dass die Shaker niemanden zu seinem Glück zwangen. Rund 100 ›Believer‹ lebten und arbeiteten im Brick Dwelling unter einem Dach: die ›Brüder‹ auf der Ost-, die ›Schwestern‹ auf der Westseite, im Wohnbereich nur getrennt durch eine unsichtbare Linie, an die ein Glockenstrang in der Mitte des Korridors erinnerte. Klappte das? Ja. Und doch fanden sich hin und wieder auch zwei. Die ließen die Shaker ziehen. Mit Geld, Kleidung und den besten Wünschen für eine glückliche Zukunft. (Mai–Okt. tgl. 10–17 Uhr, April/Mai, Eintritt 17 $, Okt./Nov. nur geführte Touren, s. auch S. 161)

Williamstown ► A 8/9

Nördlich von Hancock werden die Berkshire Hills steiler und die Täler enger. Williamstown, das College-Städtchen in der Nordwestecke Massachusetts' liegt zu Füßen 1000 m hoher Bergketten. Mit nur 9000 Einwohnern steht es ganz im Zeichen von Kunst und Bildung. Die über 50 noblen Gebäude im Georgian und Federal Style im Zentrum gehören zum ehrwürdigen Williams College, und unter alten Bäumen schleppen gut angezogene Studenten Bücher und Mappen. Ihr abendliches Gravitationszentrum ist die Spring Street, eine hübsche Geschäftsstraße mit Restaurants, Läden und Cafés.

Sterling and Francine Clark Art Institute

tgl. 10–17 Uhr

Weltweit bekannt ist Williamstown jedoch für die Sammlungen des Instituts (225 South St.). Die Sammelleidenschaft der beiden Erben des Singer-Nähmaschinen-Imperiums mündete in eine der besten Kunstgalerien des Landes: Alte Meister und moderne Künstler sowie Schlüsselwerke amerikanischen Kunstschaffens lassen die Zeit in dem klassizistischen Marmorbau wie im Fluge vergehen. Besonders sehenswert: die mehr als 30 Renoirs, die italienischen Renaissance-Meister sowie Raritäten von Toulouse-Lautrec.

Williams College Museum of Art

Di–Sa 10–17, So 13–17 Uhr

Diese Sammlungen (15 Lawrence Hall Dr.) stehen nur wenig dahinter zurück. Von Mesopotamien bis zur Moderne reicht der Längsschnitt menschlichen Kunstschaffens, untergebracht in sehenswerter Museumsarchitektur.

Mein Tipp

Vinyl en masse

Liebhaber alter Schallplatten – jawohl, diese runden schwarzen Scheiben – und seltener CDs werden bei Toonerville Trolley CDs & Records in Williamstown fündig. Spezialität des schummrigen Plattenladens sind nicht mehr aufgelegte Jazz- und Rockaufnahmen. (131 Water St., Tel 413 458 5229)

Übernachten

Elegant – **The Orchards Hotel:** 222 Adams Rd., Tel. 413 458 9611, 1 800 225 1517, www.orchardshotel.com, 140–300 $. Äußerlich eher nüchtern, innen geschmackvoll eingerichtete Zimmer. Exzellentes, französisch inspiriertes Restaurant »Gala«. Die bevorzugte Bleibe von Hollywood-Crews.

Zentral – **Northside Motel:** 45 North St. (gegenüber vom Campus), Tel. 413 458 8107, 70–120 $. Zentral gelegen, saubere Zimmer – eine preiswerte Basis für die Erkundung der Umgebung.

Essen & Trinken

Exotisch – **Spiceroot:** 23 Spring St., Tel. 413 458 5200, tgl. 11–22 Uhr, ab 9 $. Moderne indische Küche in einfachem Setting. Bei Studenten beliebt.

Künstlertreff – **Mezze Bistro & Bar:** 777 Cold Spring Rd. (Rte. 7), Sheep Hill/Williamstown, Tel. 413 458 0123, Juni–Aug. So–Mo 17–21, Di–Do 17–22, Fr–Sa 15–23 Uhr, ab 18 $. Angenehmes, weiträumiges Restaurant am Green River. Funktionales Dekor, »very artsy«. Eklektische Küche mit marrokanischen und kalifornischen Akzenten.

Einkaufen

Kunst und Antiquitäten – Shopping findet an der Spring Street statt. Kunstgalerien und Antiquitätenläden erwarten die auf Besuch weilenden – wohlhabenden – Eltern der Studenten. Besonders schön: die auf zeitgenössische amerikanische Künstler spezialisierte **Harrison Gallery** (Nr. 39, Mo–Sa 10–17.30, So 11–16 Uhr).

Abends & Nachts

Theater – Das **Williamstown Theatre Festival** (Tel. 413 597 3400, www.wtfestival.org, Ende Juni–Aug.) zeigt Klassiker und zeitgenössische Stücke, oft von Broadway-Regisseuren inszeniert, mit Hollywood-Größen besetzt.

North Adams ► A 9

Mass MoCA !

87 Marshall St., Sommer tgl. 10–18, sonst ab 11 Uhr (Di geschl.), geführte Touren

Wie Kunst und Spendengelder eine ganze Stadt wiederbeleben können, zeigt sich in North Adams, einer lange siechenden Fabrikstadt von 18 000 Einwohnern. Hier präsentiert das 1999 eröffnete Massachusetts Museum of Contemporary Arts (Mass MoCA) in 27 Fabrikhallen modernste Kunst als ›work-in-progress‹: Man schaut amerikanischen und internationalen Künstlern bei der Arbeit zu und wandert durch Collagen aus den eigentümlichsten Materialien (s. auch S. 76).

Auf dem Mount Greylock

Die schönste Show liefert jedoch Mutter Natur: Der Rundumblick von dem von North Adams aus auch im Auto bezwingbaren, knapp über 1000 m hohen Mount Greylock über die grünen Gipfel der Region ist der schönste, den Massachusetts zu bieten hat. Bis zu 150 km reicht er bei klarem Wetter. Hoch oben erinnert der 30 m hohe **Memorial Tower** an die Gefallenen der Weltkriege. Die 1937 gebaute **Bascom Lodge** (Tel. 413 743 1591), eine rustikale, aus Feldstein errichtete Herberge für Wanderer, hält 34 Schlafplätze bereit. Autofahrer können den Berg auch auf der Parkroad (zwischen Williamstown und North Adams den Schildern folgend rechts abbiegen) ›bezwingen‹.

Das Gebiet verfügt über ein rund 120 km langes **Trailsystem für Hiker und Mountainbiker.** Der Appalachian Trail kreuzt den Gipfel. Ein sehr schöner Hikingtrail ist der an der Hopper Rd. in Williamstown beginnende Money Brook Trail. Der rund 16 km lange Loop führt auf den Gipfel und passiert unterwegs einen Wasserfall und tolle Aussichtspunkte.

Übernachten

Innovativ – **The Porches Inn:** 231 River St., Tel. 413 664 0400, www.porches.com, 130–250 $. Zimmer in coolem Design, mit Retro-Elementen. In einer sechs ehemalige Arbeiterunterkünfte umfassenden Häuserzeile mit durchgehendem Balkon.

Essen & Trinken

Herzliche Gastfreundschaft – **Gramercy Bistro:** 87 Marshall St. (gegenüber vom MassMoCA), Tel. 413 663 5300, tgl. ab 17 Uhr, Di. geschl., ab 12 $. Neue amerikanische Küche mit Zutaten aus der Region, im klassischen Bistro-Ambiente. Empfehlenswert: Entenbrust mit Cippolini-Zwiebeln.

Das Beste auf einen Blick

Rhode Island

Highlight!

Colonial Newport: Winklige Gassen, alte Häuser: Newports Altstadt gilt heute als eines der am besten erhaltenen Stadtviertel aus der Kolonialzeit und ist mit ihren Gotteshäusern der verschiedensten Konfessionen ein eindrucksvolles Beispiel früher Toleranz. S. 173

Auf Entdeckungstour

Die Newport Mansions: Amerikas Milliardäre, die Astors und Vanderbilts, lebten wie die Könige in Palästen aus Gold und Marmor. Dem heutigen Besucher erscheint ihr Leben unwirklich, ja surreal. Denn die soziale Wirklichkeit damals reflektierte es nicht. S. 174

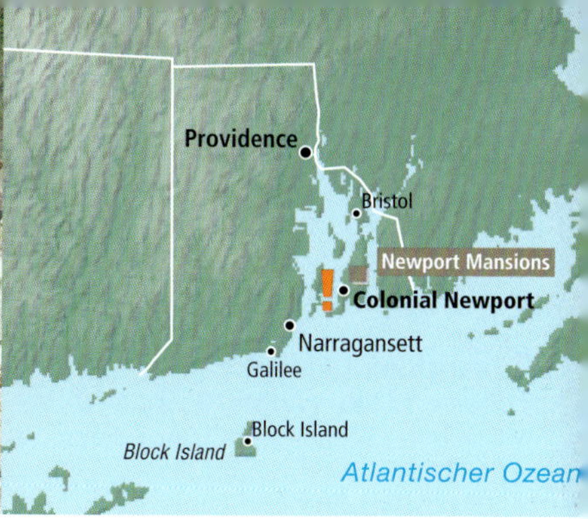

Kultur & Sehenswertes

John Brown House, Providence: Der Bauherr war Sklavenhändler – und Politiker. S. 169

Herreshoff Marine Museum, Bristol: Die herrlich alten Yachten – ein ästhetischer Genuss. S. 172

Touro Synagogue, Newport: Die älteste Synagoge der USA reflektiert die lange Tradition der Toleranz in Rhode Island. S. 173

Aktiv & Kreativ

Cliff Walk, Colonial Newport: Hätte es damals schon Paparazzi gegeben ... Noch heute bietet dieser Spazierweg auf hoher Klippe gute Aussichten in die Gärten der Superreichen. S. 173

Sunset-Kayaking in der Narragansett Bay: In die Abenddämmerung zu paddeln gehört zu den Highlights in der Bay. S. 180

Genießen & Atmosphäre

Waterfire: Kreatives Spiel von Feuer und Wasser nachts auf dem Providence River. S. 171

Gooseberry Beach, Newport: Weißer Sand, grauer Fels, ruhiges Wasser – Erholung pur. S. 177

Blue Dory Inn, Block Island: Nach dem Frühstück greifen Sie zum Badehandtuch und schlendern zum Crescent Beach hinunter. 20,30 Meter. S. 181

Abends & Nachts

Angelo's Civita Farnese: Traditionsreiche Arbeiterkantine in Providence. S. 170

Lupo's Heartbreak Hotel, Providence: Hier geht es nur um das eine: Live-Rock. S. 171

The Boom Boom Boom: Selten traf ein Disco-Name derart ins Schwarze. S. 178

Ein Mini-Bundesstaat

Infobox

Tourist Information

Rhode Island Tourism Division: 315 Iron Horse Way, Suite 101, Providence, RI 02908, Tel. 1 800 250 7384, 401 539 3031, www.visitrhodeisland.com

Anreise und Weiterkommen

Von Boston aus am schnellsten auf der I-95 nach Providence. Von Cape Cod aus auf der I-195 nach Newport. Rhode Island ist der Zwerg unter den US-Bundesstaaten. Auf der Interstate haben Sie ihn in 20 Minuten durchquert.

Mit weißen Segeln gesprenkeltes Meeresblau und elegante Jachthäfen, deren Treiben man von Cafés am Wasser aus zuschaut: Das ist Rhode Island. Doch ›Little Rhody‹, seit jeher Auffangbecken für Andersdenkende und sicherster Stimmengarant der Demokraten, ist auch ausgesprochen geschichtsträchtig. Rund um die Narragansett Bay werden Sie auf viele historische Stätten stoßen, doch keine Sorge: Das Meer bleibt stets in Sichtweite und macht auch das x-te Heimatmuseum erträglich!

Rhode Island verdankt seinen Namen wohl dem holländischen Abenteurer Adrian Block. Der nannte 1614 eine der Inseln in der Narragansett Bay wegen ihres roten Lehmbodens »roode eylandt«. Bald darauf kamen die ersten Siedler – manche gezwungenermaßen. Wegen seiner ›gefährlichen Ansichten‹ – u. a. zur Trennung von Staat und Kirche – aus Salem verbannt, gründete Roger Williams im Jahr 1636 am Ende der Narragansett Bay eine Stadt nach seinem Geschmack. Providence machte als damals einzige mit der viel beschworenen Glaubensfreiheit Ernst und hieß Juden, Quäker und Hugenotten gleichermaßen willkommen. Im King Philip's War (1675/76) entledigte man sich allerdings auch hier der Ureinwohner mit der damals üblichen Brutalität.

Das 18. Jh. brachte dank Dreiecks- und Überseehandel Wohlstand. 1793 begann hier Amerikas Zukunft: In Pawtucket gaben erstmals von Wasserkraft betriebene Webstühle das Startzeichen für die Industrialisierung. Zugleich erhellte Walöl aus Newport weltweit die guten Stuben. Dann bauten Vanderbilt & Co. hier ihre Sommerresidenzen und machten Rhode Island zum Darling der Ostküsten-Schickeria. Das 20. Jh. sah mehr Höhen als Tiefen: Die nach 1945 durch die abwandernde Textilindustrie und den Bankencrash von 1990 verursachten Krisen konnten dank einer rechtzeitigen Diversifizierung der verarbeitenden Industrie abgefedert werden.

Providence ► C/D 10

Noch vor 20 Jahren war die Innenstadt von Providence so gut wie tot. Ein Drittel der Einwohner war fortgezogen, die City ausgestorben. Heute gilt die Hauptstadt von Rhode Island als Musterbeispiel urbaner Erneuerung – nicht zuletzt auch dank der Bemühungen eines flamboyanten Bürgermeisters namens Vincent »Buddy« Cianci, der der Stadt nicht nur 20 Jahre lang vorstand, sondern der auch auch dank seiner Verbindungen zur Mafia 2002 im Gefängnis landete. So ist das lange verlotterte Art-déco-Biltmore wieder ein

5-Sterne-Hotel, aus einem der maroden Kaufhäuser wurde Lupo's Heartbreak Hotel, eine der besten Live-Rock-Bühnen der Ostküste, und das abgeblätterte Loews-Kino mutierte zum Providence Performing Arts Center. Hausbesitzer erhielten Steuernachlässe, wenn sie ihre leer stehenden Immobilien in Wohnraum verwandelten, Künstler wurden steuerlich begünstigt, ihre Arbeit subventioniert. Das Resultat: eine vibrierende, kosmopolitisch wirkende Innenstadt, die ihre Renaissance alljährlich an den Sommerwochenenden mit dem Festival Waterfire feiert: Die beiden Flüsse der Stadt werden dann von Fackeln erleuchtet, und die Straßenkünstler zaubern Jahrmarktatmosphäre.

Downtown

Der Providence River trennt die Downtown vom Wohn- und Universitätsviertel College Hill auf dem gleichnamigen Hügel. Den typischen Common mit Kirche sucht man vergebens: Roger Williams setzte die Trennung von Staat und Kirche auch im Stadtbild durch. Das **Roger Williams National Memorial** (North Main und Smith Sts.), ein schöner Park an der Stelle der ersten Siedlung, erinnert an den Freidenker, dessen Geburtstag sich 2003 zum 400. Mal jährte. In Sichtweite erhebt sich machtvoll das auf den Smith Hill gesetzte **Rhode Island State House** (Mo–Fr 10–12, 13–16 Uhr) über der City. Gekrönt von der zweitgrößten selbsttragenden Kuppel der Welt, beherbergen die heiligen Hallen des 1901 bezogenen Regierungssitzes u. a. das königliche Toleranzedikt und Respekt einflößende Gemälde mit vaterländischen Themen und verdienter Polit-Prominenz. Von den Stufen des State House reicht der Blick über den schönen, mit Lagunen und Kanälen gelifteten **Waterplace Park**, ein Hauptschauplatz von Waterfire, und die ebenfalls restaurierte **Providence Place Mall** bis zur baulich kompakten, eklektischen Innenstadt. Sehenswert sind hier die 1828 eröffnete **Arcade,** Amerikas älteste Shopping Mall im Stil des Greek Revival, und die 1898 im Beaux-Arts-Stil gebaute **Union Station,** der ehemalige Bahnhof. 200 der über 600 Restaurants von Providence wurden während der letzten sechs Jahre eröffnet, viele davon am Waterplace Park und rund um die sehr italienische DePasquale Plaza auf dem **Federal Hill** im Westen, dem Little Italy der Stadt.

College Hill

Auch an der South Main Street am Fuß von College Hill gibt es neue Essstuben en masse. Bei einem Cappuccino lässt es sich hier zwischen der Besichtigung des **First Baptist Meeting House** (75 North Main St., Mo–Fr 10–12, 13–16 Uhr), der ältesten Baptistenkirche der USA, und der Erstürmung des recht steilen Hügels auftanken.

College Hill ist das älteste Wohnviertel der Stadt und begann rund um die **Benefit Street.** Wohlhabende Kaufleute hinterließen hier genug Prachtbauten, damit sie als ›Mile of History‹ gefeiert wird. Sehenswert sind v. a. das **Old State House** (Nr. 150, Mo–Fr 8.30–16.30 Uhr), wo dem König bereits zwei Monate vor der Unabhängigkeitserklärung die Gefolgschaft aufgekündigt wurde, und das **Rhode Island School of Design Museum** (Nr. 224, Di–So 10–17 Uhr), das sowohl antike als auch asiatische Kunst zeigt.

Das georgianische **John Brown House** (Ecke Power St., Führungen April–Nov. Di–Fr 13.30 und 15, Sa 10.30, 12, 13.30 und 15 Uhr) mit seinem herrlichen Mobiliar gehörte einem besonders umtriebigen Mitglied der hier allgegenwärtigen Brown-Familie, die im 18. und 19. Jh. viele Prominente hervorbrachte: John Brown machte sein Geld im China- und Sklavenhandel und war zugleich amerikanischer Patriot und Staatsmann der ersten Stunde. Sein im Jahr 1788 erbautes Haus galt bei seiner Fertigstellung als das prächtigste des Landes.

Die Namensgeberin des Hügels liegt noch weiter oben. 1764 in Warren gegründet und 1804 nach Providence überführt, ist die **Brown University** die drittälteste Hochschule Neuenglands und eine der prestigeträchtigsten der USA. Den von alten Bäumen bestandenen Kern der Denkanstalt betritt man durch die mittelalterlich wirkenden Van Winckle Gates. Bücherwürmer sollten auf dem College Green unbedingt einen Blick in die Bibliothek, die **John Carter Brown Library,** werfen (George und Brown Sts., Mo–Fr 8.30–17, Sa 9–12 Uhr). Das Beaux-Arts-Gebäude beherbergt eine sehr schöne Sammlung amerikanischer Bücher aus dem 18. Jh.

Übernachten

Alt und schön – **The Providence Biltmore:** 11 Dorrance St., Tel. 401 421 0700, 1 800 294 7709, Fax 455 3040, www.providencebiltmore.com, 130–300 $. 290 angenehme Zimmer, sehenswerte Freitreppe in der Lobby, gläserner Außenlift, zentral in der Downtown.
iPod von innen – **Hotel Dolce Villa:** 63 DePasquale Square, Tel. 401 383 7031, www.dolcevillari.com, 170–270 $. Mitten in Little Italy auf dem Federal Hill liegendes All-Suites-Hotel. Geräumige, schneeweiß gehaltene Zimmer mit Kitchenettes. Cafés, Gelaterias und Ristorantes vor der Haustür.

Essen & Trinken

Francais? Un peu … – **Chez Pascal:** 960 Hope St. (Ecke 9th St.), Tel. 401 421 4422, Mo–Do 17.30–21.30, Fr–Sa 17.30–22 Uhr, ab 20 $. Klassische französische Küche aus marktfrischen Produkten mit dezentem Einsatz von Gewürzen.
Lifestylig – **Waterman Grille:** 4 Richmond Sq., Tel. 401 521 9229, Mo–Do 17–21, Fr–Sa 17–22, So 16–20 Uhr, ab 14,50 $. Neue amerikanische Küche mit Einflüssen aus aller Welt in einer Atmosphäre aus roten Ziegeln, alten Balken und großen Fenstern mit Blick auf den Seekonk River.
Familiär – **Angelo's Civita Farnese:** 141 Atwells Ave., Tel. 401 621 8171, Mo–Do 11.30–21, Fr–Sa 11.30–22, So 12–21 Uhr, ab 8 $. Guter Italiener auf dem Federal Hill, füttert die Nachbarschaft bereits seit über 80 Jahren mit solider italienischer Küche.

Einkaufen

Malls – Rund 200 Läden, darunter Nordstrom, Sony und Tiffany, und viele trendige Restaurants und Bistros gibt es in der neueren **Providence Place Mall** (1 Providence Place, Mo–Sa 10–21, So 12–18 Uhr). Buchläden und schrille Boutiquen finden Sie an der **Thayer Street** auf dem College Hill. Ein kulinarisches Erlebnis ist der Besuch bei **Costatino´s Venda Ravioli** (265 Atwells Ave., Tel. 401 421 9105, Mo–Sa 8.30–18, So 8.30–16 Uhr) in Little Italy. Unter den Köstlichkeiten aus Italien biegen sich Theken und Auslagen, es gibt auch ein kleines Café.

Abends & Nachts

Die hinter der Uni verlaufende **Thayer Street** ist die Bistro- und Kneipenmeile.

Das Theater des **Providence Performing Arts Center** (220 Weybosset St., Tel. 401 421 2997, www.ppacri.org) mit seinen 3200 Plätzen ist die Heimat der Rhode-Island-Philharmoniker. Es bringt nicht nur den »Nussknacker«, sondern auch Van Morrison und Liza Minelli auf die Bühne. In **Lupo's Heartbreak Hotel** (79 Washington St., Tel. 401 272 5876, www.lupos.com) treten regionale wie nationale Top-Acts (Rock, Pop, Folk, Blues) auf.

Infos & Termine

Providence Warwick Convention & Visitors Bureau: 144 Westminster St., Providence, Tel. 401 456 0200, www.goprovidence.com

Waterfire: An den Sommerwochenenden spiegeln sich nächtens Fackeln im Wasser (www.waterfire.org)

Abstecher von Providence ►C 10

Pawtucket

Der Grund, in das über 900 000 Einwohner zählende Ballungsgebiet rund um Providence vorzustoßen, heißt Pawtucket. Die Stadt am Blackstone River gilt als Wiege der Industrialisierung Amerikas. Im Jahre 1793 machte sich Samuel Slater mit Know-how aus England die Wasserkraft des Flusses zunutze und baute hier mit Geld der

Die Silhouette von Providence spiegelt sich im Wasser

Brown-Familie die erste mechanische Baumwollspinnerei der Neuen Welt. Heute ist die Slater Mill, ein großes, mehrfach erweitertes Steinhaus mit erhaltenem Maschinenpark, Teil der **Slater Mill Historic Site** (67 Roosevelt Ave., Mai–Okt. Di–So 10–17 Uhr), zu der auch noch die historische **Wilkinson Mill** mit ihrem 8 t schweren Wasserrad gehört.

Bristol ► Karte 2 A 4

Das in einer Bucht liegende, hübsche Städtchen auf halbem Weg nach Newport erinnert mit herrschaftlicher, aus dem Dreieckshandel finanzierter Architektur an die Blüte im 18. und frühen 19. Jh. Wenn Sie sich für schöne Segelschiffe begeistern können, sind Sie hier richtig. In den Hallen der Herreshoff Manufacturing Co., die bis 1945 einige der schnellsten Segler der Welt baute, zeigt heute das **Herreshoff Marine Museum** (1 Burnside St., Mai–Okt. tgl. 10–17 Uhr) rund 60 ihrer Paradeboote, darunter die bei Regatten siegreiche ›Sprite‹ von 1859. Ein eigener Saal beherbergt die ›America's Cup Hall of Fame‹ – Herreshoff allein baute sieben Sieger-Segler. Unweit davon informiert das erstklassige, zur Brown University gehörende **Haffenreffer Museum of Anthropology** (Metacom Ave. und Tower Rd., Juni–Aug. Di–So 11–17, sonst Sa–So 11–17 Uhr) über die traditionellen Kulturen der amerikanischen Ureinwohner, vor allem über die Wampanoag, die nicht weit von hier die erste Schlacht des King Philip's War schlugen.

Last but not least **Blithewold Mansion, Garden & Arboretum** (101 Ferry Rd., April–Sept. Mi–Sa 10–16, So 10–15, Gärten tgl. 10–17 Uhr). Der 1908 gebaute 45-Zimmer-Palast des Industrie-Kapitäns Augustus van Winkle lädt mit seinem herrlichen Garten zu erholsamen Spaziergängen mit Meerblick ein.

Newport ► D 10

Die Stadt, so schwärmen Rhode-Island-Broschüren, habe die meisten Sehenswürdigkeiten mit ›Muss-Charakter‹ im Staat. Sie werden feststellen, dass dies stimmt: Die Stadt am Eingang zur Narragansett Bay lohnt mindestens eine Übernachtung. Abends sitzen Sie dann in einer der lauten Hafenkneipen, lassen die Blicke über die teuersten Jachten der Welt schweifen, und Sie werden noch immer ungläubig den Kopf schütteln, wenn Sie Ihre tagsüber absolvierte Besichtigungstour durch die protzigen »Mansions« von Newport einmal mehr Revue passieren lassen.

Newport, 1639 wie Providence als Zufluchtsort für Andersdenkende gegründet, wurde durch den Dreieckshandel reich und vom Unabhängigkeitskrieg ruiniert – zu seinem Vorteil, kann es sich heute doch der höchsten Konzentration kolonialer Gebäude in

Mein Tipp

Zum Weißen Pferd

Die 1687 eröffnete **White Horse Tavern** in Newport ist Amerikas ältestes, durchgehend betriebenes Gasthaus. William Mayes baute es 1673, sein gleichnamiger Sohn übernahm es, nachdem er sich vom Piratenleben zurückgezogen hatte. Heute bietet die White Horse Tavern neue amerikanische Küche in kolonialem Ambiente. Sehenswert sind die vielen Ölgemälde und die mächtigen Kamine. (26 Marlborough St., Tel. 401 849 3600, tgl. 11.30–14.30. 17.30–22 Uhr, ab 17 $)

den USA rühmen. Nach dem Bürgerkrieg 1861 bis 1869 entdeckten die Superreichen den Ort als Bühne ihrer Eitelkeiten. Am Südrand der Stadt schufen sie sich ihr Theater, zunächst mit einfach nur großen Residenzen, schließlich, einander ausstechend, mit Schlössern, nach denen sich Europas Herrscher die Finger geleckt hätten. Auf sportlichem Gebiet waren Astor, Vanderbilt & Co. Trendsetter: 1881 erlebte Amerika hier die ersten Tennis Open, 1894 die ersten Golf Open. Aus den Regatten der reichen Freizeitskipper entwickelte sich der America's Cup, der von 1930 bis 1983 hier ausgerichtet wurde und Newport zur »Seglerhauptstadt der Welt« machte. Heute lebt Newport hauptsächlich vom Tourismus, und die Fischkutter – längst auf Hummerfang umgerüstet – dümpeln im Schatten weißer Luxusjachten. Ende August erlebt die im Sommer eh aus allen Nähten platzende Stadt eine weitere Invasion, wenn das dreitägige Newport Jazz Festival Musikfans aus aller Welt herbeilockt.

Colonial Newport!

Die Stadtväter konnten nach dem Unabhängigkeitskrieg gerade mal das Aufräumen finanzieren. Für Abrissarbeiten, geschweige denn Neubauten, fehlte lange das Geld. Mehr als 200 Häuser aus der Kolonialzeit haben deswegen in Newport überlebt: Heute gilt der historische Stadtkern als koloniales Kleinod. Der Touristenrummel sollte Sie nicht von einer Besichtigung abhalten, denn rund um den sympathischen **Washington Square** konzentrieren sich einzigartige Zeugnisse der Geschichte.

Die beste Einführung gibt das **Museum of Newport History** (127 Thames St., tgl. 10–17 Uhr) im Brick Market (1762 erbaut).

Der Cliff Walk

www-cliffwalk.com

Der schönste Spaziergang in Rhode Island beginnt an der Ecke Memorial Blvd. und Eustie Ave. am Westende des Easton's Beach und begleitet den Atlantik über 5 km auf hoher Klippe. Dass Sie auf ihm Vanderbilts & Co. in die Gärten schauen können, haben Sie einer kleinen Schar kämpferischer Fischer zu verdanken. Die hatten um 1900 die Gerichte bemüht, weil die hier bauenden Superreichen ihren Pfad schließen wollten. Mit Erfolg: Heute können auch Spaziergänger Zaungäste spielen. Und nicht nur die Rückseiten der Mansions bestaunen, sondern auch den Blick aufs Meer genießen.

Old Colony House

Mo–Fr 9.30–12, 13–16, Sa–So 9.30–12 Uhr

Ebenfalls am Platz gelegen, war das Haus 1739 bis 1900 Regierungssitz Rhode Islands und hat große Politik hautnah erlebt: Zwei Monate vor allen anderen erklärte sich Rhode Island hier als erste Kolonie für unabhängig. Später traf sich George Washington in diesem Haus mit dem französischen General Rochambeau zur Vorbereitung der kriegsentscheidenden Belagerung von Yorktown.

Touro Synagogue

Führungen Juli–Sept. 10–16 Uhr, jede halbe Stunde. Do 10–18 Uhr; sonst So–Fr 11–14 Uhr

Durch britische Kanonen wurde das Old Colony House 1781 schwer beschädigt, daher mussten die Rebellen ihre Versammlungen zeitweise in die Synagoge (85 Touro St.) verlegen. Sie wurde 1763 eingeweiht, ist innen mit 12 die Stämme Israels symbolisierenden Säulen versehen und sephardischem Dekor geschmückt. ▷ S. 177

Auf Entdeckungstour

Die Newport Mansions – Pomp und Proletariat

In den Newport Mansions frönten Amerikas erste Superreiche obszöner Maßlosigkeit. Während der geführten Touren staunt man über den Luxus, der hier im »Gilded Age« ungeniert zur Schau gestellt wurde.

Für wen: Alle, die sich für amerikanische Sozialgeschichte interessieren.

Zeit: 2–4 Stunden

Planung: Beechwood (www.astorsbeechwood.com; Jan. geschl.); Marble House (s. Abb.), The Elms, Rosecliff und The Breakers (ab 9 bzw. 10 Uhr), Eintritt: ab 14 $; verschiedene Ticket-Kombinationen, s. Preservation Society of Newport, Tel. 401 847 1000, www.newportmansions.org. Tickets online oder in den Mansions. Nur geführte Touren.

Start: The Breakers

Newport um 1890: Die Ideale Emersons und Thoreaus sind nur noch Schall und Rauch. Nur eines zählt noch: Geld. Die Ära, die in Anlehnung an einen Romantitel Mark Twains als »Gilded Age« (Goldenes Zeitalter) bezeichnet wird, erhielt mit den Mansions von Newport ihr berauschendstes Denkmal. Es war die Zeit der Selfmademen und der Industriekapitäne, vor Umsatzsteuer und Anti-Trust-Gesetzen: Cornelius Vanderbilt & Co. häuften märchenhafte Vermögen an. Die Industrialisierung machte das Land wohlhabend und einige märchenhaft reich.

Die überwältigende Mehrheit der Amerikaner blieb jedoch bitterarm. 1890 verdienten 11 der 12 Mio. Familien des Landes weniger als 1200 $ im Jahr. Landflucht und Einwanderung spülten immer mehr Arbeitssuchende in die bereits aus allen Nähten platzenden Städte. Dort regierte das Recht des Stärkeren. Martin Scorsese hat den Überlebenskampf der Unterprivilegierten in »Gangs of New York« (2002) eindrucksvoll festgehalten.

Arbeitskampf ...

In den 1880er-Jahren entlud sich die soziale Ungerechtigkeit in gewaltsamen Arbeitskämpfen. Allein im Jahre 1886 streikten 700 000 Arbeiter. Die Unternehmer reagierten mit aller Härte. Schon während des landesweiten Great Railroad Strike von 1877 ließen sie auf ihre Arbeiter schießen: 11 Tote, 40 Verwundete. Besonders hart gingen die Industriellen gegen die noch jungen Gewerkschaften vor. 1886 streikten landesweit 340 000 Arbeiter für den Acht-Stunden-Tag. Als in Chicago die Polizei eine Arbeiterversammlung gewaltsam auflöste, explodierte eine Bombe und tötete einen Polizisten. Daraufhin wurden vier Arbeiterführer verhaftet und gehängt.

In den 1890er-Jahren erlebte Amerika schließlich die schlimmsten Arbeitskämpfe seiner Geschichte. Allein der Streik bei der Pullman Palace Car Company, einem Hersteller von Eisenbahnwaggons, führte zu Demonstrationen und Straßenschlachten in 26 Bundesstaaten. Wie alle vorherigen erreichte auch dieser Ausstand sein Ziel übrigens nicht. Die Anführer wurden inhaftiert.

... und Geldadel-Probleme

Und was geschah unterdessen in Newport? Auch die aus altem holländischem Geschlecht stammende Caroline Astor kämpfte. Allerdings nicht auf Leben und Tod – obwohl sie das sicher anders sah. Denn das Undenkbare war geschehen: Ihre geheime Liste der 400, die die Namen der Vertreter des sogenannten ›alten Geldes‹, nicht aber

Prächtig: Beechwood Mansion

die der Aufsteiger als potenzielle Gäste ihrer Partys enthielt, war der Presse zugespielt worden. Eine Katastrophe für die Trendsetterin, die ihre Führungsrolle daraufhin an die neureiche Alva Vanderbilt verlor.

Die Mansions

Die meisten der 15 Mansions, der Villen, liegen an den Avenuen Bellevue und Harrison sowie am Ocean Drive. Bei Zeitmangel sollten Sie sich auf Beechwood und The Breakers konzentrieren. Sie spiegeln den Lifestyle der Neureichen und des alten Geldes am besten wider.

Den lebendigsten Eindruck vom dekadenten Leben der Ostküsten-Aristokratie erhält man in **Beechwood** (580 Bellevue Ave.). In dem italienisch inspirierten Palazzo von 1857 hielt ›The Mrs. Astor‹ Hof, die Königin der Newport Society. Wer auf ihrer Liste stand, ›gehörte dazu‹, durfte auf eine Einladung in ihren legendären Ballsaal hoffen. Kostümierte ›Butler‹ und ›Hausmädchen‹, Mitglieder der Beechwood Theatre Company, machen die Führung für heutige Besucher zu einer amüsanten Inszenierung.

Was Cornelius Vanderbilt II. mit **The Breakers** (44 Ochre Point Ave., April–Okt. tgl. 10–18 Uhr, Nov.–März wechselnde Öffnungszeiten) bezweckte, als er es Anfang der 1890er bauen ließ, ist augenfällig: Sein klotziger Renaissance-Palast sollte der größte sein. Auch William K. Vanderbilt wusste seine Gäste zu beeindrucken. Sein **Marble House** (596 Bellevue Ave., s. S. 174) ist den Loire-Schlössern nachempfunden und noch protziger als The Breakers eingerichtet.

The Elms (367 Bellevue Ave.) ahmt französischen Klassizismus nach und war 1899 fertiggestellt. Es gehörte dem Kohlebaron Edward Julius Berwind und verfügt über einen gelungenen Ballsaal. Die größte Tanzhalle besaß jedoch Mrs. Oelrichs, eine andere Konkurrentin der Astors. In ihrem vom Grand Trianon in Versailles inspirierten **Rosecliff** (548 Bellevue Ave.) zelebrierte sie verschwenderische Bälle.

Bei einer Fahrt auf dem Ocean Drive kann man sich von dieser Materialschlacht erholen. Die auf einem Hügel links der Straße liegende **Hammersmith Farm** ist nicht mehr zu besichtigen. Das schöne Anwesen – Jackie Bouvier und JFK gaben sich 1953 hier das Jawort – ist nach Jahren als Kennedy-Schrein wieder in Privatbesitz.

Man zeigt, was man hat: reich gedeckte Tafel für den Newporter Geldadel

Die älteste Synagoge Nordamerikas gilt als Beweis für die Toleranz der Newporter.

Weiteres Sehenswertes

Selbst den mit dem heftig kritisierten Mutterland assoziierten Anglikanern genehmigten sie 1726 mit der schneeweißen **Trinity Church** ein Gotteshaus (Queen Anne Sq., tgl. 10–16 Uhr). Ganz in der Nähe steht im Touro Park ein Gebäude, über dessen Ursprung viel diskutiert wurde: Der Baumeister von **Old Stone Mill** (Mill St., Ecke Bellevue Ave.), einem 9 m hohen, aus Feldsteinen gebauten Turm auf bogenförmigen Säulen, ist unbekannt – was zu wilden Spekulationen führte. Manche behaupten, der Turm stamme von den Wikingern. Wie dem auch sei: Beim Sundowner in einer Bar auf der **Long Wharf** sieht man schlanke Segler am Pier liegen und kann sich einbilden, es seien die Langschiffe der Nordmänner.

Strände bei Newport

Bei so viel Meer ist es gut möglich, dass Newports Strände stärker locken als alle Sehenswürdigkeiten. Der schönste, **Gooseberry Beach,** liegt am **Ocean Drive,** ein idyllischer, von Felsen umgebener Sandstrand mit Parkplatz, Duschen und Umkleiden. Leicht erreichbar ist auch der weitläufigere, am Memorial Boulevard liegende **Easton's Beach,** auch First Beach genannt.

Übernachten

Klassisch – **Hotel Viking:** 1 Bellevue Ave., Tel. 401 847 3300, 1 800 556 7126, www.hotelviking.com, 120–340 $. Die Astors schliefen hier, die Kennedys auch: Das 1926 erbaute Hotel Viking, ein Mitglied der Historic Hotels of America, erinnert mit viel Plüsch und Mahagoni an das Goldene Zeitalter.

Charmant – **Pilgrim House:** 123 Spring St., Tel. 401 846 0040, 1 800 525 8373, www.pilgrimhouseinn.com, 100–230 $. Gepflegtes Stadthaus mit elf großen Zimmern. Frühstück auf der Dachterrasse. 5 Min. zum Cliff Walk.

Trendy – **Mill Street Inn:** 75 Mill St., Tel. 401 849 9500, 1 800 392 1316, www.millstreetinn.com, 135–380 $. Entspanntes, 2006 vollständig renoviertes Boutiquehotel in einer alten Mühle. 23 Suiten im urbanen Design-Look.

Essen & Trinken

Verlässlich – **The Mooring:** Sayer's Wharf, Tel. 401 846 2260, So–Do 11.30–21, Fr–Sa 11.30–22 Uhr, ab 20 $. Seit langem beliebt dank seiner leckeren Seafood-Gerichte – und der schönen Blicke auf Hafen und Sonnenuntergänge.

Newport-Legende – **Clarke Cooke House:** Bannister's Wharf, Tel. 401 849 2900, tgl. 11.30–22.30 Uhr, ab 18 $. Seit Generationen Treffpunkt für Einheimische wie Touristen. Restaurants und Bars auf mehreren Etagen, schöner Blick auf den Jachthafen. Seafood, Schwertfisch, gewürzte Pastagerichte.

Elegant – **H2O:** 359 Thames St., Tel. 401 849 4466, tgl. 11–1 Uhr, ab 14 $. Newports neuestes Restaurant mit Hafenblick: urban-relaxtes Design, erfindungsreiche Küche, mit starker ›Schlagseite‹ zu Seafoodgerichten wie »Coconut Crusted Mahi Mahi« und »New England Lobster«.

Einkaufen

Nautisch – Das Steuerrad auf dem T-Shirt und Segelschiffe auf Kaffeetassen: Wenig wundert's, dass das Einkaufserlebnis in Newport auf diese Weise geprägt ist. Dennoch kommt man hier auf seine Kosten. Die meisten

Bannister's Wharf, lebhafter Anziehungspunkt in Newport

Läden, Boutiquen und Galerien liegen an der **Thames St.** und an den **Piers.**

Abends & Nachts

Nicht nur während des traditionellen ›Spring Break‹, der Osterferien der College Kids, geht es rund in Newport. An Sommerwochenenden ist die Altstadt fest in der Hand amerikanischer Twens. Ihr Revier: die Bars und Discos an der Thames Street.

Populär – **The Boom Boom Boom:** Bannister's Wharf (unter dem Candy Store), Tel. 401 849 2900, Fr–Sa 21–1 Uhr. Berühmt-berüchtigter Tanzboden für alle ›Stämme‹ und Altersgruppen. Die DJs spielen Sinatra bis Black Eyed Peas.

Stilecht – **Newport Blues Café:** 286 Thames St., Tel. 401 841 5510. Gute Livemusik ist hier zu hören.

Cool – **Dockside:** 1 Waites Wharf, Tel. 401 846 3600, bis zum Morgengrauen. Essen, trinken und zu cooler Livemusik schwoofen und den Blick auf den Yachthafen genießen ...

Infos

Newport Information Center: 23 America's Cup Ave., Tel. 401/849 8048, 1 800 326 6030, www.gonewport.com
Newport Reservations: Tel. 401 842 0102, 1 800 842 0102. Reservierungen für Hotels, Motels und B & Bs.

South County ► C 10

Rhode Island ist der einzige Neuengland-Staat, der keine ›Covered Bridge‹ besitzt. Dafür hat er jedoch die elegante Newport Bridge und die Jamestown Bridge. Auf ihnen gelangen Sie von Newport aus über die Narragansett Bay in den South County genannten Südwesten von ›Little Rhody‹. Hauptgrund für einen Abstecher hierher sind die beliebten Strände. Die Atmosphäre hier ist entschieden entspannter als drüben in Newport: Braun gebrannte Boys und Girls fahren in alten Pick-ups durch die Gegend, und oft ist das Schlurfen von Badeschlappen – neben dem Wind in den Dünen – das einzige zu hörende Geräusch.

Kolonialdörfer wie **Wickford** mit seinen schattigen Alleen – hier entstanden die Außenaufnahmen zu dem Film »The Witches of Eastwick« (Die Hexen von Eastwick) (1987) – oder das ländliche **Kingston** mit der University of Rhode Island lassen den Rummel von Newport schnell vergessen.

Infos

South County Tourism Council: 4808 Tower Hill Rd., Wakefield, Tel. 401 789 4422, 1 800 548 4662, Fax 789 4437, www.southcountyri.com

Narragansett ► C/D 10

Erstmals die Badehose auspacken kann man mitten in **Narragansett.** Das Städtchen bietet an der Boston Neck Road in einer weitläufigen Bucht einen netten, 700 m langen **Sandstrand.** Der mittelalterlich aussehende Turm am Südende gehört zum Narragansett Casino Resort, mit dem man einst Newport Konkurrenz machte, bis es im Jahr 1900 einer Feuersbrunst zum Opfer fiel. Heute ist hier ein kleines Museum untergebracht.

Detailreicher ist allerdings das in der alten Canonchet Farm untergebrachte **South County Museum** (Strathmore St., Mai–Juni, Sept.–Okt. Fr–Sa 10–16, So 12–16, Juli/Aug. Mi–Sa 10–16, So 12–16 Uhr), zu dem am Ortseingang eine Straße landeinwärts abbiegt. Hier haben die Pioniere und Farmer der Umgebung ihr Gerät und Handwerkszeug abgegeben, der Besucher erhält so einen Eindruck vom ländlichen Alltag vor der Industrialisierung. Die Ocean Road verlässt Narragansett Richtung Süden. Am Ende der Straße, am achteckigen **Point Judith Lighthouse,** fließen Wiesen, Dünen, Strände und Meer zu einem Aquarell in Grün, Gelb und Blau zusammen.

Beliebte Strände

Unweit von Point Judith liegt der bei Familien beliebte **Roger Wheeler State Beach.** Etwas weiter östlich lockt am Ocean Drive der **Scarborough State Beach** vor allem junge Leute an.

Übernachten

Friedvoll – **Haddie Pierce House:** 146 Boston Neck Rd., Wickford, Tel. 401 294 7674, www.haddiepierce.com, 140–160 $. Hellblaues Schmuckstück von 1906, mit ›Widow Walk‹ und fünf mit Liebe zu Details eingerichteten Zimmern. Opulentes Frühstück, WiFi.

Romantisch – **Tower House B&B:** 46 Earles Ct., Narragansett, Tel. 401 783 3787, www.towerhousebandb.com, 115–195 $. Vier große Zimmer und Suiten in einer alten Villa, umgeben von üppigen Gärten. Strand und Restaurants in Fußgängernähe.

Essen & Trinken

Immer prima – **Coast Guard House:** 40 Ocean Rd., Tel. 401 789 0700, Mo–Do 11.30–15, 17–22, Fr 11.30–15, 17–23, Sa

17–23, So 10–14, 16–22 Uhr, ab 18 $. Neben dem alten Kasino. Solides Seafood, gute Fischsuppen, Steaks und Koteletts. Vor allem aber: ein toller Meeresblick.

Aktiv & Kreativ

Kayaking – Das **Kayak Centre of Rhode Island** bietet von seiner Niederlassung in Wickford aus verschiedene geführte Kayaktouren in der Narragansett Bay und nach Block Island an. Ein Leckerbissen: die zweistündige Paddeltour in den Sonnenuntergang (9 Philips St., Tel. 401 295 4400, www.kayakcentre.com).

Galilee ▸ C 10

Der Fischerort Galilee ist alles, was Neuengland sonst nicht ist: ungeschminkt, windschief, hemdsärmelig. Von ein paar kleinen Fischfabriken weht säuerlicher Geruch herüber, die Main Street ist schlaglochübersät. Knorrige Fischer sitzen in Fish & Chips-Buden, braun gebrannte Teenager hängen in Surfbrettläden herum: Galilee könnte ebenso gut auch nördlich von San Francisco liegen. Doch viele Besucher wollen gleich weiter und steuern zielstrebig die große Pier an.

Übernachten

Praktisch – **Lighthouse Inn:** 307 Great Island Rd., Tel. 401 789 9341, 1 877 789 9341, www.lighthouse-inn-ri.com, 110–160 $. Motelähnliche 100-Zimmer-Unterkunft am Strand und unweit der Block-Island-Fähre. Im Jahr 2006 wurde es renoviert. Mit Pool und zünftigem Steakhouse.

Steinig ist die Felsküste auf Block Island

Essen & Trinken

Jovialer Treff – **George's of Galilee:** 250 Sand Hill Cove Rd., Tel. 401 783 2306, tgl. ab 11.30 Uhr, variierende Schließzeiten, ab 8 $. Seit 1948 das Seafood-Restaurant im Ort, Strand und Fähre in Sichtweite. Sushi-Bar.

Aktiv & Kreativ

Walbeobachtung/Hochseefischen – In den Sommermonaten Juli und August bietet **Frances Fleet Inc.** (Tel. 401 783 4988, www.francesfleet.com) Walbeobachtungstouren im ruhigen Wasser der Bay sowie Angeltrips von Galilee aus an.

Block Island ► C 11

Von Galilee aus legt eine Autofähre zum 20 km vor der Küste liegenden Block Island ab. Auf der hügeligen Insel wohnen rund 800 Menschen, die wegen der hübschen Strände vor allem im Juli und August verstärkt Besuch vom Festland erhalten. Ein zweites Martha's Vineyard ist Block Island jedoch nicht, dazu reicht die Infrastruktur nicht – und dass es dabei bleibt, dafür sorgen die Insulaner.

Es lohnt allerdings nicht, den Wagen auf die Insel zu bringen. Räder und Mofas sind auf den engen und kurvigen Straßen besser geeignet: Räder können gleich neben der Anlegestelle im **Old Harbor Bike Shop** gemietet werden.

Schöne Tagestouren für Hiker und Biker führen zu alten Leuchttürmen und fotogenen Felsküsten. Allein der Südwesten der Insel, ein Schutzgebiet namens **Rodman's Hollow**, bietet über 40 Trailkilometer für Wanderer und Radfahrer.

Strände auf Block Island

Der über vier Kilometer lange **Crescent Beach** ist die beliebteste Adresse zum Baden und für ausgedehnte Strandspaziergänge. Weniger belebt ist der südlich zu Füßen der 50 m hohen Mohegan Bluffs liegende **Vail Beach.**

Übernachten

Herrschaftlich – **Atlantic Inn:** High St., Old Harbor, Tel. 401 466 5883, 1 800 224 7422, www.atlanticinn.com, 165–290 $. 21 gemütliche Zimmer. Altes Strandhotel mit Veranda zum Leutegucken.

Romantisch – **Blue Dory Inn:** Dodge St., Old Harbor, Tel. 401 466 5891, 1 800 992 7290, www.blockislandinns.com/html/bluedory.html, 95–300 $. 11 geräumige Zimmer. Viktorianische Schönheit am weißen Crescent Beach, beliebt bei Flitterwöchnern.

Essen & Trinken

Lebhaft – **Ballard's:** Old Harbor, Tel. 401 466 2231, Mai–Okt. tgl. 11.30–23 Uhr, ab 12 $. Sozialer Mittelpunkt der Insel. Seafood, Livemusik.

Infos

Block Island Tourism Council: 23 Water St., Tel. 401 466 2982, 1 800 383 2474, www.blockislandinfo.com.

Die **Fähre** verkehrt ein- bis dreimal täglich zwischen Point Judith und Block Island. Autoreservierungen müssen telefonisch im Voraus getätigt und per Kreditkarte bezahlt werden (Block Island Ferry, State Pier, Point Judith, Tel. 401 783 4613, www.blockislandferry.com).

Das Beste auf einen Blick

Connecticut

Highlights!

Yale University: Die drittälteste Universität der USA trieft geradezu vor Tradition. Die in düsterer Neo-Gotik Erbaute ist zudem die Erzrivalin von Harvard. S. 192

Litchfield Hills: Die Luft ist sauber und die Wiesen und Wälder sind grün. Städtchen wie aus der Broschüre: Main Streets und Greens haben ihre historische Integrität bewahrt, und fast nirgends gibt es hier die Amerika sonst flächendeckend segnenden Shopping Malls. S. 197

Auf Entdeckungstour

Eli Whitney Museum: Kreativität, Optimismus und der Drang zur Maximierung: Viele der ur-amerikanischen Tugenden manifestieren sich in der Person Eli Whitneys. Das dem Erfinder gewidmete Museum bei Hamden spürt diesem Mann nach und inszeniert sein Lebenswerk im amerikanischen Kontext. S. 190

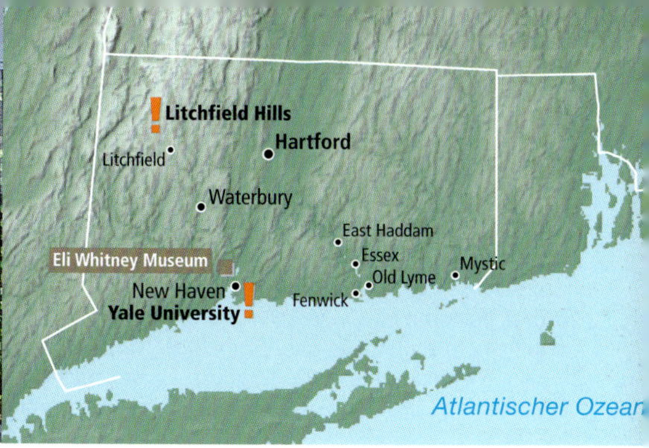

Kultur & Sehenswertes

Mashantucket Pequot Museum, Foxwoods: Die Geschichte der Ureinwohner Nordamerikas – aus ihrer Sicht. S. 186.

Nook Farm, Hartford: Hier waren Mark Twain (»Huckleberry Finn«) und Harriet Beecher-Stowe (»Onkel Toms Hütte«) Nachbarn. S. 196

Aktiv & Kreativ

Talcot Mountain State Park: Vom Heublein Tower genießen Sie einen tollen Blick über die Wälder Connecticuts. S. 197

White Memorial Conservation Center Museum, Litchfield Hills: Die Tierwelt Neuenglands kennenlernen: Hochwild, Biber und vieles mehr ... S. 198

Litchfield Hills: ... und dann geht man auf Beobachtungsposten und sucht sie in der freien Natur. S. 198

Genießen & Atmosphäre

Philip Johnson Glasshouse: Das Glashaus des Star-Architekten in New Canaan, kompromissloses Statement des Modernismus, nutzte die pastorale Landschaft ringsherum als Wände. S. 192

Louis' Lunch, Yale: Die Wiege des Hamburgers, unverändert seit über 100 Jahren. S. 192

Abends & Nachts

Foxwoods Resort Casino: Shows, Konzerte, Boxkämpfe – wer sich hier langweilt, ist selbst schuld. S. 186

Goodspeed Opera House, East Haddam: Hier finden die Probeläufe für Musicals und Komödien statt – bevor sie an den Broadway gehen. S. 188

Toad's Place, New Haven: Stühle, Tische, eine Bar. Hier geht es um nichts als gute Livemusik. S. 193

»Very new englandly«

Infobox

Tourist Information
Connecticut Commission on Culture & Tourism, 1 Constitution Plaza, Hartford, CT 06103, Tel. 860 256 2769, www.ct visit.com

Anfahrt und Weiterkommen
In Connecticut scheinen alle Wege nach Hartford – und in geringerem Maße nach New Haven – zu führen. Vor allem der Südosten des Staates liegt bereits im Einzugsgebiet von New York, der Verkehr ist deshalb beträchtlich. Umso erholsamer ist Autofahren auf den Landstraßen im Norden.

Sklavenschiffe und U-Boote. Bildschöne Städtchen mit exzellenten Kunstgalerien. Eine indianische Erfolgsstory. Broadway-Stars auf dem Lande, auf ›Try-Out‹-Bühnen. Und eine Elite-Uni mit köstlichen Promi-Anekdoten. Auf engstem Raum präsentiert vor allem der Süden von Connecticut ein buntes Ferienprogramm.

Der Holländer Adrian Block besegelte den Connecticut River 1614 als Erster. 1623 gründeten seine Landsleute an der Stelle des heutigen Old Saybrook die Siedlung Kievit's Hoeck. In den 1630er-Jahren verloren sie das Connecticut Valley an englische Siedler aus Massachusetts. Die von diesen gegründeten Orte Windsor, Wethersfield und Hartford schlossen sich im Jahr 1638 zur Connecticut Colony zusammen und gaben sich mit den ›Fundamental Orders of Connecticut‹ die erste geschriebene Verfassung der Neuen Welt – den offiziellen Beinamen »Constitution State« fahren die Bewohner heute stolz auf ihren Nummernschildern herum. Ab dem Ende des 18. Jh. blühte hier die ›Yankee Ingenuity‹: Erfindergeist und Geschäftssinn der Connecticut-Yankees ersannen nicht nur Sicherheitsnadel und Korkenzieher, sondern rüsteten auch die Kontinentalarmee aus. Zahlreiche innovative Unternehmer stammten aus Connecticut, darunter Eli Whitney, der Pionier der Serienfabrikation, und Samuel Colt, der Erfinder des Trommelrevolvers. Die Depression der 1930er- Jahre stürzte den Staat in die Krise: Etliche Fabriken machten dicht, wurden abgerissen, nicht wieder aufgebaut – mit ein Grund für die heute grünen drei Viertel des Staates. In den 1960ern begann die Sanierung der Innenstädte. Dem Besucher begegnet Connecticut gepflegt und kultiviert. Und so wohlhabend, dass seine Bewohner in Hollywood-Filmen meist als manikürte Architekten oder Rechtsanwälte porträtiert werden.

Mystic ►C 11

Die beiden Gründe für einen Stopover in Mystic sind für neu-englische Verhältnisse etwas disneyesk, doch gleichwohl den Eintritt wert.

Mystic Seaport

Apr.–Okt. tgl. 9–17, sonst 10–16 Uhr
Der alte Walfängerhafen an der Mündung des Mystic River, durch den Julia-Roberts-Erstling »Mystic Pizza« (1988) auch in Europa bekannt geworden, konserviert hier seine Geschichte (75 Greenmanville Ave.). Das um die alten

Reiche Ernte in Litchfield

Giumarra
Giumarra

Foxwoods Casino, vom Pequot-Stamm gegründet

Schiffswerften herum rekonstruierte Museumsstädtchen dreht mit rund 60 historischen Gebäuden die Uhr um 150 Jahre zurück. Paradestück des für die ganze Familie Entertainment bietenden Freilichtmuseums ist der 1841 gebaute Dreimaster »Charles W. Morgan«, der letzte schwimmende Walfänger der Welt, der derzeit komplett überholt wird. Die andere herausragende Attraktion ist die »Amistad«. Der Nachbau des durch den Spielberg-Film berühmt gewordenen Sklavenschiffs kann besichtigt werden, eine Ausstellung dokumentiertseine dramatische Story

Mystic Aquarium

April–Nov. tgl. 9–18, sonst tgl. 9–17 Uhr
An der I-95 liegend, zeigt es (55 Coogan Blvd.) rund 4000 Meeresbewohner und eine der »Titanic« gewidmete Ausstellung. Dem Aquarium angeschlossen ist das Institut des berühmten Meeresarchäologen Dr. Robert Ballard. Eine Ausstellung widmet sich seinen jüngsten Projekten.

Foxwoods Resort Casino

Bei **Ledyard,** einem Nest an der landeinwärts führenden Rte. 2, dirigieren Sie leicht übersehbare Schilder zum **Foxwoods Resort Casino** (www.foxwoods.com). Der türkis- und lilafarbene Komplex gilt derzeit als größte Spielhölle der Welt. Besitzer ist der Pequot-Stamm (s. S. 65). Das Casino amortisierte sich nicht nur innerhalb kürzester Zeit, sondern gab Tausenden von Bleichgesichtern Arbeit und bescherte dem Stamm märchenhaften Reichtum.

Neben indianischen Motiven und Statuen zwischen einarmigen Banditen erinnert vor allem das 193,4 Mio. $ teure **Mashantucket Pequot Museum** (110 Pequot Trail, Mi–Sa 10–16 Uhr) daran, wer Herr im Haus ist. Das größte Museum dieser Art des Kontinents widmet sich mit lebensgroßen Dioramen und Darbietungen der Pequot- und anderer Indianerkulturen Nordamerikas – aus Sicht der Indianer.

Übernachten

Luxuriös – **Steamboat Inn:** 73 Steamboat Wharf, Tel. 860 536 8300, www.steamboatinnmystic.com, 140–300 $. Elf helle, mit Antiquitäten und modernen Möbeln geschmackvoll eingerichtete Zimmer, z. T. mit Whirlpool, in ruhigem Hinterhaus am Flussufer.

Zentral – **The Whaler's Inn:** 20 E. Main St., Tel. 860 536 1506, 1 800 243 2588, www.whalersinnmystic.com, 110–260 $. Auf fünf Häuser verteilte, modernisierte Unterkunft im viktorianischen Stil, mitten in Mystic. Gutes italienisches Restaurant »Bravo Bravo«.

Verlässlich – **Comfort Inn of Mystic:** 48 Whitehall Ave. (I-95, Exit 90), Tel. 860 572 8531, 70–200 $. 120 moderne Zimmer. Pool, Fitnessraum.

Essen & Trinken

Intim – **Captain Daniel Packer Inn Restaurant & Pub:** 32 Water St., Tel. 860/536 3555, tgl. 11.30–15, 17–22 Uhr, ab 20 $. Zwei Essstuben unter einem Dach, die eine feiner, die andere entspannter. Im Restaurant gibt es Neuengland-Gerichte mit netten Überraschungen wie den »Goat Cheese Medaillons«.

Pilgerstätte – **Mystic Pizza:** 56 W. Main St., Tel. 860 536 3700, tgl. 16–21 Uhr, ab 7 $. Pizzeria für Julia-Roberts-Fans: Der Star spielte hier seine erste Hauptrolle. Roberts Film »Mystic Pizza« flimmert deshalb tagtäglich über die Bildschirme. Nette Atmosphäre, enorme Pizzen.

Einkaufen

Vielfalt – Wenn Sie die Augen vor der kitschig nachgebauten Kolonialarchitektur verschließen können, macht das Stöbern in den rund 60 Läden des **Olde Mistick Village** (Rte. 27) sogar Spaß. Geschmackvollere Mitbringsel lassen sich jedoch in den Galerien und Workshops an der Main Street beiderseits der Zugbrücke erwerben.

Mein Tipp

Kunst an der Basis ► C 11
›Roots/revolution/renaissance‹ lautet das Motto von Hygienic Art Inc., einer ungewöhnlichen Galerie in New London. Entstanden aus dem Bemühen von Bürgern und Künstlern, den Abriss eines alten Lagerhauses zu verhindern, stellen hier – unbehindert von Zensur, Gebühren und Juries – einige der wohl interessantesten Künstler der Ostküste aus (New London, Hygienic Art Inc., 83 Bank St., Do 11–15, Fr–Sa 11–18, So 12–15 Uhr, www.hygienic.ning.com).

Infos

Eastern Regional Tourism District: 27 Coogan Blvd., Mystic, Tel. 860 536 8822, www.ctvisit.com

Zum Connecticut River Valley

Groton, Old Lyme, Fenwick ► B/C 11

Unterwegs zum ›Rhein von Amerika‹ werden Sie Bekanntschaft mit dem Militär machen, doch keine Sorge: Im nüchternen Groton am Thames River, dem Hauptquartier der amerikanischen U-Boot-Flotte, sehen Sie nur unverhältnismäßig viele Bürstenhaarschnitte. Wichtigster Arbeitgeber vor Ort ist General Dynamics, Amerikas größter U-Boot-Bauer. im Jahr 1954 fabrizierte er die »U.S.S. Nautilus«, der Welt erstes atomgetriebenes U-Boot. Heute ist die Tauchlegende, die 1958 erstmals den Nordpol unterquerte, Star des **Submarine Force Museum (**I-95, Exit 86, neben der Naval Submarine Base, Mai–Okt. tgl. 9–17, sonst tgl. 9–16 Uhr, Di geschl.). Nach der Besichtigung des beklemmend engen Gefährts warten weitere Ausstellungsstücke aus 200 Jahren amerikanischer Seefahrt.

An der Mündung des Connecticut River in den Long Island Sound ist das Martialische schon wieder vergessen. Nach Verlassen der Interstate kurvt man durch hübsche alte Dörfer mit Heckenrosen und Holzschildern an Gasthäusern. Freizeitkapitäne schippern vor waldigem Steilufer auf blauem Wasser, man atmet tief durch.

In **Old Lyme** erinnert das wunderbare **Florence Griswold Museum** (96 Lyme St., April–Dez. Di–Sa 10–17, So 13–17, Jan.–März Mi–So 13–17 Uhr) mit seinen amerikanischen Impressionisten an die um 1900 hier florierende Künstlerkolonie, der u. a. Childe Hassam angehörte. Am Westufer: Sandbänke, Landzungen, Halbinseln. Im exklusiven **Fenwick, wo** man sich nur mit Einverständnis der Bewohner niederlassen darf – hier lebte Katherine Hepburn – dürfen Besucher die Domizile betuchter Yankees und New Yorker bestaunen.

Kilometerlanger Sandstrand macht den **Rocky Neck State Park** bei Old Lyme besonders bei Familien beliebt.

Von Essex nach East Haddam ► B 10/11

Essex, einst Schiffsbauzentrum und heute Bilderbuch-Städtchen, besitzt das **Connecticut River Museum** (67 Main St., Di–So 10–17 Uhr), das einen Nachbau der mit Muskelkraft betriebenen »Turtle« zeigt, des ersten U-Boots der Welt. **Chester** und **Hadlyme** etwas nördlich verbindet seit 1769 eine Fähre (Mai–Nov. Mo–Fr 7–18.45, Sa–So 10.30–17 Uhr) über den Connecticut River. Die heutige trägt neun Autos und max. 49 Passagiere über den Fluss, von dem aus man bereits **Gillette Castle** (Mai–Okt. tgl. 10–17 Uhr) sieht, die hübsch-hässliche, 1919 fertiggestellte Villa des damals berühmten Schauspielers und Burgenfans William Gillette.

New Yorker Schöngeister schipperten damals weiter flussaufwärts zum Theater. Bis heute ist das in einem viktorianischen Haus hoch über dem Fluss residierende **Goodspeed Opera House** in **East Haddam** eine Top-Adresse. Hier proben Musicals den Ernstfall, bevor sie sich an den Broadway wagen (6 Main St., Tel. 860 873 8668).

Übernachten

Klassisch – **Old Lyme Inn:** 85 Lyme St., Rte. 1, Old Lyme, Tel. 860 434 2600, 1 800 434 5352, www.oldlymeinn.com, 135–185 $. Kleines Hotel in einem ehemaligen Gehöft, mit viktorianischem Mobiliar geschmackvoll eingerichtet.
Historisch – **Griswold Inn:** 36 Main St., Essex, Tel. 860 767 1776, www.griswoldinn.com, 100–370 $. ›The Gris‹, seit 1776 in Betrieb, gehört mit seinen 31 heimeligen Zimmern, seiner Bar und drei guten Speisesälen zu Essex wie der Eiffelturm zu Paris.

Essen & Trinken

Urgemütlich – **Old Lyme Inn Grill:** im Old Lyme Inn (s. o.), ab 8 $. Drei Restaurants in einem: Im ›Tap Room‹ gibt's herzhafte Pubgerichte, im feineren ›The Parlor‹ wird kreativer gekocht, die ›Library Bar‹ ist Treffpunkt der Hiesigen.

Infos

Central Region Tourism District – Connecticut's Heritage River Valley: 1 Constitution Plaza, Hartford, Tel. 860 787 9640, www.enjoycentralct.com

New Haven ► B 11

Quizfrage: Wie nennen sich die Einwohner von Connecticut? Ein Spaßvogel schlug ›commuter‹ (dt.: Pendler) vor, weil Connecticut immer mehr zum ›Schlafzimmer‹ New Yorks werde. Angesichts des Verkehrs und der gesichtslosen Neubausiedlungen beiderseits der I-95 werden Sie ihm wohl zustimmen. Bis New Haven lohnt nur das 1639 gegründete Guilford mit seinem kolonialen Stadtkern die Abfahrt.

Auch New Haven, Heimat der weltberühmten Yale University, ist eine Schönheit, die inmitten brauner Industriegebiete blüht. Die 1638 von Puritanern gegründete Stadt war Tiefseehafen, Verkehrsdrehscheibe sowie Standort riesiger Uhren-, Waffen- und Maschinenfabriken. Die Universität ›produzierte‹ nicht nur kluge, sondern auch praktisch veranlagte Köpfe wie Eli Whitney (s. S. 190, www.eliwhitney.org). Nach dem Zweiten Weltkrieg verödete auch hier die Innenstadt. Viele Millionen Restaurierungsdollar später ist die (Innen-)Stadt am Long Island Sound jedoch wieder auf der Höhe und besitzt – Yale einmal mehr sei Dank – eine muntere Kulturszene.

Die City ist gut zu den Füßen. Sie konzentriert sich um das traditionelle Green und fordert Ihren Sinn für Ästhetik mit den unterschiedlichsten Baustilen auf engstem Raum heraus. So demonstrieren die drei am Green liegenden Kirchen – **Trinity Church, Center Church** und **United** ▷ S. 192

Multimedia trifft Bücherfülle: die Beinecke Library in Yale

Auf Entdeckungstour

Eli Whitney Museum in Hamden

Den Alten würde es freuen. Viertklässler drehen Schrauben, pfriemeln Dichtungsringe in Flaschenhälse und beugen sich mit gerunzelter Stirn über kompliziert aussehende Konstruktionspläne. Erwachsene Besucher studieren höchst konzentriert die Ausstellungskästen.

Für wen: Alle, die wissen wollen, wie Amerika tickt.

Zeit: 1–2 Stunden

Planung: 915 Whitney Ave., Hamden (nördl. von New Haven), Mi–Fr 12–17, Sa 10–15, So 12–17 Uhr, Eintritt frei

Problemlösung steht auf dem Programm, die Spezialität der regelmäßig vom Museum für Schüler veranstalteten Workshops. Die Kinder und Jugendlichen reisen aus ganz Neuengland an, um daran teilzunehmen. Ob da etwas vom rastlosen Erfindergeist des Namensgebers auf den Nachwuchs abfärbt? Dieses nördlich von New Haven in Hamden liegende Museum widmet sich Eli Whitney, auf dessen Konto nicht nur die Baumwollentkernungsmaschine geht.

Ein genialer Erfinder

Wie diese jedoch die amerikanische Geschichte entscheidend beeinflusste, wird hier in Galerien dokumentiert, die hochinteressante Kontexte herstellen. Kreativität, visionäres Unternehmertum, grenzenloser Optimismus: Eli Whitney (1765–1825), da sind sich amerikanische Historiker einig, verkörperte die amerikanischen Kardinaltugenden wie kein anderer. Schon als 14-Jähriger verdiente der aus einfachen Verhältnissen Stammende mit einer Nagelmanufaktur sein erstes eigenes Geld. Seine wichtigste Erfindung baute er 1793 in Georgia: die Baumwollentkernungsmaschine. Hatten flinke Sklavenhände für ein Pfund Baumwolle noch einen ganzen Tag gebraucht, verhundertfachte Whitneys Maschine nun diese Zahl. Sie revolutionierte die Plantagenwirtschaft des Südens – aber revitalisierte leider auch die Sklaverei, da »King Cotton« nun ein Vielfaches an Arbeitskräften benötigte, um die Maschinen Tag und Nacht in Gang zu halten.

Eine Herausforderung

Whitney selbst war mit seinem *cotton gin* kein Glück beschieden. Die Patentgesetze damals waren zu lax, seine Maschine leicht nachzubauen. Kostspielige Klagen und Prozesse ruinierten ihn, doch alsbald fing er von vorne an, dieses Mal in Hamden, Connecticut. Kein Geringerer als der Außenministe Thomas Jefferson fragte an, ob Whitney die industrielle Produktion von Präzisionsinstrumenten ankurbeln könne. Whitney sagte ja – und die Lieferung von 10 000 Musketen in weniger als zwei Jahren zu. Im heutigen Zeitalter der Massenproduktion nehmen sich diese Zahlen bescheiden aus. Im 18. Jh. jedoch wurde jedes Gewehr von Hand gefertigt, von Waffenschmieden, die ihr Metier in vielen Jahren erlernt hatten. Zudem waren Waffenschmieden in Amerika eine Rarität, denn Europa ließ diese begehrten Spezialisten höchst ungern auswandern.

10 000 Musketen in zwei Jahren also – das war unerhört, das hatte es noch nie gegeben! Besonders delikat: Whitney hatte noch nie ein Gewehr gebaut. Doch er hatte einen Plan: Er baute die Maschinen, die die Arbeit übernahmen, und organisierte die Produktionsstufen so, dass jeder – ungelernte – Arbeiter nur wenige Handgriffe zu verrichten hatte. Die kurze Produktionszeit blieb jedoch unrealistisch, und Whitney lieferte erst zehn Jahre später. Doch um Pünktlichkeit, so glauben Historiker heute, war es der Regierung nicht gegangen. Indem sie Whitney beauftragte, hatte sie Wandel angeordnet – und bekommen.

Die Bedeutung der Fabrik

Whitneys Fabrik beherbergt heute das Museum mit seinen schönen Ausstellungen, darunter solche zu ihrem Werdegang und zum Leben des Erfinders. Sie hatte die Massenproduktion auf den Weg gebracht. Und den Vereinigten Staaten den Weg zur wirtschaftlichen Supermacht gezeigt.

Congregational Church – Neogotik, Federal Style und Georgian Style. Beachtenswert: das **Amistad Memorial** vor der modernen City Hall (165 Church St.). Die vier Meter hohe, den Sklaven-Anführer Joseph Cinque darstellende Bronze steht genau an der Stelle, wo die Sklaven einst interniert waren, und erinnert an das Sklavenschiff »Amistad«, dessen menschliche Fracht 1839 zwar die Kontrolle übernahm, aber von der Besatzung nicht nach Hause, sondern nach New Haven gelotst wurde. Hier und in Hartford wurden die Sklaven der Meuterei angeklagt, aber mit Hilfe namhafter Abolitionisten und des US-Präsidenten John Quincy Adams nach einer zweijährigen Prozessdauer nach Afrika entlassen. Mehr über diese spannende Geschichte erfahren Sie im **New Haven Museum & Historical Society** (114 Whitney Ave., Di–Fr 10–17, Sa 12–17 Uhr, So geschl.).

Yale !

Am New Haven Green beginnt auch Yales efeuumrankte Neogotik. An der 1701 gegründeten Campus-Uni studieren über 11 000 Studenten. Jodie Foster büffelte hier, Bill Clinton rauchte hier Pot, inhalierte aber nur ... Man kann – Yale durch das Phelps Gate betretend – selbst auf Erkundungstour gehen oder sich am **Mead Visitor Center** einer der von Studenten geführten Touren anschließen (149 Elm St., Mo–Fr 10.30, 14, Sa–So 13.30 Uhr).

Neben Auditorien, Schlafsälen und Mensen verdienen Yales Museen Beachtung. Bücherwürmer wird die in Marmor ausgekleidete **Beinecke Rare Books Library** begeistern (121 Wall St., Mo–Do 9–19, Fr 9–17, Sa 12–17 Uhr). Die meisten britischen Künstler außerhalb Großbritanniens zeigt das moderne **Yale Center for British Art** (1080 Chapel St., Di–Sa 10–17, So 12–17 Uhr). Gegenüber beherbergt die **Yale University Art Gallery** (1111 Chapel St., Di–Sa 10–17, So 13–18 Uhr) mehr als 100 000 Kunstobjekte, darunter Monets und Picassos, etruskische Vasen und Artefakte aus Afrika. Hinterher streckt man die müden Beine unter einem der vielen Bistrotische an der Chapel Street aus.

Ganz in der Nähe liegt auch das **Shubert Performing Arts Center** (247 College St.), die populärste der ›Try-Out‹-Bühnen Neuenglands.

Einen schönen Blick auf New Haven und Long Island Sound genießt man vom **East Rock Park** (East Rock Rd., April–Nov.). Insgesamt 16 km Spazierwege durchziehen den schönen Park am Nordrand der Stadt.

Philip Johnson Glasshouse

199 Elm St., Tickets im Voraus, Tel. 866 811 4111 oder online. www.philip

Mein Tipp

Louis' Lunch

Wer hier bedient werden will, muss seine Bestellung über die Theke schreien, um im Gewühl gehört zu werden, und sich obendrein darauf gefasst machen, rüde abgefertigt zu werden. Doch dieser Imbiss in New Haven kann sich das leisten: Hier wurde Amerikas Fastfood-Klassiker erfunden. Im Jahr 1900 schob Louis Lassen für einen Gast, der etwas Warmes zum Mitnehmen orderte, eine Bulette zwischen zwei Weißbrotscheiben und erfand damit den Hamburger. Seitdem haben sich weder Rezept noch Umgangston verändert. Ein proletarisches, zugleich höchst amerikanisches Esserlebnis. (261 Crown St., Tel. 203 562 5507, Di–Mi 11–17, Do–Sa 12–14 Uhr, ab 2 $)

johnsonglasshouse.org, geführte Touren starten am Visitor Center
In der noch heute ländlichen Südwestecke Connecticuts baute der Star-Architekt Philip Johnson 1949 für sich ein Haus aus Glas. Johnson starb 2005, seit 2007 ist sein **Glasshouse** in New Canaan eine Pilgerstätte des Modernismus (s. S. 81). Nie wurde die simple Formensprache dieser Stilrichtung resoluter umgesetzt: ein Fußboden aus Pflastersteinen, darauf Wände und ein Dach aus Glas. Einzige Konzession an Konventionen: das in einem Zylinder angesiedelte Badezimmer. Johnson verzichtete auf alles, was Häuslichkeit und Gemütlichkeit bewirkt hätte, und schuf so ein ›Haus‹, das die pastorale, es umgebende Landschaft als Wände benutzt. Das Glasshouse und weitere Gebäude des Architekten sind nur auf geführten Touren zu besichtigen.

Übernachten

Lifestylig – **The Study at Yale:** 1157 Chapel St., Tel. 203 503 3900, www.studyhotels.com, 200–300 $. New Havens neues Designhotel, mit 124 großen, zeitlos eingerichteten Zimmern, Restaurant »Heirloom« und Café.
Sinnvoll – **New Haven Hotel:** 229 George St., Tel. 203 498 3100, www.newhavenhotel.com, 100–200 $. 92 geschmackvoll eingerichtete Zimmer im Zentrum, Nähe Uni und Shubert. Fitnessraum, WiFi.

Essen & Trinken

Genial – **Miya Japanese Restaurant:** 68 How St., Tel. 203 777–9760, ab 10 $. Wirkt wie ein Studenten-Lokal, ist aber Neuenglands bestes Sushi-Restaurant: 50-seitige Speisenkarte mit organischen Delikatessen!

Hamburger's Alter Ego – **Claire's Corner Copia:** 1000 Chapel St., Tel. 203 562 3888, Mo–Do 8–21, Fr 8–22, Sa 9–22, So 9–21 Uhr, ab 8 $. Seit 1975 die Vegetarier-Bastion in fleischliebender Umgebung. Hervorragende Quiche-Gerichte und Veggie-Burger.

Einkaufen

Umfassend – **Chapel** und **College Sts.** eignen sich für ausgedehnte Einkaufsbummel: Textilgeschäfte, Buchläden, schräge Shops wie der Hippie-Ausstatter **Group W Bench** (1171 Chapel St.), der seit nun schon ›ewigen‹ Zeiten Peace-Sticker u. Ä. verkauft.

Abends & Nachts

Klassik und Blues – Was darf's sein? Ein der Klassik oder leichten Muse gewidmeter Abend im **Shubert Performing Arts Center** (247 College St., Tel. 203 562 5666)? Oder Blues, Jazz und Rock live? Das gibt es im **Toad's Place** (300 York St., Tel. 203 624 8623).

Infos

Greater New Haven Convention & Visitors Bureau: 127 Washington Ave., Tel. 203 777 8550, 1 800 332 7829, www.visitNewHaven.com.

Hartford und Umgebung

Neuenglands bestes Kontrastprogramm: Hektisches, von Freeways eingekreistes Ballungszentrum vs. stille Landstraßen durch verschlafene Weiler, Kunst- vs. Naturgenuss – Extreme

Lieblingsort

Mark Twain House
»The house that Mark built« liebe ich, weil es die tiefe Menschlichkeit seines so genialen wie widersprüchlichen Erbauers atmet. Beinahe an jedem Detail haftet eine Geschichte aus dem Hause Twain. Wie an den Engeln der Bettpfosten im Schlafzimmer: Die fanden Mark Twain und seine Frau Olivia so schön, dass sie sich mit dem Kopf ans Fußende des Bettes zu legen pflegten, um sie besser sehen zu können. Oder Twains Schreibstube unter dem Dach, eine mit Billardtisch ausgerüstete kreative Enklave über den Niederungen des Alltags – der einzige Ort, wo die aus gutem Hause stammende Olivia den Mann aus Missouri rauchen und fluchen ließ. Bei Schreibblockaden absolvierte er hier so manche Billardpartie mit seinem schwarzen Butler (s. auch S. 196).

Hartford ist Hauptsitz zahlreicher Versicherungen

auf engstem Raum. Von Hartford, der nüchternen Hauptstadt Connecticuts und ›Insurance Capital of America‹, geht es zu den Litchfield Hills, wo herrliche alte Häuser an den schönsten Village Greens Neuenglands stehen.

Hartford ►B 10

Die meisten Besucher kommen wegen Samuel Langhorne Clemens alias Mark Twain. Der berühmteste Schriftsteller Amerikas stammte eigentlich aus Missouri, ließ sich aber 1874 hier nieder – auch weil er Hartford so schön fand. Dennoch ließ es sich der für seinen beißenden Humor berüchtigte Schriftsteller nicht nehmen, den Geschäftssinn seiner neuen Nachbarn zu verspotten: Nachdem ein Sturm die berühmte Charter Oak gefällt hatte – in der Eiche hatten die Hartforder 1687 eine ihnen gewisse Rechte zusichernde Urkunde vor den Engländern versteckt, weshalb sie Symbolwert hatte –, tauchten noch Jahre später so viele Zahnstocher und Spazierstöcke aus ihrem Holz auf, dass Twain vermutete, es reiche wohl auch für einen Plankenweg nach Utah. Das 1636 von Puritanern gegründete Hartford war zu Twains Zeiten eine der reichsten Städte im Osten. Colt fertigte hier seine Feuerwaffen, die hiesigen Versicherungsgesellschaften boomten im 19. Jh. Heute haben hier etwa 50 Versicherungen ihr Hauptquartier, daneben produziert die Stadt Computer und Düsentriebwerke, schwere Waffen (Colt heißt jetzt Colt Firearms) und Fluggerät. Bürotürme, Parkhäuser und Gasometer haben die von Twain geschätzte Schönheit arg aufgemischt, so mag der Twain-Fan zielstrebig den Grund für seinen Stopover ansteuern.

Nook Farm: Mark Twain und Harriet Beecher Stowe

Ein paar Autominuten vom Stadtzentrum entfernt liegt auf Land, das früher als Nook Farm bekannt war, das **Mark Twain House & Museum** (351 Farmington Ave., nur geführte Besichtigungen, Mo–Sa 9.30–17.30, So 12–17.30 Uhr). Burgunderrot und stilistisch undefinierbar, spiegelt es die schillernde Persönlichkeit seines Hausherrn, der dem Architekten stündlich über die Schulter schaute, wider. Fremdenführer leiten durch die 19 mit Originalmöbeln ausgestatteten Räume. An diesem Ort schrieb Twain Weltliteratur, darunter auch sein viel gelesenes Meisterwerk »Die Abenteuer Huckleberry Finns« (1884). Twain war nicht der einzige Schriftsteller auf Nook Farm. Seine Nachbarin war keine Geringere als Harriet Beecher Stowe. Die streitbare Abolitionistin, deren »Onkel Toms Hütte« sich bereits millionenfach verkauft hatte, lebte in einem bescheidenen, aber gemütlichen Cottage gegenüber und wanderte, wie Twain sich einmal erinnerte, zuletzt verwirrt im Morgenmantel durch seinen Garten. Das **Harriet Beecher Stowe Center** (77 Forest St., Mi–Sa 9.30–16.30, So 12–16.30 Uhr, Mo geschl.) erinnert mit Originalmöbeln und -bildern an die Vorkämpferin der Bürgerrechtsbewegung.

Talcott Mountain State Park

Do–So 10–17 Uhr

Man muss nicht bis zur Blätterfärbung im Indian Summer warten, um auf den **Heublein Tower** zu klettern. Der Blick von dort über das Farmington River Valley und die Skyline von Hartford lohnt den Weg in den nordwestlich von Hartford gelegenen Talcott Mountain State Park zu jeder Jahreszeit.

Übernachten

Schön altmodisch – **Goodwin Hotel:** 1 Haynes St., Tel. 860 246 7500, 1 800 922 5006, www.goodwinhotel.com, 130–300 $. Die große ›alte Dame‹ unter den Hotels liegt gegenüber dem Civic Center. Großzügige Ziegelfassade, innen viktorianische Eleganz. Zivile Preise.

Eher günstig – **Crowne Plaza Hotel Hartford Downtown:** 50 Morgan St., Tel. 860 549 2400, www.crowneplaza.com, 130–228 $.

Essen & Trinken

Urban – **Civic Café:** 150 Trumbull St., Tel. 860 493 7412, tgl. 8–21.30 Uhr, ab 10 $. Sehen und gesehen werden. Die Speisekarte bestimmt ein kreatives Gemisch aus internationalen Rezepturen.

Einkaufen

Shoppingbummel – Einkaufen findet in Hartford in den Vorstädten statt. Im Zentrum gibt es dennoch einige gute Geschäfte, vor allem rund um das **Civic Center** und den **State House Square.**

Litchfield Hills! ► A 10

Wenn die Stars in New York spielender Sitcoms stöhnen, sie seien reif für ihr Cottage *up north,* dann meinen sie in der Regel die Litchfield Hills. Die hügelige, dicht bewaldete Nordwestecke Connecticuts ist das traditionelle Refugium betuchter New Yorker. Selten deutet jedoch mehr als ein Briefkasten am Straßenrand auf ihre Präsenz hin: Die typisch neu-englische Mischung aus bewusst unbewusstem Understatement und rustikaler, zugleich weltgewandter Eleganz hält auch hier die Urbanisierung in Schach. Auch erinnert nichts mehr daran, dass hier einst das Erz für die Bewaffnung der Kontinentalarmee gefördert wurde.

Litchfield

Der 1719 gegründete Hauptort Litchfield war Ende des 18. Jh. drauf und dran, ein zweites Pawtucket oder Lowell zu werden. Die Industrialisierung fand jedoch woanders statt, und dem Ort blieb das, was seine wohlhabenden Bürger zurückließen, gepflegt von Bildungsbürgern, die hier die erste Juristenschule des Landes und die erste höhere Mädchenschule gründeten. Das lange, rechteckige Green, von dem Straßen mit alten Bäumen in alle Richtungen ausstrahlen, die im Jahr 1828 geweihte, bildschöne **Congregational Church,** repräsentative Holz- und Steinhäuser in den damals modischen Stilen, Teestuben, Antiquitätenläden: Wären die Autos nicht, man wähnte sich in der guten alten Droschkenzeit.

Einen Besuch wert ist das **Litchfield Historical Society Museum** (7 South St., April–Nov. Di–Sa 11–17, So 13–17 Uhr). Es enthält Ausstellungen zur Geschichte der Umgebung und verwaltet auch die **Tapping Reeve House & Law School** (82 South St.) von 1774. Unter den 1200 Absolventen dieser ersten Juristenschule der USA waren auch 28 spätere Senatoren, 14 Gouverneure und zwei Vize-Präsidenten. Die hölzernen Schulbänke hatte der Jurist und Gründer Tapping Reeve eigenhändig gezimmert. Das alles ist interessant, aber zugegebenermaßen auch ein wenig muffig, sodass das **White Memorial Conservation Center Museum** (Rte. 202 nach Bantam, dann Whitehall Rd., Mo–Sa 9–17, So 12–17 Uhr) vielleicht ganz gelegen kommt. Das in einem Wildschutzgebiet gelegene Naturkundemuseum, eines der besten Neuenglands, stellt in spannend inszenierten Ausstellungen die Tierwelt Neuenglands vor. Draußen wartet ein schönes Trailnetz auf Hiker und Tierbeobachter.

Wanderungen durch die Hills

Nachdem Sie sich drinnen mit den tierischen Bewohnern des White-Memorial (s. o.) bekanntgemacht haben, können Sie anschließend Ihre frisch erworbenen Kenntnisse auf über 50 Trailkilometern des White-Memorial-Schutzgebietes anwenden. Zahlreiche Beobachtungsplattformen bieten gute Gelegenheiten zur Beobachtung von Hochwild, Bibern und selbst scheuer

Die Litchfield Hills lassen sich am besten zu Fuß oder per Rad erkunden

Bobcats. Beschaulicher ist der Spaziergang über das fußballfeldgroße, von alten Baumgruppen und Denkmälern geschmückte **Litchfield Green** im Ort.

Uhrenmuseen in der Umgebung
Nach einem Cappuccino am Litchfield Green lässt man sich in der auf sanften Hügeln gedeihenden Waldlandschaft am besten ziellos treiben. Doch ausgerechnet in dieser friedvollen Kulisse haben gleich zwei Sehenswürdigkeiten mit Zeitmessung zu tun. Das **American Watch & Clock Museum** (100 Maple St., April–Nov. tgl. 10–17 Uhr) südöstlich in **Bristol** beherbergt eine herrliche Sammlung alter amerikanischer Uhren. Wer eine Timex am Handgelenk trägt, mag nach **Waterbury** fahren. Vor 150 Jahren begann die heute internationale Firma hier als Waterbury Clock Company. Ihr **Timexpo Museum** (175 Union St., Di–Sa 10–17 Uhr) präsentiert die Werkschronik eingebettet in Kulturgeschichte: So erfährt man, dass die Army das Werk 1917 mit der Fertigung einer Armbandversion seiner ›Yankee‹-Taschenuhr für die Soldaten in Übersee beauftragte. Das war neu. Denn bis dahin wurden Armbanduhren ausschließlich von Frauen getragen.

Übernachten

Praktisch – **The Litchfield Inn:** 432 Bantam Rd., Tel. 860 567 4503, 1 800 499 3444, www.litchfieldct.com, 90–170 $. Auf historisch getrimmte Herberge am Ortseingang – ideal für Exkursionen in die Umgebung. Mit Themen-Suiten wie ›Queen Victoria‹ und ›Sherlock Holmes‹.
Knuddelig – **Abel Darling B&B:** 102 West St., Litchfield, Tel. 860 567 0384, www.abeldarling.com, 90–150 $. Liebevoll restauriertes Refugium aus dem Jahr 1792: Zwei Zimmer mit Stencils und zeitgenössischem Mobiliar.

Essen & Trinken

Die meisten Restaurants und Cafés liegen am Litchfield Green.
Meeting Point – **The Village Restaurant:** 25 West St., Litchfield, Tel. 860 567 8307, So–Do 11.30–21.30, Fr–Sa 11.30–22 Uhr, 18–25 $. »Best Bar« und »Best Prime Rib« sind nur einige der Auszeichnungen, die dieses nette Restaurant am Litchfield Green bisher eingeheimst hat. Auch nicht schlecht: die Gorgonzola Ravioli …
Freundlich – **Aspen Garden:** 51 West St., Tel. 860 567 9477, tgl. 11–22 Uhr, ab 9 $. Mediterran inspirierte Küche mit vielen griechischen Gerichten, die man auch auf der schönen Außenterrasse zu sich nehmen kann.

Einkaufen

Antiquitäten – Die Litchfield Hills sind geradezu ein Paradies für Antiquitätenjäger. Eine Liste mit den **Antiquitätenläden** der Umgebung verschickt das Northwest CT Convention & Visitors Bureau (s. u.).
Jeffrey Tillou Antiques (39 West St., Litchfield, Tel 860 567 9693, Mo, Mi–Sa 10.30–17, So 11–16.30 Uhr) ist auf Möbel und Gemälde aus dem 18./19. Jh. spezialisiert.
Spirituosen – Ein ungewöhnliches Mitbringsel ist Wein aus Connecticut. Der **Haight Vineyard** (29 Chestnut Hill Rd., Tel. 860 567 4045) bei Litchfield produziert trinkbare Rieslinge und Chardonnays.

Infos

Northwest CT Convention & Visitors Bureau: P. O. Box 968, Litchfield, Ct. 06759 0968, Tel. 860 567 4506, www.litchfieldhills.com

Das Beste auf einen Blick

Vermont

Highlight!

Newfane und Grafton: Idyllisch, zauberhaft, malerisch – das stimmt alles. Zweimal Neuengland wie gemalt – und echt. S. 204

Auf Entdeckungstour

Sugar Shacks: In den Zuckerhütten in den Ahornwäldern Vermonts werden im Frühjahr nicht nur der köstliche Ahornsirup und verwandte Produkte produziert. Der Besuch solch einer Hütte mit Kind und Kegel ist für die Vermonter ein Ritual, das nach einem langen Winter den Beginn des Frühjahrs signaliert und ein dementsprechend fröhliches Ereignis ist. S. 210

Kultur & Sehenswertes

Bennington Museum: Geschichte aus patriotischem Blickwinkel. S. 206

Vermont Marble Museum, Vermont Valley: Was man alles mit Marmor machen kann. S. 209

Shelburne Museum, bei Burlington: Das schönste Freilichtmuseum der Region besitzt auch eine Top-Kunstgalerie. S. 220

Aktiv & Kreativ

Mountainbiking am Mt. Snow: Heiße Waden auf den hiesigen Single-Tracks und Downhill-Pisten garantiert. S. 204

Paddeln auf dem Battenkill: Vermonts schönster Paddelfluss. S. 208

Besteigung des Mount Mansfield: Von Stowe ausgehend bis zum Gipfel passieren Sie alle Vegetationszonen Neuenglands. S. 218

Genießen & Atmosphäre

Gallery Walk, Brattleboro: Am ersten Freitag des Monats verwandelt sich das Zentrum in eine Open-Air-Galerie. S. 203

The Artist's Loft Gallery, Brattleboro: Zugängliche Künstler machen den Besuch zum inspirierenden Genuss. S. 203

Blueberry Hill Inn, bei Middlebury: Allein die Sauna am Teich garantiert unvergessliche Augenblicke. S. 215

Abends & Nachts

Indies gucken im Latchis Theatre, Brattleboro: Die neuesten Filme der Independent-Szene. S. 203

Nightspot, Killington: Hier schwooft die Lycra-Generation. S. 212

Higher Ground, Burlington: Hier hören die Vermonter das Beste aus der lokalen und nationalen Rockszene. S. 221

Amerikas progressivster Staat

Infobox

Tourist Information
Vermont Dept of Tourism and Marketing: National Life Building, 6th floor, Drawer 20, Montpelier, VT 05620 0501, Tel. 802 828 3237, www.VermontVacation.com

Anfahrt und Weiterkommen
Wäre der liebe Gott Autofahrer, er würde sich am liebsten in Vermont hinters Steuer setzen! Stille Landstraßen en masse, keine Drängler und in den Städtchen keine Parkplatzsorgen und kaum jemand, der seinen Wagen abschließt. Auch in dieser Hinsicht ist das Leben in Vermont beneidenswert.

Vermont, seiner grünen Umweltpolitik wegen oft als Amerikas progressivster Staat gepriesen, kann auch anders. So schießt in abgelegenen Gegenden schon mal konservative ›Take back Vermont‹-Graffiti gegen als zu liberal empfundene Mitbürger. Unbestreitbar ist, dass der Amerika unter sich begrabende Siedlungsbrei hier keine Chance hat. In Vermont umgibt einen Neuengland-Idylle flächendeckend. Und in den auf grünen Matten ruhenden Höfen mit den hübschen roten Silos leben knorrige Farmer, die ausgeprägte Ansichten haben und unabhängig denken. 14 Jahre lang waren die Vermonter das tatsächlich. Bis 1791 druckten sie ihr eigenes Geld und schafften als Erste auf dem Kontinent die Sklaverei ab. Der Union traten sie nur widerstrebend bei. Ihr Volksheld ist Ethan Allen (1738–1789). Der führte seine ›Green Mountain Boys‹ einst zum Sieg gegen die Briten und Vermont in die Unabhängigkeit. Ende der 1960er-Jahre entdeckten die Hippies die stillen Täler. Viele sind bis heute geblieben, B & Bs betreibend oder, wie Ben & Jerry's – die legendären Eiscremefabrikanten –, als erfolgreiche Unternehmer. Dass Vermont lebenswert bleibt, dafür sorgen u. a. die strengsten Umweltgesetze der Nation. Wer bauen will, muss z. B. sein Haus ästhetisch der Umgebung angleichen. Die lange eigenständige Tradition des Staates hat sogar eine Bewegung namens ›Second Vermont Republic‹ (www.vermontrepublic.org). Die fordert die Sezession von den USA. Spinnerter Traum? 2007 befürworteten 13 Prozent der Vermonter die Loslösung von der Union.

Der Süden

Zwischen dem einladenden Brattleboro und Killington, dem größten Outdoor-Feriengebiet des Ostens, liegen das Wandergebiet der Green Mountains, ein ausgehöhlter Berg, ein Käse-Mekka, ein der Mutter der naiven Malerei gewidmetes Museum und – das gibt es auch – ein American Museum of Fly Fishing! Unaufgeregte Sehenswürdigkeiten allesamt, doch keineswegs enttäuschend: Denn im idyllischen Süd-Vermont, einem schmalen, gerade eine Autostunde breiten Landstrich, ist auch der Weg das Ziel.

Brattleboro ► B 8

Der zwischen den Ausläufern der Green Mountains am Connecticut River liegende Ort ist für den von Süden kommenden Reisenden das eine von zwei Toren nach Vermont. Das andere ist Bennington am Westhang der Green Mountains (s. S. 206). Brattleboro, 1753 gegründet und im 19. Jh. eine boomende Industriestadt, hat in den 1990er-Jahren die Wende zur Kulturstadt vollzogen und feiert dies am ersten Freitag jedes Monats mit dem **Gallery Walk:** Läden, Restaurants und Bürgersteige verwandeln sich dann in Ausstellungsflächen für lokale und regionale Künstler und produzieren so eine volksfestartige Stimmung (www.gallerywalk.org).

Doch keine Sorge, falls Sie dieses Ereignis verpassen: An der Main Street liegen viele interessante Galerien, u.a. **The Artist´s Loft Gallery** (Nr. 103), eine kreative Mischung aus Künstlertreff, altmodischem Salon und Think Tank, der die Galerie des Porträtmalers William Hays angeschlossen ist.

Sehenswertes

Übrigens wird Ihnen Brattleboros Ruf als besonders fortschrittliches Städtchen schnell ins Auge fallen. Statt eines gesichtslosen Supermarktes gibt es den **Brattleboro Food Co-Op** (2 Main St., Mo–Sa 8–21, So 9–21 Uhr), der u.a. mehrere hundert Käsesorten anbietet, und hier sowie in vielen anderen Läden an der Main Street können Sie Petitionen gegen genetisch modifiziertes Gemüse unterschreiben und Schilder wie »Breastfeeding Mothers Welcome« lesen.

An der Main Street liegen darüber hinaus viele gute Restaurants, Kneipen und Coffee Shops. Einen näheren Blick ist das **Latchis Hotel** (50 Main St.) wert, eine Art-déco-Herberge aus dem Jahr 1938 mit altmodischen Zimmern, griechischen Friesen und dem **Latchis Theatre,** das Blockbuster wie Indie-Filme zeigt.

Nachdem Sie sich im **Brattleboro Museum and Art Center** (Mai–Okt. Do–Mo 11–17 Uhr) nicht nur Kenntnisse über die Regionalgeschichte, sondern auch über das Kunstschaffen der hiesigen Szene angeeignet haben, geht es

Rote Silos setzen Akzente in die Landschaft

auf den Rtes. 30 und 35 in die Green Mountains.

Mountainbiking am Mt. Snow

Zwar kommt das Mountainbike aus San Francisco, doch die erste Mountainbike-Schule der USA wurde 1988 nordöstlich von Brattleboro am Mt. Snow (www.mountsnow.com) gegründet. 220 km Trails bietet das Terrain des **Mount Snow Skiresorts,** das seit 1990 die National Championship Series (NCS) ausrichtet und mit dem schwersten Downhill-Trail im Osten aufwartet. Räder können im Mountain Bike Center vor Ort gemietet werden. Bergauf geht es mit Sesselliften.

Übernachten

Intim – **The Artist's Loft B & B:** 103 Main St., Tel. 802 257 5181, www.theartists loft.com, 138–158 $. Als einziger Gast von William Hays genießen Sie dessen volle Aufmerksamkeit. Gemütliche Suite, eigener Eingang, üppiges Frühstück.

Ungewöhnlich – **Latchis Hotel:** 50 Main St., Tel. 802 254 6300, 1 800 798 6301, www.latchis.com, 80–200 $. 1938 als Hotel/Kino/Ballsaal im Art-déco-Stil erbaut, ist es eines der schönsten Hotels in Süd-Vermont, allerdings leicht abgewetztes Dekorum. WiFi.

Essen & Trinken

Unprätentiös – **Flat Street Brew Pub:** 6 Flat St., Tel. 802 257 1911, tgl. 16–1 Uhr, 12–20 $. Zum Hotel Latchis gehörendes Bistro mit Kunst an Ziegelsteinwänden. Exotische Gerichte und Vermonter Spezialitäten, mit Ahornsirup zubereitet.

Schnörkellos – **Riverview Café:** 36 Bridge St., Tel. 802 254 9841, variierende Öffnungszeiten, ab 11 $. Internationale Küche, große Portionen, schöner Blick über den Fluss nach New Hampshire. Ideal zum Entspannen.

Aktiv & Kreativ

Paddeln – Das **Vermont Canoe Touring Center** (451 Putney Rd., Tel. 802 257 5008) neben der Veterans Memorial Bridge vermietet Kajaks und Kanus und organisiert geführte Trips auf den Flüssen der Umgebung.

Infos & Termine

Brattleboro Area Chamber of Commerce: 180 Main St., Tel. 802 254 4565, www.brattleborochamber.org

Brattleboro Winter Carnival: 4. Feb.-Woche. Volksfest mit Livemusik und Pancake-Wettessen

Newfane und Grafton ! ► B 8

Newfane

Ein paar Autominuten nördlich von Brattleboro liegt das verschlafene Nest mit Village Green und Springbrunnen. Kirche, Union Hall und Bezirksgericht stehen makellos weiß Spalier. Weltfern ist Newfane deshalb lange nicht: 2006 gehörte es landesweit zu den ersten Gemeinden, die sich hinter eine Resolution zur Amtsenthebung von US-Präsident George W. Bush stellten. Über diesen Akt zivilen Ungehorsams werden Sie leicht mit den Hiesigen ins Gespräch kommen. Vorbeischauen sollten Sie beim **Uhrmacher Ray Bates** (The British Clockmaker, 49 West St.). Seit über 40 Jahren restauriert er hier die schönsten antiken Uhren Amerikas. Auch sonst sind Sie in guter Gesellschaft: In den Inns um Newfane logierten u.a. schon die Schauspieler Tom Cruise und Nicole Kidman, und ebenso Henry Kissinger und Mick Jagger.

Grafton

Über die hügeligen Ausläufer der Green Mountains, vorbei an roten Scheunen und weißen Zäunen, geht es von Brattleboro nach Grafton.

Der Ort ist Neuenglands Cheddar-Mekka. Der vier Jahre alte Cheddar der 1890 gegründeten **Grafton Village Cheese Company** (Townsend Rd., tgl. 10–18 Uhr), die Vermonts Ruf als Heimat des besten Cheddar des Landes begründet hat, ist der preisgekrönte Hauptdarsteller bei spontanen Picknicks auf der Kühlerhaube. Besucher sollten sich die Zeit nehmen und den Käsern beim *cheddaring,* dem Umdrehen der Käseblöcke, zuschauen.

Übernachten

Typisch neu-englisch – **The Old Tavern:** 92 Main St., Grafton, Tel. 802 843 2231, 1 800 843 1801, www.old-tavern.com, 225–600 $. Über acht historische Häuser im Ort verstreute Unterkunft, 46 gemütliche Zimmer. Gutes Restaurant.

Long Trail, Highway 100 ► B 5–7

Die Grünen Berge sind das Rückgrat Vermonts. Nicht ganz so rau wie die White Mountains (s. S. 224), doch nicht minder anstrengend, bieten sie Outdoor-Fans reichlich Auslauf. Der **Long Trail**, Vermonts Fernwanderweg (s. S. 53), folgt ihnen von Massachusetts bis nach Kanada. Einen Monat braucht, wer seine 438 km der Länge nach ab-

Der Herbst hüllt Newfane in ein rot-gelbes Kleid

Mein Tipp

Für Eisenbahn-Fans
Von Juni bis Oktober ziehen die alten Lokomotiven der Green Mountain Railroad liebevoll restaurierte Waggons durch die Bilderbuchlandschaft Süd-Vermonts. Vor allem der täglich zwischen Bellows Falls am Connecticut River und Chester Depot verkehrende Green Mountain Flyer bietet einen gemütlichen 2-Stunden-Ausflug in Omas und Opas Zeiten. (Green Mountain Railroad Corp., 54 Depot St., Bellows Falls, Tel. 802 463 3069, www.rails-vt.com)

wandern will – pro Jahr verdienen sich rund 70 Wanderer den Ehrentitel ›Thru-Hiker‹! Natürlich geht es auch bequemer: Die **Rte. 100,** eine der ›Scenic Routes‹ Neuenglands, kurvt über die Ostflanke der Green Mountains, durch dichte Wälder und hübsche Lichtungen, und passiert gottverlassene Nester, in denen der Gemischtwarenladen wie eh und je der soziale Mittelpunkt ist. **Weston** ist das schönste, ein ruhiger 500-Seelen-Ort am Ende des West River Valley, mit Green, viktorianischem Bandstand und General Store.

Bennington ► A 8

Von Brattleboro aus klettert die Rte. 9 auf 800 m Höhe und führt durch die dichten Mischwälder des Green Mountains National Forest. Die Schneisen von Mount Snow und Haystack Mountain gleiten vorbei, zwei aus einem Dutzend guter Ski- und Mountainbike-Reviere in Vermont. Auf halber Strecke biegt die Rte. 100 nach Norden Richtung Killington ab (s. o.). Rte. 9 hingegen senkt sich hinab zur Arbeiterstadt Bennington. Eingekesselt von der Taconic Range und den Foothills der Green Mountains, sitzt der Stadtkern Old Bennington auf einem Sattel über dem Walloomsac River.

Das **Bennington Battle Monument** (15 Monument Circle, April–Okt. tgl. 9–17 Uhr), ein gewöhnungsbedürftiger, 100 m hoher Obelisk, lockt mit einer schönen Aussichtskanzel. Er erinnert an die 1777 von den Kolonisten gewonnene Schlacht von Bennington, die die Wende im Unabhängigkeitskrieg zugunsten der Amerikaner einleitete.

Museen in Bennington

Auf dem Weg zum Obelisk liegt das hervorragende **Bennington Museum** (75 Main St., tgl. 10–17 Uhr). Gute Ausstellungen thematisieren die Geschichte Vermonts – der unkommentierte Hinweis, George Washingtons Ritt nach Bennington im Jahre 1790 sei die erste Auslandsreise eines US-Präsidenten gewesen (Vermont war ja noch unabhängig), ist nicht nur nette Statistik, sondern dokumentiert auch den patriotischen Blickwinkel der Vermonter. Legen Sie in der betreffenden Ausstellung auch eine Gedenksekunde ein für die armen 800 hessischen Söldner, die in der Schlacht von Bennington für Großbritannien ihr Leben ließen. Eine Galerie widmet sich Anna Mary Robertson Moses, alias **Grandma Moses** (1860–1961). Die Ikone der naiven Malerei Amerikas begann erst mit 70 Jahren zu malen und erregte mit ihren Szenen des ländlichen Neuengland weltweit Aufsehen.

Kein Postkartenständer in Neuengland ohne sie: Warum sie nicht schon viel eher ein eigenes Museum erhalten haben? Im Sommer 2003 öffnete das **Vermont Covered Bridge Museum**

(West Rd. at Gypsy Lane, Di–So 10–17 Uhr) seine Pforten, ein Museum, das sich einzig und allein dieser neu-englischen Institution widmet. Warum Brücken damals Dächer hatten, wozu sie sonst noch benutzt wurden – nicht umsonst hießen sie auch *kissing bridges* – und welche Herausforderungen ihre Konstrukteure zu meistern hatten, wird hier in liebevoller, leicht schläfriger Heimatkunde-Atmosphäre geschildert.

Übernachten

Urgemütlich – **South Shire Inn:** 124 Elm St., Tel. 802 447 3839, www.southshire.com, 125–265 $. Romantischer viktorianischer Inn, mit schöner Bücherei und vielen handgefertigten Details. Helle Zimmer zum Sichwohlfühlen.

Essen & Trinken

True Blue – **Sonny's Blue Benn Diner:** 314 North St./Rte. 7, Tel. 802 442 5140, Mo–Di 7.30–17.30, Mi–Sa 7.30–20, So 7–16 Uhr, ab 4 $. Ein tiefblauer Eingang, viel rostfreier Stahl und die klassische Bestuhlung machen den Diner aus den 1950er-Jahren zum Fastfood-Event.

Einkaufen

Kunsthandwerk – Seit Kurzem setzt auch Bennington auf Kultur als Wachstumsspritze für die lokale Wirtschaft. Eine Reihe netter Kunsthandwerksläden liegt an der Main Street und Stichstraßen, darunter **Hawkins House Craftsmarket** (262 North St., Mo–Sa 10–18, So 11–17.30 Uhr) und **Fiddlehead at Four Corners** (338 Main St., tgl. 10–18 Uhr).

Aktiv & Kreativ

Hiking – Der **Long Trail** beginnt unweit Bennington. Das Bennington-Kapitel des Green Mountain Club (www.bennington.com/outingclub) hilft mit Informationen und organisiert regelmäßig geführte Wanderungen.

Infos

Bennington Area Chamber of Commerce: 100 Veterans Memorial Dr., Tel. 802 447 3311, www.bennington.com

Manchester ► A 8

Die Rte. 7A von Bennington nach Manchester führt an den Westhängen der Green Mountains entlang, die Taconic Range liegt zur Linken. Das Städtchen Manchester hat den Kommerz so rigide wie kein anderes aus seinem Zentrum **Manchester Village** verbannt und träumt mit Gehwegen aus Marmorplatten und dem grandiosen **Equinox Hotel,** wo livrierte Pagen vorfahrenden Limousinen beispringen, von der guten alten Zeit.

Manchester Center schwelgt indessen im Kaufrausch. Es besteht aus Designer Outlets, u. a. Escada, Ralph Lauren und Giorgio Armani, und Fastfood-Joints. Möglicherweise gehen Sie da schon freiwillig ins **American Museum of Fly Fishing** (4104 Main Street, Di–So 10–16 Uhr). Mit glänzenden Augen saugen hier Angler aus halb Amerika auf, was fanatische Petrijünger zum Thema Fliegenfischen vom 16. Jh. bis heute zusammengetragen haben.

Ausflüge in die Umgebung

Südlich von Manchester lohnt **Hildene** (Rte. 7A, Mai–Okt. tgl. geführte Touren, 9.30–16.30 Uhr) die Inspektion.

Am Highway 100 liegt das ruhige Weston

Das prächtige, hinter Bäumen verborgene Anwesen hoch über dem Battenkill River gehörte dem ältesten Sohn Abraham Lincolns und enthält wundervolles Originalmobiliar.

Der **Equinox Skyline Drive,** eine serpentinenreiche, gebührenpflichtige Strecke, führt von der Rte. 7A aus auf den 1172 m hohen **Mt. Equinox.** Oben reicht der Blick bis zu den White Mountains im Osten und den Adirondacks im Westen. Am Schrankenhäuschen zum Equinox Skyline Drive liegen Trailkarten bereit. Eine Handvoll schöner Trails beginnt an der Straße und folgt den Hängen des Berges bis zum Gipfel, der als Greifvögel-Revier einen guten Namen bei Vogelbeobachtern genießt.

Übernachten

Romantisch – **1811 House:** Manchester, 3654 Main St./Rte. 7A, Tel. 802 362 1811, 1 800 432 1811, www.1811house.com, 140–300 $. Einst das Heim einer Enkelin von Abraham Lincoln, heute Teil des Equinox Resort. 13 mit Liebe zum Detail im viktorianischen Stil eingerichtete Zimmer.

Vernünftig – **Weathervane Motel:** Rte. 7A, Tel. 802 362 2444, 1 800 262 1317, www.weathervanemotel.com, 75–150 $. Nettes Motel mit Pool.

Essen & Trinken

Ideenreich – **The Perfect Wife Restaurant & Tavern:** 2594 Depot St., Tel. 802 362 2817, tgl. 17–22, Tavern 16–23 Uhr, ab 16 $. ›Freestyle‹ beschreibt die Küche am besten: eine Palette von vegetarischen, thailändisch inspirierten Gerichten über Filet Mignon und »Turkey Schnitzel« bis zu Thunfisch-Steaks.

Aktiv & Kreativ

Paddeln – Der südlich fließende **Battenkill River** ist einer von Neuenglands besten Kanu-Flüssen. Profilierter Anbieter von ein- bis fünftägigen Trips, darunter auch ›Inn-to-Inn‹-Touren, ist **BattenKill Canoe Ltd.**, 6328 Rte. 7A, Tel. 802 362 2800, www.battenkill.com.

Infos

Manchester and the Mountains Chamber of Commerce: 5046 Main St., Tel. 802 362 2100, 1 800 362 4144, www.manchestervermont.net

Vermont Valley ► B 8

Nördlich von Manchester schließt sich die Rte. 7A der US-7 an und strebt zwischen den 1000 m hohen Green Mountains und der Taconic Range nach Norden. Nichts deutet darauf hin, dass in diesen Bergen der beste Marmor des Landes ruht. Seit dem frühen 19. Jh. abgebaut, findet er sich in vielen Denkmälern und Regierungsgebäuden in Washington D.C. wieder.

Die Marmorbrüche bieten teilweise spektakuläre Ansichten. So biegt in Danby eine Straße links ab zum **Danby Quarry.** Der Marmor-Steinbruch, der tief unter dem Dorset Mountain liegt, ist der größte unterirdische der Welt. Fast 2 km tief im Berg schneiden Spezialsägen tonnenschwere Marmorblöcke aus, die 10 m hohen Tunnel werden von stehen gelassenen Marmorsäulen gestützt: Eine unwirkliche weiße Welt, in spärliches Licht getaucht. Zwar ist Danby Quarry nicht zu besichtigen, die vor dem Eingang auf den Abtransport wartenden Blöcke sind jedoch beeindruckend genug.

Bilder aus dem Inneren des Dorset Mountain sind im Internet unter www.vermontquarries.com zu finden oder im **Vermont Marble Museum** (52 Main St., Mai–Okt. tgl. 9–17.30 Uhr) im nahen Proctor. Das Museum, das man durch einen Bogen übereinandergetürmter Marmorblöcke betritt, ist in alten Werkshallen der Vermont Marble Co. untergebracht und zeigt neben allen Sorten Vermonter Marmor kunstvolles Dekor und die Marmorbüsten aller US-Präsidenten.

Killington ► B 7

Nicht weit von Proctor führt die Rte. 4, auch sie eine ›Scenic Route‹, über die Green Mountains nach Osten. Auf halber Strecke kündigen kahl rasierte Berghänge das ›Beast of the East‹ an: Killington ist Neuenglands größtes Skirevier und alljährlich Treffpunkt des internationalen Skizirkus. Ständig erweitert, bedient das aus sechs Gipfeln bestehende Resort die gesamte Ostküste bis nach Philadelphia. Im Sommer toben sich hier Mountainbiker aus. Wanderer können Abschnitte des mit dem Appalachian Trail vereinten Long Trail unter ihre Stiefel nehmen (s. S. 205).

Übernachten

Urig – **Inn at Long Trail:** 709 Rte. 4 (unweit der Abzweigung nach Killington), Tel. 802 775 7181, 1 800 325 2540, www.innatlongtrail.com, 80–200 $. Rustikale Herberge mit 22 Zimmern. Das Inn at Long Trail ist eine gute Basis für Wanderungen auf den sich hier kreuzenden Long und Appalachian Trails.

Supergünstig – **Killington-Pico Inn:** Rte. 4 (zwischen Rutland und Killington), Tel. 802 773 4088, 1 800 548 4713, www.killingtonpico.com, 50–115 $. Einfaches Motel mit 30 Zimmern. Whirlpool im Garten.

Auf Entdeckungstour

Sugar Shacks – Flüssiges Gold, tief in den Wäldern

Alle Jahre wieder findet tief in den Wäldern Vermonts ein Ritual statt: Mit Kind und Kegel zieht es die Vermonter im Frühjahr in die ›Sugar Shacks‹. In den rustikalen Hütten genießt man gemeinsam bei einer deftigen Mahlzeit den dort frisch produzierten Ahornsirup – nach langem Winter eine kulinarische Begrüßung des lang ersehnten Frühlings.

Zeit: 1–2 Stunden

Planung: Plummers Sugar House, Grafton (www.plummerssugarhouse.com); New England Maple Museum, Rte. 7, Pittsford (nördlich von Rutland gelegen), Tel. 802 483 9414, www.maplemuseum. com, Mai–Okt. tgl. 8.30–17.30 sowie Nov.–Dez. tgl. 10–16 Uhr

Plummer's Sugar House, unweit Grafton, tief in den Vermonter Wäldern. Man steht mit einem hölzernen Stiel in der Hand vor einem langen, mit Schnee bedeckten Tisch und wartet. Dann kommt jemand mit Eimer und Kelle und gießt frischen, noch heißen Ahornsirup in kleinen Portionen in den Schnee. Dort kühlt die bernsteinfarbene Flüssigkeit zu einer klebrigen Masse ab, die auf den Stiel gerollt wird. Zunächst ist man dabei eher ungeschickt, doch der Unmut darüber schwindet, sobald die noch warme, klebrige Masse den Gaumen berührt.

Produktionsgigant

Vermont ist dank seiner großen Ahorn-Wälder Amerikas größter ›Maple Syrup‹-Produzent. Mit einer Jahresproduktion von 1,55 Mio. Liter (2005) liegt der Staat weit vor den Konkurrenten Maine, New York und New Hampshire. Bereits die Ureinwohner schätzten Ahornsirup als Süßungsmittel und den Ahornsaft als Mittel gegen Rheuma und Arthritis. Heute gehört Ahornsirup zur Alltagskultur nicht nur Neuenglands. Pancakes, Waffeln und French Toast ohne Ahornsirup sind in ganz Amerika schlechthin undenkbar.

Vom Baum zum Sirup

Ahornsirup kann nur während der Schneeschmelze im Frühjahr hergestellt werden. Wenn – bei nächtlichen Minustemperaturen – die Tage wärmer werden, lassen die Temperaturunterschiede den Saft in den Bäumen steigen. Wo die ersten Siedler noch Keile in die Bäume trieben und Eimer daranhängten, sind heute meist weit verzweigte Leitungssysteme zu sehen, die den Saft direkt in die Zuckerhütte leiten. Dort wird der leicht süßliche Saft in großen Kesseln gekocht. Für einen Liter Sirup werden 40 Liter Saft benötigt. In Vermont wird Ahornsirup in drei Qualitätsstufen angeboten. ›A‹ steht für ein bernsteinfarbenes Produkt von feinstem Aroma. ›B‹ und ›C‹ sind dunkler, dicker und stärker im Geschmack. ›C‹ wird hauptsächlich zum Kochen benutzt.

Vermonts offizielle Sirup-Saison dauert von Anfang März bis Mitte April. Inzwischen bieten viele Zuckerhütten – Gefriertruhen machen's möglich – den Genuss frischen, im Schnee gerollten Ahornsirups jedoch auch das ganze Jahr über an. Sogar ein Museum wurde der süßen Sünde gewidmet. Und für Hardcore-Leckermäuler listet das Tourismusministerium Vermonts in einem »Guide to Vermont Maple Producers« diverse Zuckerhütten, die man

Anzapfen der Bäume im Frühjahr

besuchen kann (www.vermont.com/activities/maple-producers/). Darunter sind die **Sugarbush Farm** (591 Sugarbush Farm Rd., Woodstock, tgl. 8–17 Uhr), wo bei geführten Touren auch Interessantes zur Käsezubereitung berichtet wird, sowie die **The Country Shop at the Robb Family Farm** (827 Ames Hill Rd., Brattleboro, www.robbfamilyfarm.com), der eine breite Palette frischer Ahornsirup-Produkte anbietet.

Winterlich verpackt: ein B & B in Woodstock

Essen & Trinken

Sportlich-elegant – **Zola's Grille & Theodore's Tavern:** 103 Rte. 4 (im Cortina Inn), Tel. 802 773 3333, tgl. 8–23 Uhr, ab 10 $. Neue amerikanische Küche mit mediterranen Einflüssen. Solide Burger und Pizzen.
Hemdsärmelig – **Outback Pizza:** Killington Rd., Tel. 802 422 9885, 11–24 Uhr, ab 8 $. Wirbt mit dem Spruch »Alle anderen Restaurants sind zu zivilisiert!«

Aktiv & Kreativ

Wandern, Skifahren – Viele der Ski-Berge, v. a. Deer Leap Mountain, bieten gute Wanderwege. Trail-Infos dazu im Chamber und im Inn at Long Trail (s. o.).
Mountainbiking – Mit fast 100 km Mountainbike-Trails ist Killington auch auf Hardcore-Radler vorbereitet. Räder, Helme und Knieschützer können bei **The Mountain Bike Shop** (in der Killington Base Lodge, Tel. 802 422 6232) gemietet werden.

Abends & Nachts

Das Nachtleben Killingtons ist lebhaft, informell und ohne Frackzwang: Bars und Musikkneipen konzentrieren sich an der Killington Road. Auf den kleinen Bühnen stehen meist urige Lokalgrößen oder ehrgeizige, neue Talente.
Abtanzen – Ein guter Ort zum Abtanzen ist das **Nightspot** (2841 Killington Rd., Tel. 802 422 9885, tgl. 21–2 Uhr) gleich neben dem Outback Pizza.

Infos

Killington Chamber of Commerce: Rte. 4 West, Killington, Tel. 802 773 4181, 1 800 337 1928, www.killingtonchamber.com

Woodstock ► B 7

Woodstock ist entschieden vornehmer. Piekfein und rundum perfekt, zieht das Städtchen die Oberschicht an, seit das County hier seinen Verwaltungssitz eingerichtet hat. Das war bereits kurz nach der Gründung 1761, und seitdem haben Unternehmer, Anwälte und Ärzte das ovale Green mit standesgemäßen Residenzen aller Stilrichtungen in eine Art Neuengland-Idylle im XL-Format verwandelt. Nichts stört das Auge des Ästheten: In den Teestuben am Green treffen sich die Damen zum High Tea, durch die Antiquitätenläden bummeln die sonnenbebrillten New Yorker, bekleidet mit Polohemden und senffarbenen Freizeithosen (er) sowie teuren Jeans und cremefarbenen Tops (sie).

Vom Alltag anno dazumal in dieser blitzblanken Puppenstube zeugt eine Multimedia-Ausstellung mit Erinnerungen alter Woodstocker im **Haus der Woodstock Historical Society** (26 Elm St., Mai–Okt. Mo–Sa 10–16, So 12–16 Uhr).

Ausflüge in die Umgebung

Etwas nördlich von Woodstock liegt das **Billings Farm and Museum** (54 Elm St., Mai–Okt. tgl. 10–17 Uhr). Im Jahr 1871 hatte Frederick Billings, Rechtsanwalt und ein ›Grüner‹ der ersten Stunde, das Anwesen errichtet und baute es zu einem umweltfreundlich geführten Vorzeigebetrieb aus, der, nun in der Hand eines Rockefeller-Enkels, bis heute erstklassiges Jersey-Vieh produziert.

Der **Marsh-Billings-Rockefeller National Historical Park** gleich neben Billings Farm and Museum (tgl. Mai–Okt.) bietet 40 km schöner Spazierwege durch eine idyllische Naturlandschaft sowie auf den Gipfel des über Woodstock aufragenden Mt. Tom.

Übernachten

Romantisch – **Kedron Valley Inn:** Rte. 106, South Woodstock, Tel. 802 457 1473, 1 800 836 1193, www.kedronvalleyinn.com, 140–370 $. Historischer, auf drei Häuser verteilter Inn mit 26 hübschen Zimmern. Gutes Restaurant.

Schnuckelig – **Ardmore Inn:** 23 Pleasant St., Tel. 802 457 3887, www.ardmoreinn.com, 135–240 $. Gemütliches B & B im Greek-Revival-Stil, das nur zwei Gehminuten vom Village Green entfernt liegt.

Essen & Trinken

Preisgekrönt – **The Prince and the Pauper:** 24 Elm St., Tel. 802 457 1818, So–Fr 18–21, Sa 18–21.30 Uhr, Fixpreis pro Menü 49 $. Etwas zu teuer, aber dank seiner kreativen, neuen amerikanischen Küche dennoch zu empfehlen.

Unprätentiös – **Mountain Creamery:** 33 Central St., Tel. 802 457 1715, tgl. 7–15 Uhr, ab 5 $. Der Coffee Shop vor Ort, gute Frühstücks- und kalorienreiche Lunchkarte. Berühmt für seine »mile high apple pie«!

Einkaufen

Neben den Galerien rund ums Green sollten Sie Vermonts ältesten **General Store** besuchen. F. H. Gillingham's & Sons eröffnete 1886 und verkauft seitdem ›made in Vermont‹, v. a. Ahornsirup, Käse und Kunsthandwerk (16 Elm St., Mo–Sa 8.30–18.30, So 10–16 Uhr).

Infos

Woodstock Area Chamber of Commerce: 18 Central St., Tel. 802 457 3555, www.woodstockvt.com

Der Norden

Burlington, ›America's Dream Town‹, so schwärmen amerikanische Lifestyle-Magazine, liege an ›New England's West Coast‹, womit der Lake Champlain gemeint ist. Ähnlich überschwänglichen Vergleichen würden auch die Stationen auf dem Weg dorthin standhalten. Sie passieren: Aussteiger-Refugien in den Green Mountains, die Sie bedenkenlos ›malerisch‹ nennen dürfen, Montpelier, die kleinste Hauptstadt der Vereinigten Staaten und allein deshalb sehenswert, und, damit Sie die Bilderbuchidylle nicht allzu sehr einlullt, windgepeitschte Höhen jenseits der Baumgrenze.

Burlington liegt westlich der **Green Mountains**, die I-89 leistet sich sogar einen Umweg für diese schöne Stadt. Entlang der Ostflanke der Grünen Berge strebt hingegen die Rte. 100 (s. S. 205), von Killington kommend, nordwärts. Dabei lässt sie die Hauptstadt Montpelier rechts liegen, streift den Wintersportort Stowe und arbeitet sich im Schatten des Mount Mansfield durch die enge Smugglers' Notch, um auf der anderen Seite schließlich über dünn besiedelte, raue Weiten bis nach Kanada zu blicken. Wie immer in Neuengland gilt auch hier: die Landstraßen den Entdeckern, die Interstate den Kilometerfressern.

Middlebury und Umgebung ► A 7

Gap bezeichnet in Vermont nicht die Textilmarke, sondern einen Pass. Vom **Brandon Gap** an der Rte. 73 und dem **Middlebury Gap** etwas nördlicher an der Rte. 125 öffnen sich bei gutem Wetter schöne Blicke über die Westseite der Green Mountains und das Champlain Valley auf das glitzernde Band des Lake Champlain. Von beiden Routen zweigen Nebenstraßen zu versteckt liegenden Weilern und einsamen Häusern ab. Im 17. und 18. Jh. war dies ein Durchzugsgebiet für indianische, französische, englische und amerikanische Truppen. Viele der hier lebenden Vermonter kamen in den 1960ern im VW-Bulli hier an, kultivierten Hanf und sangen »California Dreamin'«. Inzwischen sind sie in die Jahre gekommene Farmer, Lehrer und B & B-Betreiber, politisch aber noch immer hellwach und allen Beamten gegenüber zutiefst misstrauisch.

Ein gutes Gefühl für dieses relativ untouristische Stück Vermont bekommen Sie auch, wenn Sie in südwestlicher Richtung zur Fähre in **Larrabee's Point** unterwegs sind. Der nette Abstecher zu Wasser führt zum bereits im Bundesstaat New York liegenden **Fort Ticonderoga** (Mai–Okt. tgl. 9.30–17 Uhr) am Westufer des Lake Champlain. Am 10. Mai 1775 eroberten die Green Mountain Boys unter Ethan Allen das von den Briten gehaltene Fort. Ein kleines Museum und exerzierende Soldatendarsteller lassen die wilden Zeiten wieder aufleben.

Middlebury

Das Städtchen ist wieder ein Stück klassisches Neuengland: Green, Kirche, von Wohlstand zeugende alte Häuserzeilen – alles klar zum Fototermin. Die Studenten des renommierten, 1800 gegründeten Middlebury College bilden die Klientel der zeitgemäßen Boutiquen in historischen Gemäuern. Im **Henry Sheldon Museum of Vermont History** (1 Park St., Di–Sa 10–17, So 13–17 Uhr) hat der besessene Sammler Henry Sheldon im 19. Jh. alles zusammengetragen, was für ihn Vermont verkörperte. Resultat: eine volkskundliche, dem Vermonter Alltag vor 100

Green Mountains: ein Paradies für Mountainbiker

Jahren gewidmete Sammlung mit zahlreichen skurrilen Objekten, unter denen sich auch ein angeblich versteinerter Indianerjunge findet.

Moosalamoo Recreation Area

Noch weitgehend unbekannt bei Wanderern ist das Wildnisgebiet im Herzen des **Green Mountains National Forest.** Fünfzehn Autominuten südöstlich von Middlebury gelegen, erreichen Sie es auf der Rte. 125. An dieser Straße beginnen bereits mehrere Trails zu herrlichen Aussichtspunkten über das Champlain Valley und den Lake Champlain auf die blaue Kette der Adirondacks. Insgesamt verfügt die Moosalamo-Wildnis über 100 Trailkilometer, u. a. auch ein Teilstück des Long Trail (s. o., www.moosalamoo.org).

Übernachten

Perfektes Versteck – **Blueberry Hill Inn:** Goshen-Ripton Rd. (20 Min. Richtung Brandon, Rte. 73, bei Schild ›Blueberry Hill‹ links abzweigen), Tel. 802 247 6735, www.blueberryhillinn.com, 130–160 $ (pro Person). Versteckt in der Moosalamoo Recreation Area, ist das Inn ein traumhaftes ›Get-away‹. Blaues, von Alt-Hippie geführtes Haus aus dem Jahr 1813, elf urgemütliche Zimmer, Sauna, ausgiebiges Frühstück. Basis für Wander- und Radtouren.

Nüchtern – **Greystone Motel:** 1395 Rte. 7 (3 km südlich von Middlebury), Tel. 802 388 4935, www.greystonemotel.net, 75–90 $. Kleines, sauberes Motel mit zehn Zimmern. Keine bösen Überraschungen.

Essen & Trinken

Entspannt – **American Flatbread:** 137 Maple St., Tel. 802 388 3300, tgl. 7–18 Uhr, ab 7 $. Bio-Bäckerei und Café tagsüber, Freitag und Samstag abends informelles Restaurant (17–21 Uhr), Spezialität: Steinofen-Pizza.

Einkaufen

Kunsthandwerk – Das **Vermont Craft Center at Frog Hollow** (1 Mill St., Mo–Sa 9.30–17, So 12–17 Uhr), eine Galerie in einer alten Mühle am Otter Creek, zeigt und verkauft originelle Arbeiten Vermonter Künstler.

Infos

Addison County Chamber of Commerce: 93 Court St., Middlebury, Tel. 802 388 7951, 1 800 733 8376, www.addisoncounty.com

Montpelier ►B 6

Waschbären, Stachelschweine, Füchse, Hasen: Die sonst eher als *road kills* zu besichtigenden Vierbeiner kreuzen die Rte. 12 so gemächlich, als wäre der Asphalt ihr Zuhause. Die parallel verlegte I-89 dünnt den Verkehr auf der Landstraße von Bethel nach Montpelier derart aus, dass Vermont sich hier 50 km lang einmal ohne B & Bs und Antiquitätenläden präsentiert. Die sich um das Carré von Main und State Street kuschelnde Hauptstadt am Winooski River wirkt danach wie das Tüpfelchen auf dem i. Anders hat man Montpelier nicht erwartet: Klein, aber fein, und mit allen Annehmlichkeiten eines Regierungssitzes.

Sehenswertes in Montpelier

Vier Colleges, darunter das New England Culinary Institute, sind hier zu Hause, doch die so oft von Denkanstalten ausgehende Bedeutungsschwere lastet hier einmal nicht auf der Atmosphäre. Die bewaldeten Berghänge im Hintergrund betonen die Schönheit des 1857 errichteten **State Capitol** (115 State St., Mo–Fr 8–16 Uhr, gef. Touren halbstündig) mit der vergoldeten Kuppel – ein beliebtes Fotomotiv, kein Wunder. Neben dem Haupteingang steht Ethan Allen grim-

Typisch für Neuengland sind die Quilts

mig Wache, drinnen lohnen die marmorausgelegten Korridore und Gemälde Vermonter Künstler einen Blick. Interessante Memorabilien aus der bewegten Geschichte des Staates im **Vermont Historical Society Museum** (109 State St., Di–Sa 10–16 Uhr) helfen die sog. ›Vermontness‹ ebenso verstehen wie ein kurzer Spaziergang durch die kompakte City mit ihren Federal-Style-Häusern: Kein Fastfood-Franchise in Sicht, dafür aber etliche Diners, Cafés und Restaurants in Familen- oder Privatbesitz. Montpelier, das 1805 Hauptstadt wurde, ist nicht nur die kleinste Hauptstadt der USA, sondern auch die einzige ohne ein McDonald's innerhalb ihrer Stadtgrenzen.

Mad River Valley

Der Name ist irreführend: Nicht wilde Wasser dürfen Sie in diesem Tal südwestlich von Montpelier erwarten, sondern ein friedvolles Flüsschen, das – in den USA ungewöhnlich – von Süden nach Norden fließt. Auch das Tal selbst, durch das die Rte. 100 nach Süden strebt, ist bildschön. Seine vier Dörfer – **Warren, Waitsfield, Fayston und Moretown** – sind schläfrige Ensembles viktorianischer Architektur, in denen Sie neben kleinen Galerien und General Stores auch jene sonderbaren Bauwerke finden, die hierzulande viele Postkarten zieren: die *covered bridges.* Sehenswert sind v. a. die 1833 gebaute **Great Eddy Bridge** in Waitsfield, dies ist älteste in Vermont, und die **Warren Bridge** von 1880 in Warren.

Übernachten

Historisch – **Inn at Montpelier:** 147 Main St., Tel. 802 223 2727, www.innatmontpelier.com, 130–230 $. Sehr entspannt im Hier und Jetzt in zwei Häusern. Mit umlaufender Veranda, 22 heimeligen Zimmern und vielen netten Details.

Essen & Trinken

Spannend – **Main Street Grill & Bar:** 118 Main St., Tel. 802 223 3188, Lunch Di–So 11.30–14, Dinner Di–So 17.30–21 Uhr, ab 12 $. Modernes Restaurant auf zwei Etagen, zugleich ›Testlabor‹ des New England Culinary Institute. In der Küche: zukünftige Spitzen-Chefs.

Unvernünftig – **La Brioche Bakery and Café:** 89 Main St., Tel. 802 229 0443, Mo–Fr 6.30–17, Sa 7–17, So 8–14 Uhr, ab 7 $. Hübsches Café, raffiniertes Backwerk, kreative Sandwiches. Ebenfalls zum New England Culinary Institute gehörig.

Einkaufen

Vor allem Bücher – Die Einkaufstour mit anschließendem Cappuccino findet im übersichtlichen Kreuzungsbereich von Main und State Street statt. Kleine Accessoires-Geschäfte und Buchläden dominieren. Genießen Sie die knarrenden Holzböden im **Rivendell Books** (100 Main St., gegenüber von Ben & Jerry's, Mo–Mi 9–19, Do–Sa 9–21, So 10–18 Uhr), wo seltene und antike Bücher auf Sie warten, und von **Bear Pond Books** (77 Main St., Mo–Do 9–18.30, Fr 9–21, Sa 9–18, So 10–17 Uhr), das sich auf Vermonter Autoren konzentriert.

Barre ► B 6

Der Granit für das Capitol und die meisten öffentlichen Gebäude in Montpelier stammt aus den Steinbrüchen im nahen Barre (gespr.: *berry*). Die Arbeiterstadt ist Montpeliers proletarische Cousine. Die hiesigen Granitbrüche, aus denen der hochwertige ›Barre Gray‹ stammt, zogen einst v. a. schottische und italienische Einwanderer an. Sie sahen erbitterte Arbeitskämpfe und sind noch immer das Rückgrat der lokalen Wirtschaft, die heute mit dem erstklassigen Granit namens ›Barre Gray‹ u. a. die meisten Grabsteine des Landes produziert. Mehr solcher *fun facts* erfahren Sie im mit historischen Fotos und Clips ausgerüsteten **Barre Museum and Archives** (Aldrich Public Library, 6 Washington St., nach Vereinbarung). Vorbei an den schmucklosen Arbeiterhäusern von **Graniteville** im Süden Barres geht es danach zum größten Granitbruch der Welt. Der **Rock of Ages Quarry** ist ein spektakuläres, stufenweise abfallendes Loch, aus dem u. a. die Treppe des Kapitols in Washington stammt und der Fußboden im Hongkonger Flughafen. Weitere nette Details erfährt man im Besucherzentrum, das auch Touren anbietet (Mai–Okt. Mo–Sa 8.30–17.00, So 10–17 Uhr).

Infos & Termine

Central Vermont Chamber of Commerce: P. O. Box 336, Barre, Tel. 802 229 4619, www.central-vt.com
Annual Northeast Regional Old Time Fiddler's Contest: 4. Sept.-Woche. Mit munterer Volksmusik im Barre Opera House (www.nefiddlers.org)

Stowe und Mt. Mansfield ► B 6

Trotz der aggressiven Konkurrenz in Killington bleibt man hier dabei: Stowe ist die Skihauptstadt Neuenglands. Der 1763 gegründete 3500-Seelen-Ort hat den Vorteil gewachsener Historie: Welcher der aus dem Boden gestampften Skiurlaubsorte besitzt schon einen Stadtkern, der älter als 30 Jahre ist? Von Mitte November bis Mitte Mai heißt es auf den rund 50 Pisten ringsherum Ski und Rodel gut. Hier ziehen Skilangläufer auf herrlichen Loipen durch tief verschneite Winterwunderlandschaften, mehrere Dutzend Restaurants sowie ein Ring von Unterkünften, Ausrüstern und Malls rund um das Städtchen ergänzen die Infrastruktur. Im Sommer ist das hin und wieder mit Aspen (Colorado) verglichene Stowe nicht minder aktiv: Wandern und Mountainbiking werden großgeschrieben, vor allem an den Flanken des Mt. Mansfield (1339 m). Allerdings – dies ist nun mal auch Amerika – führen auch die vom **Stowe Mountain Resort** (5781 Mountain Rd., Ende Juni–Okt., tgl. 10–17 Uhr) betriebenen **Gondeln** und die **Mount Mansfield Auto Road** an den Gipfel heran (Ende Mai–Okt. tgl. 9–16 Uhr). Die letzten Meter müssen Sie jedoch kraxeln, doch dafür reicht der Blick von jenseits der Baumgrenze unter günstigen Bedingungen bis zu den White Mountains und nach Kanada.

Eine unvergessliche Autofahrt wartet übrigens auf der Rückseite des Berges. **Smugglers' Notch** heißt ein enger Pass, den einst Schmuggler und geflohene Sklaven auf dem Weg nach Kanada benutzten. Die Rte. 108 arbeitet sich zwischen dicken Felsen in engen Serpentinen bergan und passiert in einer unübersichtlichen Kurve den nur wenige Meter breiten Sattel. Anstrengende Trails beiderseits der Straße führen zu herrlichen Aussichtspunkten.

Trails um den Mt. Mansfield

Eine gute Kondition ist für **Hiker** Voraussetzung zur Bezwingung der hier steilen Green Mountains. Nördlich von Stowe beginnt an der Rte. 108 (Park-

Früh übt sich ... auch im Norden Vermonts

platz: Long Trail) der 7,5-km-Trail auf den Mt. Mansfield. Der Green Mountain Club stuft ihn als *difficult* ein und veranschlagt – optimistische – 6,5 Stunden für ihn. Andere gute Trails: der Stowe Pinnacle Trail 4,5 km) auf den Hogback Mountain und der Waterbury Trail (6,4 km) auf den Mt. Hunger. Detaillierte Infos beim Green Mountain Club (s. S. 53). Für **Biker und Mountainbiker** stehen über 200 km Radwege zur Verfügung, darunter der schöne Stowe Recreation Path mitten durch den Ort. Mountainbiker versuchen sich am legendären Cottonbrook Trail. Räder können bei **The Mountain Bike Shop** (580 Mountain Rd., hinter Stowe Community Church, Tel. 802 253 7919) gemietet werden.

Übernachten

Schöner Klon – **Innsbruck Inn at Stowe:** 4361 Mountain Rd., Tel. 802 253 8582, www.innsbruckinn.com, 90–210 $. Nett reproduziertes Stück Österreich am Fuß des Mount Mansfield. 25 rustikal-elegante Zimmer. Pool, Sauna, Whirlpool.
Niedlich – **Alpenrose Motel:** 2619 Mountain Rd., Tel. 802 253 7277, 1 800 962 7002, 80–120 $. Bezahlbare »Gemutlichkeit« zwischen Stowe und den Abfahrten. Zimmer mit Kitchenette. Pool.

Essen & Trinken

Gemütlich – **Hob Knob Restaurant:** 2364 Mountain Rd. (im Hob Knob Inn), Tel. 802 253 8549, Mi–Mo 18–21 Uhr, ab 16 $. Uriges Skihütten-Ambiente, Steaks, Ribs, Lammkoteletts.
Intim – **Blue Moon Café:** 35 School St., Tel. 802 253 7006, Mi–So 18–21.30 Uhr, ab 17 $. Entspanntes Fine Dining mit viel Holz und Kunsthandwerk ringsherum. Die Renner: Vermont Rabbit und Angus Steak.

Mein Tipp

Cliff House Restaurant
Das Restaurant auf dem Gipfel des Mt. Mansfield bietet sich für einen Lunch-Stop jenseits der Baumgrenze an. Auf der Speisenkarte des jüngst renovierten rustikalen Restaurants stehen kreativ angerichtete Suppen, kalifornisch inspirierte Salate sowie Sandwiches und Pastagerichte. Der Panoramablick auf drei Bundesstaaten und Kanada kommt als Beilage. Anfahrt über Auto Road oder Gondola Skyride (Tel. 802 253 3558, Lunch 11–15 Uhr).

Aktiv & Kreativ

Paddeln – Die Schönheit der Täler rings um Stowe erschließt sich am besten im Kanu oder Kajak auf dem **Lamoille** oder **Winooski River.** Geführte Touren organisiert **Umiak Outdoor Outfitters** (849 S. Main St., Stowe, Tel. 802 253 2317, www.umiak.com).

Infos

The Stowe Area Association: 51 Main St., Tel. 802 253 7321, 1 800 247 8693, www.gostowe.com

Burlington ►A 6

Innerhalb des Stadtgebiets begleitet ein 15 km langer Radweg den **Lake Champlain.** Wo andere Städte private Jachtklubs haben, bietet die Universitätsstadt Burlington ihren Bürgern ein Bootshaus mit mietbaren Segelbooten. Während Fußgängerzonen anderswo in den USA grandiose Fehlschläge sind, ist die Church Street in Burlingtons Innenstadt bis spät in die Nacht ein belebter City-Treff. Second-Hand-Buchläden, Klamottenläden wie Banana Republic, Tante-Emma-Läden, Pubs und Kaffeehäuser: Gründe genug, nicht in die Vorstädte zu ziehen.

Hintergrund dieser Erfolgsgeschichte sind über 10 Jahre menschenfreundlicher Stadtregierung, erst unter parteiunabhängigen Sozialisten, danach unter der Progressive Coalition. Beide investierten ausschließlich in erschwinglichen Wohnraum, erließen Mietobergrenzen und bauten das öffentliche Nahverkehrssystem aus. Auch deshalb wirkt Vermonts größte Stadt heute fast noch europäischer als Boston. Der einstige Zwischenstopp unterwegs zum 130 km entfernten Montréal ist eine gemächliche Fußgängerstadt.

Vom schönen **Waterfront Park** geht es auf der College Street hinauf zum Church Street Marketplace. Dort lohnen v. a. die Buchläden das Nähertreten. Das Auto wird zum Besuch der **Ethan Allen Homestead** (Rte. 127, Mai–Okt. Do–Mo 10–16 Uhr) im nördlich angrenzenden Winooski benötigt. In dem Haus verbrachte Vermonts Volksheld seine letzten Lebensjahre.

Shelburne Museum

Mai–Okt. tgl. 10–17 Uhr
Last but not least eines der besten Museen im Osten: das **Shelburne Museum** (Rte. 7) 5 km südlich von Burlington. Was als Hobby der Millionenerbin Electra Havemeyer Webb begann, besteht heute aus 38 Gebäuden in einer bukolischen Parklandschaft am Seeufer. Es lässt die Geschichte Neuenglands und Amerikas von der Kolonialzeit bis zur Gegenwart Revue passie-

ren: Historische Häuser, anderswo abgetragenund hier wieder aufgebaut, darunter ein Leuchtturm, ein Bahnhof, eine Rundscheune und der herrlich nostalgische Stagecoach Inn, der Werbeträger aus dem 18. und 19. Jh. zeigt. Ein Highlight ist die 1906 hier gebaute »S.S. Ticonderoga«, ein fotogener Raddampfer.

Sehenswert ist auch das **Electra Havemeyer Webb Memorial Building.** Die hier hängenden Rembrandts und Manets stammen aus Electras Apartment in Manhattan.

Übernachten

Elegant – **The Inn at Essex:** 70 Essex Way, Essex (10 Automin. östlich von Burlington), Tel. 802 878 1100, 1 800 727 4295, www.vtculinaryresort.com, 170–280 $. Weitläufige 120-Zimmer-Anlage im Kolonialstil, Heim des New England Culinary Institute. Dinner im »Butler's«.

Heimelig – **Sunset House B & B:** 78 Main St., Tel. 802 864 3790, www.sunsethousebb.com, 100–150 $. Vier einfache, freundliche Gästezimmer im netten Queen-Anne-Haus mitten in der Stadt.

Essen & Trinken

Munter – **Leunig's Bistro:** 115 Church St., Tel. 802 863 3759, 21–31 $. Vermont trifft Paris in diesem netten Bistro. Klasse: Bistro Burger und Filet Mignon. Oft Livemusik.

Total entspannt – **Splash at the Boathouse:** College St., Tel. 802 651 1081, ab 6 $. »Keep it simple« lautet hier das Motto, und beim Blick auf den abendlichen Lake Champlain fällt das ohnehin leicht. Exotisches: Fisch-Tacos, hebräische Hotdogs, Chicken Wrap mit Mango-Sauce.

Einkaufen

Nachmittagsbummel – Am besten auf der Church Street: Neben den internationalen Trendmarken bestehen hier zahlreiche lokale Geschäfte, u. a. der hiesige Küchenwarenspezialist **Kiss the Cook** (72 Church St., Mo–Do 9–21, Fr–Sa 9–21.30, So 10–18 Uhr) mit seiner interessanten Auswahl hochwertigen Porzellans und Bestecks.

Hardcore-Shopper – Die wird es geradezu magnetisch zu den **Essex Outlets** (Rtes. 15 u. 289, Mo–Sa 9.30–20, So 11–17 Uhr) 15 Autominuten östlich von Burlington ziehen.

Aktiv & Kreativ

Kreuzfahrten – Ende Mai–Okt. startet die **»Spirit of Ethan Allen III«** mehrmals täglich vom Burlington Boathouse (College St.) zur Fahrt auf dem **Lake Champlain** (Tel. 802 862 8300). Die abendliche Runde mit Sonnenuntergang über den Adirondack Mountains (›Sunset Cruise‹) ist besonders romantisch.

Abends & Nachts

Burlingtons Nachtleben – Pubs, Clubs, Lounges – findet rund um die Church Street statt.

Top-Acts – **Higher Ground:** 1214 Williston Rd., South Burlington, Tel. 802 652 0777, www.highergroundmusic.com. Bester Joint für Livemusik aus Neuengland und den USA. Fast täglich Konzerte, tolle Atmosphäre.

Infos

Lake Champlain Regional Chamber of Commerce: 60 Main St., Burlington, Tel. 877 686 5253, www.vermont.org

Das Beste auf einen Blick

New Hampshire

Highlight!

White Mountains: Ein raues, ungeschliffenes Stück Neuengland, wild, abgelegen und – nicht zuletzt auch dank einer extrem niedrigen Vegetationsgrenze – viel höher als »nur« 2000 m wirkend. Die »Weißen Berge« sind das schönste Outdoor-Revier im Nordosten. S. 224

Auf Entdeckungstour

Appalachian Trail: Dutzende Bücher wurden über ihn geschrieben und Tausende von Artikeln: Der Appalachian Trail von Georgia nach Maine ist Amerikas berühmtester Fernwanderweg. In den White Mountains können Sie einige seiner schönsten Abschnitte unter die Stiefel nehmen. Für einen Tag, oder aber für eine ganze Woche. S. 226

Kultur & Sehenswertes

Tip Top House, Mount Washington: Ja doch, die Steinhütte war das erste Hotel hier oben. S. 236

Canterbury Shaker Village, Canterbury: Neuenglands schönstes Shaker-Dorf. S. 245

Strawberry Banke Museum, Portsmouth: Zeitreisen im besten Hausmuseum der Küste. S. 247

Aktiv & Kreativ

Franconia Ridge Trail, Mt. Lafayette: Auch ›Agony Ridge‹ genannt: Am Ende wissen Sie, warum. S. 229

Tuckerman Ravine Trail, Mount Washington: Einmal Gipfel und zurück – der größte ›Stairmaster‹ der Ostküste. S. 238.

Paddeln auf dem Squam Lake: Kein Motorboot, kein Jet-Ski-Getöse. S. 241

Genießen & Atmosphäre

Flume Gorge, White Mountains: Spaziergang durch einen Märchenwald. S. 229

Omni Mount Washington Resort: Bretton Woods. Ein ›grand‹ gebliebenes Hotel. S. 240

Red Arrow Diner, Manchester: So populär, dass selbst Präsidentschaftskandidaten hier vorbeischauen. S. 245

Abends & Nachts

Horsefeathers, North Conway: Biere und Burger und Livemusik von Bands wie »Girls, Guns 'n Glory«. S. 233

Murphys on the Green, Hanover: Studenten, Bier und handgemachte Musik. S. 244

Blue Mermaid Island Grill, Portsmouth: Neuenglands beste Margaritas. S. 247

Von kantigem Charme

Infobox

Tourist Information
NH Division of Travel and Tourism Development: 172 Pembroke Rd., Concord, NH 03302 1856, Tel. 603 271 2665, www.visitnh.gov
White Mountains Attractions Association: Rte. 112, North Woodstock, Tel. 603 745 8720, 1 800 346 3687, www.visitwhitemountains.com

Anfahrt & Weiterkommen
Die Unübersichtlichkeit der Region, die mit ihren engen Tälern und schmalen Pässen gerade Straßen gern verhindert, bekommen auch Sie zu spüren: Nur drei Straßen, die I-91 und die Rtes. 302 und 16, durchqueren die White Mountains von Norden nach Süden. Die einzige Ost-West-Verbindung ist die Rte. 112. Schneller als 70, 80 km/h werden Sie daher nur selten fahren können.

Sein offizielles Motto ist das wohl martialischste des Landes: »Live free or die« steht auf den Autonummernschildern, »Lebe in Freiheit oder stirb!«. Und Sie werden bald sagen: Steht ihm gut! New Hampshire, bergig und kantig, ist ein bisschen wie der unaufgeräumte Dachboden des sonst so ordentlichen Neuengland. Die Städtchen hier sind weniger Rockwell'sche Ensembles (s. S. 158) als zweckdienliche Ansammlungen von Häusern, Supermärkten und Tankstellen.

Stolz und bodenständig war New Hampshire schon immer. Der kriegerische Spruch stammt von Rebellenführer John Stark, einem Sohn der Colony of New Hampshire. Deren Bewohner hatten bereits im Jahr 1775 ihren englischen Gouverneur verjagt und Anfang 1776, sechs Monate vor allen anderen Kolonien, die Unabhängigkeit von England proklamiert. Von daher verwundert es also nicht, dass die Freiheit des Individuums bis heute ein goldenes Kalb ist und man als einziger Neuengland-Staat nicht nur auf Verkaufs- und Einkommensteuer verzichtet, sondern auch auf die Anschnallpflicht. Im Jahr 1944 schrieb New Hampshire Weltgeschichte, als in Bretton Woods der US-Dollar zur Welthandelswährung gekürt wurde. Die Kulisse damals war dem Anlass angemessen: Die alliierten Staatsoberhäupter trafen sich zu Füßen des wuchtigen Mount Washington, des höchsten Berges im Nordosten. Willkommen also im – etwas – anderen Neuengland! Wo die Kultur der Natur den Vortritt lässt und Sie Entdeckungstouren durch eine nur oberflächlich erschlossene Wildnis unternehmen werden!

White Mountains!

Das Outdoor-Paradies von Neuengland nimmt ein Viertel des Bundesstaats ein. Über 2500 km Trails durchziehen diese Wildnis, deren Markenzeichen die subarktische Vegetation und die kahlen Mondlandschaften jenseits der Baumgrenze sind. Das meist in New Hampshire liegende und im Osten nach Maine hineinreichende Bergmassiv wurde erst im Laufe des 19. Jh. vollständig kartografiert und ist bis heute für seine gefährlichen Wetterstürze berüchtigt.

Gesichtet wurden die White Mountains bereits vom Florentiner Giovanni da Verrazano. Das war 1524, als man

Wunderschöne Blicke bieten sich vom Cannon Mountain ins Tal

das Dach Neuenglands bei gutem Wetter noch von der Küste aus sehen konnte. Im Jahr 1642 stand erstmals ein weißer Siedler auf dem Gipfel des Mount Washington. Im 19. Jh. ließ sich die Ostküsten-Prominenz mittels einer eigens verlegten Bahnlinie zu wunderschönen, in die Täler gestellten Grand Hotels kutschieren. Diese sind bis auf eines inzwischen abgebrannt und die ›Weißen Berge‹ – Schnee fällt zu jeder Jahreszeit – auch nicht mehr exklusiv.

Ihre raue Unzugänglichkeit prägt die Psyche der Hiesigen jedoch noch immer. Die gelten, ganz Bergbewohner, als mürrisch und wortkarg, als knorrige, eifersüchtig über ihr Kulturgut und ihre angestammten Rechte wachende Individuen. Ebenfalls gut zu wissen und keineswegs abschreckend: Die Besucherstatistik der White Mountains verzeichnet 6 Mio. Besucher jährlich, doch davon konzentriert sich die große Mehrheit in wenigen Zentren wie North Conway oder dem Franconia Notch State Park.

Franconia Notch und Umgebung ► C 6

Franconia Notch, die schönste der White Mountains Notches, ist ein enges, 20 km langes und in Nord-Süd-Richtung verlaufendes Trog-Tal. Die beiderseits steil aufragenden Gipfel sind niedriger als weiter östlich, doch ebenso dramatisch. Auf dem Talboden ziehen die I-93 und die Rte. 3 nach Vermont und weiter nach Kanada. Indianer, Trapper und Holzfäller nutzten das Tal einst als Korridor nach Norden. Um 1850 entdeckten reiche New Yorker die U-förmige Notch. Seitdem schützt der State Park die kommerziell genutzten Stätten. Zu diesen gehört etwa die **Cannon Aerial Tramway** auf den 1250 m hohen **Mount Cannon** (Mai–Okt., tgl. 9–17 Uhr), von wo sich herrliche Blicke ins Tal, hinüber zum Mount Washington und nach Montréal in Kanada bieten. Auf der anderen, östlichen Talseite ragen die kahlen Kuppen ▷ S. 229

Auf Entdeckungstour

Appalachian Trail – Zwei Millionen Schritte

Mit über 3400 Kilometern ist er einer der längsten Fernwanderwege der Welt. Sechs Monate sind nötig, um den gesamten Trail zu bewältigen. Wer nicht so viel Zeit hat, kann ihn in New Hampshire unter die Stiefel nehmen. In den White Mountains liegen die schönsten – und steilsten – Abschnitte des Appalachian Trail.

Route: Startpunkt ist der Lafayette-Place-Parkplatz neben der I-93, zwischen Echo Lake und Profile Lake. Rückkehr auf demselben Weg oder von der Galehead Hut zum nächsten AMC-Shuttle-Pick-up gehen.

Planung: Die hier beschriebene Tour dauert zwei Tage, vier bei Rückkehr auf demselben Weg. Hüttenübernachtung frühzeitig reservieren (s. S. 53), ebenso Shuttle-Pick-up (Tel. 1 603 466 2727) Beste Zeit: Ende Juni bis Ende September.

Kaum dass man den Parkplatz an der I-93 verlassen hat, wird man schon vom Wald in der Franconia Notch verschluckt. Wie ein grüner Tunnel umschließt er den Wanderer, durch das Laubdach dringen hin und wieder goldene Lichtspeere auf den Boden. Dann wird es steil. Sehr steil. Auf Ahornbäume folgen Birken, auf Birken Kiefern und Fichten, die schmächtiger werden, je höher der Franconia Ridge Trail, auf dem wir uns hier befinden, führt.

Ein paar Wanderer trifft man unterwegs, natürlich auch unglaublich fitte Senioren darunter! Der Grat, auf dem man 2 Std. später herumkraxelt, heißt treffend ›Agony Ridge‹ (Grat der Qualen). Nachahmern wärmstens empfohlen: bloß nicht mit der eigenen Kraftlosigkeit befassen, sondern mit der fantastischen Aussicht. Denn links stürzt der Blick in die Franconia Notch ab, rechts irrlichtert er über die Walker Ravine, ein Trog-Tal ohne sichtbaren Boden. Noch ein Wäldchen mannshoher Fichten, dann taucht an der Baumgrenze die Greenleaf Hut auf. Gerade noch rechtzeitig vor einem ernsthaften Stimmungsumschwung.

Hüttenleben

Acht bewirtschaftete Hütten sowie ein Dutzend einfacher Schutzhütten für Selbstversorger, sogenannte *shelter,* unterhält der Appalachian Mountain Club (AMC) hier oben in den White Mountains.

Die **Greenleaf Hut** verfügt über zwei Schlafräume mit vierstöckigen Etagenbetten (Decken werden gestellt) und einen Gemeinschaftsraum mit Tischen und Bänken. Insgesamt 48 Wanderer finden hier Platz. Elektrisches Licht gibt es nicht, die Energie hier oben kommt aus Propangasflaschen. Die Crew, ein fröhliches Quartett aus braun gebrannten Boys und Girls, führt ein sanftes, aber unerbittliches Regiment. »Sechs Uhr Abendessen, halb zehn Licht aus«, empfängt sie müde Wanderer. Zum Dinner gibt es derbe Hausmannskost, man kommt ins Gespräch. Der allgemeine Rückzug beginnt schon vor halb zehn. Anderntags ist die **Galehead Hut** Etappenziel.

Der Mühe Lohn: traumhafte Panoramen

Bis dahin sind zwei Berge zu überwinden, Mount Lafayette (1592 m) und Mount Garfield (1370 m). Der Trail ist jetzt eine natürliche Treppe aus Felsbrocken, in denen Kristalle und Katzengold schimmern. Bald reduziert sich die Ausdauer auf die Länge einer Serpentine. Oben auf dem Mount Lafayette kreuzt der Franconia Ridge Trail die Mutter aller amerikanischen Wanderwege: Der Appalachian Trail ist

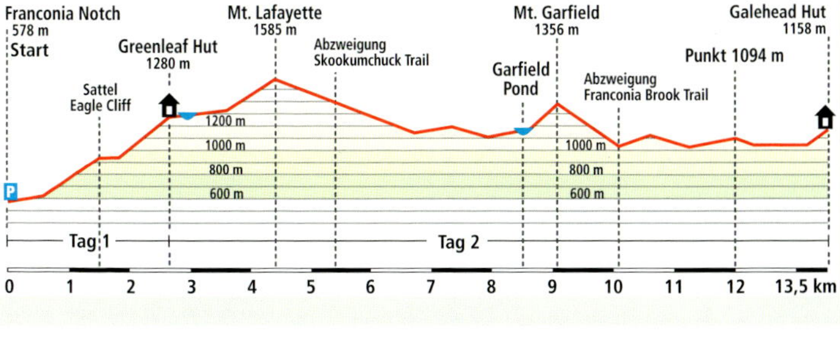

erreicht. Auf dem verwitterten Grat der Franconia Ridge, hoch über der Welt, strebt er südwärts, Georgia entgegen. Auf der schmalen Garfield Ridge zieht er nach Maine.

Nach ein paar Stunden wird man mit einem traumhaften Blick belohnt: vom Gipfel des Mount Garfield auf die Pemigewasset Wilderness hinab, ein von Bergen eingekesseltes, unbewohntes Tal mit einer dichten Wald- und Buschdecke. Stürme aus dem Norden haben hier und da tiefe Schneisen hinterlassen, doch niemand räumt die Verwüstung auf. Die Westküste wurde schon vor 200 Jahren von Siedlern erreicht, doch hier, keine drei Autostunden von Boston entfernt, liegen Täler wie dieses noch immer unberührt da!

Begegnungen

Mit etwas Glück trifft man unterwegs auf einen der ›Thru-Hiker‹. So nennen sich die Mitglieder jener fast schon mythischen Gemeinschaft, die den gesamten Appalachian Trail in einem Stück gehen. Bei guter Kondition dauert das sechs Monate, höchstens 200 Hiker schaffen es pro Jahr. Unterwegs lassen sie ihre alte Identität zurück und nehmen eine Art Kriegsnamen an, den ›Trail Namen‹. Die Gründe, sich freiwillig einer solchen Strapaze auszusetzen, sind oft einschneidende Erlebnisse: eine Scheidung, eine Kündigung oder andere Zäsuren, die Veranlassung geben, das Leben zu überdenken. Easy One zum Beispiel, dem der Autor begegnete, ist ein ›Thru-Hiker‹. Verfilzter Vollbart, Dreadlocks, ein schmutzstarrendes Hemd, Gummistiefel. Seine Hose, erklärte er, habe er in Virginia verloren, dafür habe sich ihm dort Vernon angeschlossen, eine zottelige Promenadenmischung, die auch sonst recht gut zum neuen Herrchen zu passen scheint.

Am Ziel

Der letzte Kilometer bis zur *Galehead Hut* ist gefühlte 10 km lang. Es geht steil bergan. Jede Felsstufe ist höher als die vorherige. Die Müdigkeit nimmt langsam Überhand. Also heißt es: eine Pause machen, bevor es zurück geht, zu Fuß auf demselben Weg oder per AMC-Shuttle-Pick-up – oder aber weiter zur wunderbaren Zealand Falls Hut …

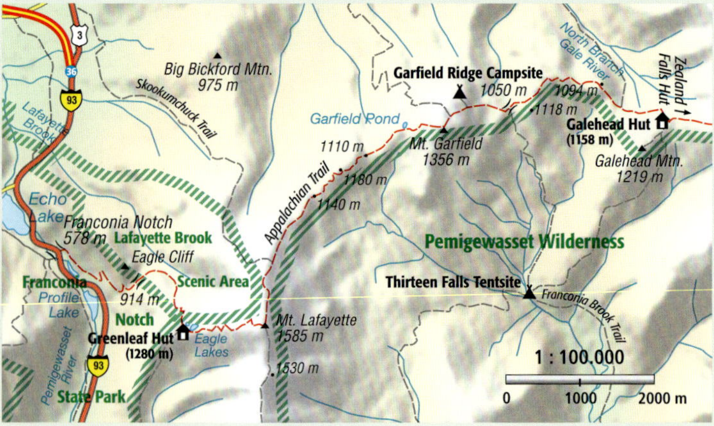

von Mount Garfield und Lafayette himmelwärts (s. u.). Wenige Kilometer weiter südlich signalisierten bis kurz nach der Jahrtausendwende parkende Autofahrer mit Ferngläsern vor den Augen den ›Old Man of the Mountain‹. Die Felsformation hoch über dem **Profile Lake** sah US-Präsident Jefferson ähnlich und genoss derartige Wertschätzung, dass sie mit Stahltrossen geschützt wurde. Am Ende gewann dann doch die Erosion: Anfang Mai 2003 stürzte Jeffersons Profil talwärts, und seitdem ist Neuengland um ein Symbol ärmer.

Flume Gorge

Die spannendste der leicht erreichbaren Attraktionen der Franconia Notch ist diese Schlucht (Exit 33) unweit des **State Park Visitor Center** (Mai–Okt. tgl. 9–17 Uhr). 240 m tief, teils kaum 3 m breit, wurde sie 1808 entdeckt. An den moosbedeckten, bis zu 30 m hohen Wänden ›klebende‹ Plankenwege führen, den gurgelnden Flume Brook mehrmals überquerend, bis in den Regenbogen und Nieselregen eines tosenden Wasserfalls.

Hiking und Climbing in der Franconia Notch

Viele der schönsten Wanderwege Neuenglands kreuzen die I-93 und Rte. 3 oder beginnen gleich neben dem Asphalt. Der 15 km lange **Franconia Ridge Trail,** ein extrem anstrengender Tagesmarsch, klettert vom Lafayette Campground neben der Straße 1200 Höhenmeter (keine Serpentinen!), passiert dabei die vom AMC (s. S. 53) geführte Greenleaf Hut an der Baumgrenze und arbeitet sich gleich dahinter in engen Serpentinen auf den Felsengipfel des **Mt. Lafayette** (1592 m). Dort kreuzt er den Appalachian Trail.

Eine nicht minder lohnenswerte Strapaze ist der an der Talstation der Cannon Mountain Tramway beginnende, 27 km lange **Kinsman Ridge Trail** über den **Cannon Mountain** zur Lost River Road in der Kinsman Notch. Andere Trails sind kürzer und familienfreundlicher, darunter der Pfad hinab zur Flume Gorge. Die Homepage des **Franconia Notch State Park** hält u. a. auch eine Wanderkarte des State Park zum Ausdruck bereit (www.franconianotchstatepark.com). Mit dem **Cannon Cliff** (300 m) besitzt der Cannon Mountain die höchste Felsenwand im Nordosten. Wegen der Wetterstürze und losen Felsbrocken ist er nur etwas für erfahrene Climber. Der Anmarsch erfolgt über den Parkplatz am Profile Lake.

Kancamagus Highway

► C 6

›The Kanc‹, wie die Rte. 112 vom Ferienstädtchen **Lincoln** zum 54 km entfernten Conway bei den Einheimischen heißt, führt durch das Herz des **White Mountain National Forest** und ist gänzlich frei von Werbetafeln. Zuvor lohnt ein Abstecher von Lincoln aus nach Westen. Die Fahrt durch die weniger bekannte, aber schöne **Kinsman Notch** führt zur **Lost River Gorge** (Mai–Okt. tgl. 9–18 Uhr). Ein Plankenweg arbeitet sich hier durch eine schmale, aus der letzten Eiszeit stammende Schlucht, vorbei an Wasserfällen wie den 12 m hohen Paradise Falls und über spektakuläre, moosfleckige Felsblöcke – oder auch darunter hindurch –, die manchmal so groß sind wie Einfamilienhäuser. Als Panoramastrecke gepriesen, bleibt der nach einem Abenaki-Häuptling benannte Kancamagus Highway, den Swift River begleitend, doch die meiste Zeit im dichten Wald. Nur wenn er in Serpentinen bergan klettert, öffnen sich Blicke auf die herb-schöne Gebirgslandschaft, man fühlt sich wie ein Vogel hoch über den Gipfeln.

Lieblingsort

Greenleaf Hut,
White Mountains

Die stark verschwitzten Klamotten draußen zum Trocknen auf den Felsen ausbreiten und mit Steinen beschweren. Dabei alle Knochen im Leib spüren und zugleich dankbar den Duft der Kartoffelsuppe mit Speck registrieren, wie er in die Nase steigt und langsam die Lebensgeister wieder weckt. Mit Gleichgesinnten auf Holzbänken an langen Tischen sitzen und Geschichten vom Trail erzählen. Und während draußen die Sonne über der Franconia Range untergeht und die Sterne am Nachthimmel funkeln, mit einem Becher heißem Kaffee in der Hand noch eine Weile draußen stehen und tief durchatmen. Abstand vom Alltag gewinnen und genießen: Am besten kann ich das in der Greenleaf Hut (s. S. 227) auf der Schulter des Mt. Lafayette knapp über der Baumgrenze.

Trails am Kancamagus Highway

Wollen Sie mehr sehen von dieser ungemein kraftvollen Landschaft, müssen Sie einen der vielen an der Straße beginnenden **Trails** (ausgeschildert) unter die Stiefel nehmen. Viele davon folgen alten Holzfällerwegen *(logging roads)*. Bis in die 1920er-Jahre hatte die Holzindustrie hier das Sagen, doch seitdem haben die Wälder das Territorium zurückerobert.

Die müden Füße können Sie danach in den hübschen Felsenpools der fotogen über mehrere Stufen stürzenden Sabbaday Falls neben der Straße kühlen. Besonders schön: Der 30 km hinter Lincoln beginnende **Champney Falls Trail,** ein 5 km langer Waldspaziergang zu zwei Wasserfällen. Weitergehen lohnt sich: Auf dem **Mount Chocorua** (1059 m) warten tolle Aussichten auf die White Mountains. Dramatischer ist der ebenfalls 5 km lange **Boulder Loop Trail** (Nähe Covered Bridge Campground), ein 300 Höhenmeter steigender Pfad über hausgroße, von Erdrutschen abgesetzte Felsenblöcke zu schönen Aussichten auf den Swift River und die White Mountains.

Übernachten

Praktisch – **Woodward's Resort Motel:** 527 Rte. 3, Lincoln, Tel. 603 745 8141, 1 800 635 8968, www.woodwardsresort.com, 90–180 $. Nettes Motel mit 85 Zimmern, Restaurant, Ententeich in hübscher Parklandschaft, Indoor- und Outdoor-Pool, Sauna, Whirlpool.
Nüchtern – **Kancamagus Motor Lodge:** Rte. 122, Lincoln, Tel. 603 745 3365, 1 800 346 4205, www.kancmotorlodge.com, 70–140 $. 34 Zimmer zu vernünftigen Preisen, einige mit Dampfbad. Indoor Pool, Restaurant ›Brittany's Café‹.

Essen & Trinken

Fastfood – Das Städtchen Lincoln ist nicht als kulinarisches Mekka bekannt. Das Bild entlang der Rte. 3 bestimmen Fastfood-Restaurants. Zumindest gut sitzen können Sie im **Olde Timbermill Restaurant & Pub** (Millfront Market Place, 167 Main St.).

Mount Washington Valley ► C/D 6

North Conway

Im Osten stößt der ›Kanc‹ auf das im Mount Washington Valley liegende **North Conway** mit seinem nagelneuen Vorort Intervale. North Conway, von Malls und Factory Outlets überzogen und keine Augenweide, ist das kommerzielle Zentrum der Region. Naturfreunde wird jedoch die ›Shop 'til you drop‹-Atmosphäre entlang der White Mountain Rd. anwidern. Am Stadtrand kommen gar auf bayrisch getrimmte Motels hinzu. Diese sind allerdings eine preiswerte Alternative zu den stilvolleren Country Inns und B & Bs in Jackson und weiter nördlich.

Als bezahlbare Basis für Tagestouren eignet sich North Conway jedoch allemal. Es gibt sogar zwei Attraktionen. Mit der **Conway Scenic Railroad** (Main St., April–Okt.) können Sie drei verschiedene halbtägige Exkursionen in viktorianischen Waggons durch das Valley unternehmen und die Presidential Range, das ›Dach Neuenglands‹, vom frisch bezogenen Ohrensessel aus genießen. Eine der Touren führt bis nach Bretton Woods.

Echo Lake State Park

Der Park 10 Autominuten westlich ist ein Spielplatz für Climber. Eine Straße führt um den Felsen herum zur Oberkante der **Cathedral Ledge,** einer spektakulären Granitwand, von wo aus Sie den besten Freeclimbern des Landes ›bei der Arbeit‹ zuschauen können. Der nahe gelegene **Echo Lake** ist ein recht beliebtes Badeziel.

Jackson

Nach Norden verengt sich das Tal. In **Glen** biegt die Rte. 302 zur **Crawford Notch** ab (s. S. 237). Außer einem naiven Themenpark namens **Story Land** (Mai–Okt., tgl. 9–18 Uhr), in dem alle Attraktionen auf Märchenfiguren basieren, gibt es hier nichts zu sehen. Danach geht es bergan. Die Berghänge treten immer näher, die Berge werden zusehends höher. **Jackson,** das sich in eine Ausbeulung des Valley kuschelt, macht Glen mehr als wett. Der Weg in dieses idyllische, rechts von der Straße liegende 700-Seelen-Dörflein führt über die dunkelrote, im Jahr 1876 über den Ellis River geschlagene **Honeymoon Bridge,** eine der meistfotografierten überdachten Brücken Neuenglands und beste Einstimmung für eine mehrtägige Alltagsflucht. Die hiesigen Inns und Hotels gehören zu den besten der White Mountains. Golf und Tennis sind die Sommeraktivitäten, im Winter werden die Langlaufskier gewachst: Das Loipennetz rund um Jackson zählt zu den schönsten der USA.

Übernachten

Wohlige Eleganz – **The Wentworth:** 1 Carter Notch Rd., Jackson, Tel. 603 383 9700, www.thewentworth.com, 150–395 $. Feiner Landgasthof, französisch inspirierte Küche. 47 Zimmer, acht Suiten.
Erholsam – **Spruce Moose Lodge & Cottages:** 207 Seavey St., North Conway, Tel. 603 356 6239 und 1 800 600 6239, www.sprucemooselodge.com, 100–275 $. Sechs urgemütliche Zimmer im Haupthaus, drei Cottages für bis zu sechs Selbstversorger.
Elegant – **The 1785 Inn:** 3582 White Mountain Hwy. (Intervale Scenic Vista Overlook), North Conway, Tel. 603 356 9025, 1 800 421 1785, www.the1785inn.com, 100–220 $. Schönes weißes, zentral liegendes Kolonialhaus. 17 individuell eingerichtete Zimmer, mit Restaurant, Pool.
Hikerunterkunft – **Eagle Mountain House:** Carter Notch Rd., Jackson, Tel. 603 383 9111, www.eaglemt.com, 70–190 $. Weitläufige Hotelanlage mit 93 einfachen Zimmern, 30 davon Suiten. Pool, WiFi.

Essen & Trinken

Curry total – **Shalimar of India:** 2197 White Mountain Highway, North Conway, Tel. 603 356 0123, Di–So 11–14.30, tgl. 17–22 Uhr, ab 11 $. Nach Originalrezepten aus dem Pandschab, sorgfältig zubereitet.
Urig – **The Wildcat Inn & Tavern:** Main St., Tel. 603 383 6502, Jackson, 20–30 $. Internationale Küche mit marktfrischen Zutaten, im Sommer im Garten. Spezialität: der »Uber-Burger«.
Pub – **Horsefeathers:** 2679 White Mtn Highway, North Conway, Tel. 603 356-2687, tgl. 11.30–24 Uhr, ab 7 $. Seit 30 Jahren der beste Pub im Ort. Solide Hamburger, Ravioli & Pastagerichte. Fast tgl. Livemusik.

Einkaufen

Fabrikverkauf – Über 200 Markenfirmen verkaufen in North Conway ihre Produkte ab Fabrik. Unter den Anbietern: Nike, Patagonia, Anne Klein, Reebok, Neimann Marcus. Sollte Ihnen für die bevorstehende Wanderung auf dem Appalachian Trail noch etwas fehlen, können Sie dies bei **Ragged Mountain Equipment** (Rte. 16-302, Intervale, tgl.) oder **L. L. Bean** (Rte. 16, North Conway, So–Do 10–18, Fr–Sa 10–20 Uhr) nachkaufen.

Souvenirs und mehr – Mit Andenken, Süßigkeiten, Schmuck, Kunsthandwerk vollgestopft ist **Flossie's General Store** (21 Main St.) in Jackson. Hochwertige Glasarbeiten und handgefertigte Geschenkartikel gibt's im gleichen Ort in **Ravenwood Curio Shoppe** (7 Main St.).

Aktiv & Kreativ

Livemusik – Im Juli und August finden jeden Dienstag im **Jackson Gazebo** in Jackson Gratis-Konzerte statt.

Infos

Mount Washington Valley Chamber of Commerce: Main St. (gegenüber Schouler Park), North Conway Village, Tel. 603 367 3364, www.mtwashingtonvalley.org

Pinkham Notch und Mount Washington ► C 6

Bald hinter Jackson rücken die Berge noch enger zusammen, wuchtet sich die Straße nunmehr in Serpentinen himmelwärts. Zwischen den mächtigen Gipfeln der **Presidential Range** zur Linken und den Bergen Moriah, North Carter und Carter Dome zur Rechten steigt die Rte. 112 zur **Pinkham Notch** hinauf. Zu jeder Jahreszeit, im Indian Summer jedoch besonders spektakulär, zeigt dieses dicht bewaldete Tal die White Mountains von ihrer schönsten Seite. Der Verkehr ist dann entsprechend, doch lassen Sie ihn auf einem der vielen Wanderwege schnell hinter sich. Den Kopf weit in den Nacken legen müssen Sie schließlich für den größten ›Stairmaster‹ der Region, den 1917 m hohen **Mount Washington.** Der höchste Berg Neuenglands ist das Mekka der amerikanischen Hiker: Jeder Wanderer, der etwas auf sich hält, muss wenigstens einmal im Leben an seinen steilen Hängen geschwitzt und gelitten haben. Das **Pinkham Notch Visitor Center,** ein zünftig aussehender Gebäudekomplex unter alten Bäumen links der Straße, wird vom Appalachian Mountain Club (AMC) betrieben und Start und Ziel für Tagestouren sowie Ausgangspunkt für mehrtägige Hikes in das menschenleere Hinterland. Nach Tagen in der Wildnis tauchen hier schmutzstarrende Wanderer in die Zivilisation ein und genießen die heiße Dusche und das weiche Bett in der herbergsähnlichen Joe-Dodge-Lodge.

Mount Washington Auto Road

Mitte Mai–Ende Okt., Juni–Sept. tgl. 7.30–18 Uhr, sonst wechselnd

Allerdings: Dies wäre nicht das Land der Autofahrer, könnte man den Mount Washington nicht auch auf Rädern ›bezwingen‹. Die Mount Washington Auto Road beginnt gegenüber vom Besucherzentrum Glen House. Nach Passieren des Tickethäuschens (Auto mit Fahrer: 23 $, jeder weitere Erw. 8 $, Aufkleber »This Car Climbed Mt. Washington« und Audio-Tour-CD inklusive) meistert die 1861 für Pferdegespanne angelegte und unlängst an heiklen Stellen verbreiterte Straße auf den nächsten 13 km etliche Serpentinen und vier Vegetationszonen, bis sie die nackte Mondlandschaft des Gipfelplateaus erreicht. Wollen Sie nicht selbst fahren – einige Stellen sind nichts für Überängstliche –, können Sie sich im Glen House einer geführten Bustour anschließen. (Infos über Tel. 603 466 3988).

Das Wetter

So oder so sollten Sie sich hier auch über das Wetter da oben informieren: Das hier viel zitierte »world's worst weather« ist nicht übertrieben. Tatsächlich entspricht das Gipfelwetter jenem auf dem Mount Everest: Die niedrigste hier gemessene Temperatur betrug -44 °C, und 1933 registrierte die Wetterstation hier mit 372 km/h die höchste Windgeschwindigkeit, die je außerhalb eines Hurrikans gemessen wurde. Temperaturunterschiede zwischen Tal und Gipfel von bis zu 40 °C sind keine Seltenheit. Die Durchschnittstemperatur dort oben beträgt frostige -3,1 °C im Winter und nicht gerade kuschelige 9 °C im Sommer! Weit über die Hälfte des Jahres versteckt der Berg sein Haupt in dichtem Nebel.

Weit über hundert Menschen sind den jähen Temperaturstürzen schon zum Opfer gefallen, ihre Gedenktafeln hängen im Eingang zum Sherman-Adams-Gebäude (s. u.) und können im Netz unter www.mountwashington.com/deaths angeklickt werden. Der Grund für das unberechenbare Wetter: die kalte Luft aus Kanada, die sich an der Presidential Range staut und dort auf die warme Druckluft aus dem Süden und Westen trifft – und zudem die extrem niedrige Vegetationsgrenze von gerade 1300 m ›verschuldet‹.

Der Gipfel des Mount Washington

Die Fahrt auf der Auto Road dauert etwa 45 Minuten und wird bei klarer Sicht mit grandiosen Blicken auf die übrigen, nach US-Präsidenten benannten Gipfel der **Presidential Range** be-

Auf geht's, mit Dampf den Mount Washington hinauf

Das Mount Washington Hotel, eine Nobelunterkunft aus einer glamourösen Zeit

lohnt. Die Gebäude auf dem kahlen Gipfel wurden orkansicher gebaut. Das Dach des **Tip Top House** – es begann im Jahr 1853 als Hotel und beherbergt heute ein kleines, den Salon, die Etagenbetten und die Bulleröfen von damals zeigendes Museum – halten schwere Ketten am Boden. Auch die Wetterstation Mount Washington Observatory ist so gesichert. Das 1979 erbaute **Sherman Adams Summit Building** (Mai–Sept., Öffnungszeiten wetterabhängig) hingegen ist ein wahrer Betonbunker und umfasst u. a. ein Besucherzentrum und eine Cafeteria mit Panoramafenstern.

Von hier aus können Sie bei Kaffee und Muffins zuschauen, wie an der Westflanke des Berges eine wandernde Rauchfahne die Ankunft der **Mount Washington Cog Railway** (s. S. 240) ankündigt, die von Bretton Wood heraufkeucht und immense Steigungen zu überwinden hat.

Hiking am Mount Washington

Vom Pinkham Notch Visitor Center sind viele Tageswanderungen möglich. Die härteste, aber auch beliebteste bietet der nur 8 km lange, aber fast 1000 Höhenmeter überwindende **Tuckerman Ravine Trail** auf den Gipfel (s. S. 238). Die nach 5 km erreichte Tuckerman Ravine (www.tuckerman.org) ist ein gewaltiges, von der letzten Eiszeit ausgehobeltes Amphitheater mit nahezu senkrechten, über 300 m hohen Felsenwänden.

Noch steiler ist der vom Tuckerman Ravine Trail abzweigende **Huntington Ravine Trail** auf den Gipfel. Beide Trails sollten nur von Wanderern mit guter Kondition versucht werden. Zum Beinevertreten für Autofahrer: Auf der anderen Seite des Gipfels führt ein Trail hinunter zu der auf einem Sattel liegenden Lake of the Clouds Hut. Weitere tolle Trails: der am Pinkham Notch Visitor Center beginnende **Lost Pond Trail** auf den Wildcat Mountain (1344 m) und der ebenfalls auf den Wildcat führende **Nineteen-Mile-Brook Trail.** Tipps und Wanderkarten, u. a. den handlichen White Mountain Guide des AMC, gibt es im Pinkham Notch Visitor Center.

Klettergebiete um den Mount Washington

Das Gebiet rund um den Mount Washington bietet Climbern die besten Kletterreviere im Nordosten. Gleich hinter North Conway liegen an der Rte. 16 mit **Cathedral** und **Whitehorse Ledge** zwei extrem vielseitige Granitwände. Anfänger können sich der **EMS Climbing School** (Rte. 16, North Conway, Tel. 1 800 310 4504, www.emsclimb.com) anvertrauen.

Übernachten

Zünftig – **Joe Dodge Lodge** (neben dem Pinkham Notch Visitor Center), Rte. 16, Tel. 603 466 2727, www.outdoors.org, 75–80 $ pro Person. Die vom AMC betriebene Lodge bietet etwa 100 Schlafplätze in Zwei- und Vierbettzimmern, Aufenthaltsräume mit Kaminen und einen Speisesaal. Abendessen und Frühstück inklusive.

Infos

Pinkham Notch Visitor Center: Rte. 16, Tel. 603 466 2725, Fax 466 2822, tgl. 8–22 Uhr. Infos zum Wetter: Tel. 603 356 0300 oder online unter www.mountwashington.org und www.mountwashington.com

Crawford Notch und Bretton Woods ► C 6

Weniger populär als die Strecke durch die Pinkham Notch, doch kaum weniger beeindruckend, folgt die Rte. 302 auf 36 km dem Tal des Saco River von Glen nach Fabyan kurz hinter Bretton Woods. Das Wasser zahlloser *brooks* genannter Bäche stürzt rechts und links von hohen Felsen hinab, um sich mit dem Fluss zu vereinigen. Ein gewisser Timothy Nash fand das Tal 1771, als er einem Elch nachstellte. Benannt wurde es jedoch nach der Crawford-Familie, die 1790 als Erste nahe dem heutigen Bretton Woods siedelte.

Crawford Notch State Park

Ein Highlight ist der Park, der, geteilt von der Rte. 302, an der engsten Stelle des Tals eine dramatisch-düstere Kulisse bietet. Im Schatten des über der V-förmigen Kerbe aufragenden Mount Field im Westen und des Mount Jackson im Osten führt ein kurzer, aber umso steilerer Trail zu den fotogenen **Arethusa Falls.** Jenseits des Passes steht **Willey House,** das Büro der Parkverwaltung. Es ist nach der Willey-Familie benannt, die 1828 gleich daneben von einem Erdrutsch ausgelöscht wurde: Als sie das Rumpeln über ihnen hörten, stürzten die Willeys ins Freie, um sich in Sicherheit zu bringen – tragischerweise genau dorthin, wo sie von der Lawine erwischt wurden. Während das Haus unversehrt blieb.

Bretton Woods Valley

Wenig später erweitert sich die Notch zum Valley. Der Mount Crawford gibt den Postkartenblick auf die majestätische Westseite des Mount Washington frei. Noch ein paar Kurven, und da liegt es – in spektakulärer Einsamkeit zu Füßen seines Namensgebers, das für

Lieblingsort

Tuckerman Ravine Trail
Unverhohlen furchteinflößend und erbarmungslos: Im Sommer ist dies der anstrengendste Weg auf den Mt. Washington. Im Winter suchen Amerikas beste Skiläufer in der gewölbten Steilwand den ultimativen Nervenkitzel. Beim ersten Mal hatte ich zunächst noch gedacht, der Hype sei übertrieben. Denn vom Pinkham Notch Visitor Center bis zum 3,8 km entfernten Hermit Lake Shelter war es noch ein Kinderspiel gewesen. Das hinter der Hütte aufragende, gigantische Amphitheater der Tuckerman Ravine hatte ich da noch nicht gesehen, es war von Nebel eingehüllt. Doch dann riss der Vorhang auf, und ich mußte den Kopf in den Nacken legen, um dem in Serpentinen die steilen Wände hinaufkriechenden Trail bis zur Oberkante zu folgen. Oben angekommen, ging es auf einem steilen Geröllhang weiter bis zum Gipfel. Schön? Eher fantastisch, weil unvergesslich. Und zutiefst befriedigend. Denn wann überwindet man zu Fuß schon 1420 Höhenmeter auf nur 6,5 km (s. auch S. 236)?

viele schönste Hotel Neuenglands! 1902 eröffnet, wirkt das schneeweiße, von roten Dächern gekrönte und von drei grün schimmernden Golfplätzen umgebene **Mount Washington Hotel** wie ein vor Anker liegender Ozeandampfer. Tatsächlich ist es so groß, dass es als Ort namens Bretton Woods gar über eine eigene Postleitzahl verfügt. Neben dem Balsams in Dixville Notch (s. Tipp) ist es das einzige verbliebene aus der Ära der glamourösen Grand Hotels. 1991 kaufte ein Konsortium einheimischer Unternehmer das vom Verfall bedrohte Gebäude, restaurierte es und führte es dem alten Glanz und Gloria wieder zu. Dazu gehören heute Frackzwang beim Dinner und ein Orchester, das nach dem Essen mit Glenn-Miller-Melodien zum Tanz aufspielt. Der Digestif in einem der Sessel auf der knapp 300 m langen Terrasse rundet das feudale Erlebnis ab. Schilder in der endlos langen Lobby erinnern an die Bretton-Woods-Konferenz von 1944, die der Welt den Internationalen Währungsfonds bescherte. Bereits im Hotel können Sie Tickets für die **Mount Washington Cog Railway** erstehen. Nicht nur Eisenbahnfans werden die drei seit 1869 den Mount Washington hinaufkeuchenden Lokomotiven dieser Zahnradbahn mögen. Sie überwinden Steigungen von bis zu 37 %, mitunter auf schmalen Holztrassen, und schlucken dabei 4000 Liter Kühlwasser und 1 t Kohle. Bergauf schieben sie den Waggon vor sich her, bergab bremsen sie ihn, wobei ein Bremser fortwährend die Zahnräder kontrolliert – und mit flachsigen Bemerkungen nervöse Passagiere foppt.

Mein Tipp

Nobelherberge

Nach dem Mount Washington Hotel ist das **Balsams** das andere, letzte Grand Hotel in den White Mountains. Nach dem Bürgerkrieg zu Füßen der entlegenen Dixville Notch gebaut, bietet es heute 400 luxuriöse Zimmer inmitten der Wildnis im Norden von New Hampshires. Alle vier Jahre blickt übrigens die ganze Nation hierher: Während der Präsidentschaftswahlen werden im ›Ballot Room‹ die landesweit ersten Stimmen ausgezählt. (Rte. 21, Tel. 603 255 3400, 1 877 225 7267, www. thebalsams.com, 220–340 $).

Übernachten

Wahrlich grand – **Omni Mount Washington Resort:** Rte. 302, Bretton Woods, Tel. 603 278 1000, 1 800 843 6664, www.brettonwoods.com, 150–450 $. Eines der letzten alten Grand Hotels im Osten. 200 Zimmer, viele mit Blick auf den Mount Washington. Kleiderregel beim Dinner: keine Jeans, keine Turnschuhe. Großes Freizeitangebot.

Vernünftig – **Above the Notch Motor Inn:** Rte. 302 (eine Minute vom Mount Washington Hotel entfernt), Tel. 603 846 5156, www.abovethenotch.com, 80–100 $. Einfaches Motel mit sauberen Zimmern. Preiswerte Basis für Unternehmungen in der Umgebung.

Aktiv & Kreativ

Mount Washington Cog Railway: Die historische Bergbahn verkehrt von Ende April bis Ende Oktober mehrmals täglich (wetterabhängig) zwischen der Marshfield Base Station (Rte. 302, Tel. 603 278 5404, www.thecog.com) und dem Gipfel.

Im Süden von New Hampshire

Südlich der White Mountains ist New Hampshire grüner, sanfter, ruhiger. Autofahrer grüßen einander per Handzeichen, das kosmopolitische Boston ist so weit weg wie der Mond. Zu den – unaufgeregten – Top-Sehenswürdigkeiten gehören das Canterbury Shaker Village und der Squam Lake, wo einst Henry Fonda und Katharine Hepburn in »Am goldenen See« (1981) aneinander herumnörgelten. An der Küste versöhnt Portsmouth den möglicherweise Entzugserscheinungen zeigenden Reisenden mit trendiger Lebensart – eine nette Überraschung nach der schläfrigen Normalität im Rückspiegel.

Lakes Region ► C 7

Hunderte von Seen, geformt von den Gletschern der letzten Eiszeit, bilden östlich der I-93 das Freizeitparadies der sogenannten Lakes Region. Schon die englischen Gouverneure erholten sich in dieser Seenlandschaft vom Ärger mit den Kolonisten. Seitdem verdienen Country Inns, Jachthäfen, Bootsbauer, Gastronomen hier das meiste Geld. Wobei der Akzent mehr auf Fun und Getöse liegt als auf ruhevoller Entspannung: Meist haben Motorboote und Jetski-Fahrer Vorfahrt ...

Squam Lake

Eine schöne Ausnahme erleben Sie jedoch schon bei Ihrem ersten Zwischenstop auf dem Weg von den White Mountains nach Süden. Der **Squam Lake** (eigentlich zwei durch einen schmalen Kanal in Holderness miteinander verbundene Seen), der zweitgrößte See New Hampshires, ist von jeher das Refugium betuchter Ostküstenfamilien. Die Anwohner des von runden Hügeln umgebenen Sees verwahrten sich selbst gegen Hollywood. Erst als Regisseur Mark Rydell Katharine Hepburn auf eine Gemeindeversammlung im Örtchen Holderness schleppte, gaben sie ihre ablehnende Haltung auf. Die Grande Dame des amerikanischen Kinos gewann die Herzen der skeptischen Hiesigen, und »On Golden Pond« (Am goldenen See, 1981) wurde ein Welterfolg. Die befürchtete Touristenlawine blieb, auch dank strengster Baugesetze und Verordnungen, aus. Paddeln und Segeln waren indes weiterhin gestattet.

An Land lohnt sich der Besuch des **Squam Lakes Natural Science Center** (Rte. 113, Holderness, Mai–Okt. tgl. 9.30–16.30 Uhr), das die heimische Fauna und Flora vorstellt und geführte Spaziergänge unter fachkundiger Leitung anbietet.

Lake Winnipesaukee

Der **Lake Winnipesaukee** hingegen ist alles, was der Squam Lake nicht ist: laut, schrill und ziemlich geschmacklos. Hübsch-hässliche Motels und Attraktionen à la ›Ripley's Believe it or Not!‹ haben den an sich schönen, buchten- und inselreichen See in den Foothills der White Mountains zu einem Rummelplatz gemacht. **Weirs Beach** ist der lärmende Hauptort des überkommerzialisierten Westufers, **Wolfeboro** sein etwas gediegeneres Gegenstück am Ostufer. Erst auf dem Wasser kommt dieser schöne See, dessen indianischer Name frei übersetzt »Lächeln des Großen Geistes« bedeuten soll, zu seinem Recht. Fahrten mit der »**MS Mount Washington**« – das altmodische Ausflugsschiff pendelt zwischen Weirs Beach, Meredith, Center Harbor und Wolfeboro – durch ein aus mehreren hundert Inseln bestehendes Labyrinth erschließen den Charme dieses Sees (Mitte Mai–Ende Okt.tgl., Tel. 603 366 5531).

Die ›**Beaches**‹ sind eher dünne Sandstreifen mit Zugang zum Wasser, doch für den Sprung ins kühle Nass eignen sie sich allemal. Zu empfehlen: **Weirs Beach,** der **Alton Small Swimming Beach** in Alton und der **Wentworth Beach** in Wolfeboro.

Übernachten

Alte Pracht – **The Manor on Golden Pond:** Rte. 3, Holderness, Tel. 603 968 3348, www.manorongoldenpond.com, 220–500 $. Luxuriöser Landsitz hoch über dem Squam Lake. 25 geschmackvolle Zimmer, Suiten. Tennis Court.
Günstig – **The Lake Motel:** 280 Main St., Wolfeboro, Tel. 603 569 1100, www.thelakemotel.com, 130–160 $. Sauber, 35 Zimmer, fünf mit Kitchenette.

Essen & Trinken

Schön entspannend – **Walter's Basin:** 15 Main St., Holderness, Tel. 603 968 4412, tgl. 11.30–15, 17–21 Uhr, ab 15 $. Schöne Essstube mit Blick auf den Little Squam Lake und die unterhalb liegende Pier. Steaks, Ente und Forelle. Walter war übrigens die Forelle, die Henry Fonda im Film angelte.

Einkaufen

Umfassend – Der **Holderness General Store** (863 Rte. 3) zwischen Little und Big Squam Lake bietet nicht nur Lebensmittel, Geschenkartikel sowie Bücher, sondern ist dank seiner Espressomaschine auch ein beliebter Treff der Einheimischen. Hunger und Bildungsdrang können Sie auch bei **Camelot Books and Gifts** (40 N. Main St.) in Wolfeboro stillen. Hier reicht das Angebot von hausgemachtem Creme Cheddar über Paprika-Gelee bis zu wertvollen, nicht mehr aufgelegten Büchern.

Aktiv & Kreativ

Segeln und Paddeln – Bei der **Squam Lakes Association** (534 Rte. 3, Holderness, Tel. 603 968 7336, www.squamlakes.org) können Sie Kanus, Segelboote und Windsurfbretter ausleihen. Hier gibt es auch Listen der Unterkünfte am Squam Lake.

Hanover und Umgebung

► B 7

Der Connecticut River bildet die Grenze zwischen New Hampshire und Vermont. Etwa auf halber Strecke konzentriert sich um die 13 100-Einwohner-Stadt Lebanon ein schönes, oft übersehenes Stück New Hampshire. Die Rte. 10 führt, den Fluss begleitend, von hier aus zu den ältesten Inland-Siedlungen des Bundesstaates. Aus einer wurde ein stolzer Schwan mit einem lateinischen Wahlspruch. »Vox clamantis in deserto« (die Stimme des Rufers in der Wüste) ist bis heute das Motto des **Dartmouth College** im nahen **Hanover.** Die sich zur Ivy League rechnende Hochschule wurde im Jahr 1769 von Missionar Eleazar Wheelock für»junge Indianer, Engländer und andere« gegründet und entwickelte sich zum geistigen Mittelpunkt New Hampshires. Die im Georgian und Federal Style errichteten roten und weißen Gebäude der Campus-Uni gruppieren sich um das Green, wo ein Information Center Broschüren und Verzeichnisse bereithält. Sehenswert ist dort das kleine, in postmodernem Design entworfene

Lake Winnipesaukee in der Lakes Region

Hood Museum of Art, das neben altägyptischer und melanesischer Kunst auch Arbeiten von Picasso und aufstrebenden Künstlern aus Neuengland zeigt (Di–Sa 10–17, Mi 10–21, So 12–17 Uhr).

Lyme

13 km nördlich von Hanover umgibt das fotogene Städtchen sein ovales Green, der gute alte **Lyme Country Store** an der Rte. 10 verkauft seit Menschengedenken alles von Sandwiches über Rasenmäher bis zur »New York Sunday Times«. Postkartenbilder liefert auch **Cornish** südlich von Lebanon. Weil der hier ansässige Bildhauer St. Gaudens auch Abraham Lincoln in Marmor verewigte, wurden sein Haus und Atelier zur **St. Gaudens National Historic Site** erhoben (Rte. 12A, Mai–Okt. tgl. 9–16.30 Uhr). Eine Ausstellung zur Cornish Colony (s. u.) und die schönen, mit St.-Gaudens-Repliken dekorierten Gärten lohnen den Weg.

Enfield Shaker Village

Der interessanteste Abstecher führt von Lebanon aus nach Osten. Am Ende des friedvollen Lake Mascoma liegt bei dem Weiler **Enfield** das **Enfield Shaker Village**. Von einer Shaker-Gruppe 1782 gegründet, bestand das Dorf bis 1923 und zählte während seiner Blüte um 1850 rund 300 Brüder und Schwestern. Heute befinden sich die 13 schönen Gebäude in Privatbesitz. Die Chronik der Siedlung und ihrer sanften Fundamentalisten dokumentiert das interessante **Enfield Shaker Museum** (447 Rte. 4A, Mo–Sa 10–16, So ab 12 Uhr, nur Führungen).

Hiking am Mount Cardigan

Den schönsten Rundumblick weit und breit – von den White bis hinüber zu den Green Mountains – bietet der kahle Gipfel des Mount Cardigan (948 m) südöstlich von Hanover im Mount Cardigan State Park. Der am Parkplatz beginnende, knapp 3 km lange **West Ridge Trail** führt hinauf.

Übernachten

Klassisch – **The Hanover Inn:** 2 S. Main St., Tel. 603 643 4300, 1 800 443 7024,

Mein Tipp

Little New York

Nachdem Amerikas berühmtester Bildhauer Augustus St. Gaudens (1848–1907) sich in **Cornish** niedergelassen hatte, entwickelte sich das Städtchen zu Füßen des Mt. Ascutney zum Künstlertreff ›Cornish Colony‹ und Alterssitz prominenter Schriftsteller. Der dörfliche Alltag veränderte sich dadurch natürlich gründlich. Italienische Villen schossen aus dem Boden, Marmor-Springbrunnen plätscherten, und auf der Main Street promenierten nun merkwürdige Wesen in exotischen Gewändern, die 1905 das 20-jährige Bestehen der Kolonie in einem griechischen Tempel zelebrierten. Manchen wurde das Treiben in ›Klein New York‹ jedoch bald zu bunt. »Zu viele Tennisschläger hier«, grummelte der Maler Thomas Dewing, der hier in einem Tipi lebte, und zog, wie manche andere, bald weiter, in die Wildnis von Maine.

www.hanoverinn.com, 240–350 $. Im Georgian Style prangendes Luxushotel am Green, 92 mit Himmelbetten ausgestattete, gemütliche Zimmer.

Freundlich – **Chieftain Motor Inn:** 84 Lyme Rd., Hanover, Tel. 603 643 2550, www.chieftaininn.com, 120–140 $. Modernes, angenehmes Motel mit 22 holzvertäfelten Zimmern. Pool, Blick auf den Connecticut River. Gute Basis für Hikes auf den 30 Min. entfernten Mount Cardigan.

Essen & Trinken

Hübsch altmodisch – **The Daniel Webster Room:** im Hanover Inn, Tel. 603 643 4300, tgl. 7.30–10.30, 11.30–13, Di–Sa 18–21 Uhr, ab 8 $. Gekonnt verfeinerte regionale Küche in elegant-nostalgischer Atmosphäre.

Irisch gut – **Murphy's on the Green:** 11 S. Main St., Tel. 603 643 4075, ab 7 $. Gemütlicher Pub mit Original-Sitzbänken aus der Unibücherei. Umfangreiche Bier- und Weinkarte, hervorragendes Seafood.

Einkaufen

Mode – Einkaufen ist in Hanover, das 2007 von CNN zur zweitbesten Stadt zum Leben in den USA gekürt wurde, ein Vergnügen. Bekleidungsgeschäfte führen neben internationalen Trendmarken auch Kreationen unbekannter Designer, und in den Lebensmittelläden gehören Bio-Produkte zum Basisangebot. Das nähere Hingucken lohnen beispielsweise der die Studenten mit bequemer Freizeitkleidung anziehende **Dartmouth Co-op** (21 S. Main St.) sowie der **Campion's Women's Shop** (44 S. Main St.) mit seinem attraktiven Sortiment eleganter Accessoires und Damenbekleidung.

Merrimack Valley ► C 7/8

Auf dem in Massachusetts in den Atlantik mündenden Merrimack River drangen erst die Penacook-Indianer, später englische Siedler in das Innere New Hampshires vor. Heute ist das in Nord-Süd-Richtung von Canterbury bis nach Massachusetts verlaufende Tal des zweitlängsten Flusses Neuenglands das politische und wirtschaftliche Kernland des Bundesstaates. Hier liegen mit der Hauptstadt Concord und den Industriestädten Manchester und Nashua seine drei größten Orte und es sind zahlreiche Schlüsselindustrien angesiedelt. Dennoch ist die Fahrt auf der Rte. 3 mehr gemütliche Spazierfahrt denn Horrortrip durch ein Ballungsgebiet. Die bedeutendste Sehenswürdigkeit ist das **Canterbury Shaker Village** (I-93, Exit 18, 288 Shaker Rd., Mai–Okt tgl. 10–17 Uhr) in Canterbury Center. 1792 gegründet und erst 1992 nach dem Tod der letzten Schwester aufgegeben, zeigt das als Freilichtmuseum fortbestehende Shaker-Dorf 25 gut erhaltene Gebäude. Hervorragend informierte Guides erläutern die Weltanschauung der Shaker, die sich in allen Aspekten ihres Alltags wiederfindet (s. S. 256).

Concord

Die an einer Schleife des Merrimack liegende Hauptstadt **Concord** bietet indes kaum Grund zum Verweilen. Abgesehen von Hannah Dustin, die hier 1697 ihre indianischen Entführer im Schlaf erdolchte und skalpierte, hat bis 1986 niemand mehr an dieser Biegung des Flusses für Aufregung gesorgt. In jenem Jahr endete die Challenger-Mission mit der weltweit verfolgten Katastrophe. Mit an Bord der Raumfähre war die hier geborene Lehrerin Christa McAuliffe, nach der später das **Christa McAuliffe Planetarium** benannt wurde (2 Institute Dr., tgl. 10–17 Uhr). Ein kurzer Spaziergang über die North Main Street führt zum 1819 eingeweihten **State House** (107 N. Main St., Mo–Fr 8–16 Uhr) mit seinen Gemälden verdienter Bürger und zum **Eagle Hotel** gegenüber. Wo einst Richard Nixon, Andrew Jackson und der Südstaaten-Präsident Jefferson Davis logierten, sind nun hübsche Läden und ein Bistro untergebracht.

Manchester

Heute übernachten (zukünftige) Präsidenten etwas weiter südlich im Holiday Inn in **Manchester,** der mit 111 000 Einwohnern größten Stadt in New Hampshire. Das Hotel dient den Kandidaten während der ›Primaries‹ (Vorwahlen) als Basis ihrer New-Hampshire-Kampagne und gleicht dann, verkabelt, gesichert und von der Presse belagert, einer Festung.

Die Stadt, die als Holzfällercamp begann und im 19. Jh. mit der Amoskeag Manufacturing Co. die größte Textilfabrik der Welt besaß, hat sich seit dem Ende dieser Industrie mit der Ansiedlung von Hightech-Industrien aus dem Sumpf gezogen. Dabei ist sie entschieden proletarisch geblieben, auch wenn das **Currier Museum of Art** (150 Ash St., So, Mo, Mi–Fr 11–17, Sa 10–17 Uhr) mit seinen Picassos, Monets, O'Keefes, Copleys und Homers als bestes Kunstmuseum New Hampshires gilt. Nicht umsonst halten die Hiesigen dem **Red Arrow** (61 Lowell St., Tel. 603 626 1118, tgl. 24 Std.), einem der besten Diner Neuenglands, schon seit dem Jahr 1922 die Treue!

Im 19. Jh. stammte das Gros der Fabrikarbeiter übrigens aus dem kanadischen Québec. Noch heute hat fast die Hälfte der Einwohner franko-kanadische Wurzeln. Die West Side, Manchesters Arbeiterviertel, hieß früher ›Petit Canada‹. Viele der alten Leute sprechen noch Französisch. Einer ihrer Treffpunkte ist das Restaurant **Chez Vachon** (134 Kelley St.). Mehr über Kultur und Geschichte dieser ›Franco-Américains‹ erfahren Sie im **Franco-American Center** (52 Concord St., Mo–Fr 9–16 Uhr, www.francoamericancentrenh.com).

Mount Monadnock ▶ C 8

Die Lage macht's! Der Mount Monadnock (1044 m) steht einsam auf weiter Flur in der schläfrigen Südwestecke New Hampshires, unübersehbar und grandiose Fernsicht versprechend. Tatsächlich werden Sie von seinem felsigen Gipfelplateau aus bei gutem Wetter einen Rundblick über alle sechs Neuengland-Staaten genießen, sodass der Titel ›Dach Neuenglands‹ hier eigentlich angebrachter wäre als beim höchsten Berg der Region. Seine Flanken bedeckt ein 60 km langes Netzwerk aus Wanderwegen.

Der **White Dot Trail,** beim Besucherzentrum des **Monadnock State Park** (Rte. 124, etwas westl. von Jaffrey) beginnend, ist der direkte Weg hinauf. Er nimmt vier Stunden in Anspruch (hin und zurück) und ist auch von kraftlosen Büromenschen zu bewältigen. Ansonsten hat der Südwesten nicht viel zu bieten. **Jaffrey** zu Füßen des Berges bietet sich als Basis für obige Wandertour an.

Hiking am Mount Monadnock

Wenn Sie jedoch die Herausforderung brauchen, nehmen Sie sich den erheblich anstrengenderen **Spellman Trail** vor. Seine 4 km zum Gipfel sind erheblich steiler und nehmen ca. drei Stunden in Anspruch (erreichbar über den ebenfalls beim Besucherzentrum beginnenden Red Spot Trail).

Übernachten

Charmant – **The Benjamin Prescott Inn:** 433 Turnpike Rd. (Rte. 124E), Jaffrey, Tel. 603 532 6637, www.benjaminprescottinn.com, 100–200 $. Schöner Greek-Revival-Inn in gepflegtem Garten. Liebevoll mit Originalmobiliar eingerichtete Zimmer, opulentes Frühstück.

Hampton Beach ▶ D 8

New Hampshires Anteil an der Atlantikküste beträgt ganze 29 Kilometer – und seine Waterkant ist sehr zugebaut. Historische Siedlungen, moderne Supermärkte, alte Kapitänshäuser, Mietskasernen, elegante Country Inns, hässliche Motels, von der Salzluft angefressene, altmodische Vergnügungsparks: Rte. 1A, die alte Küstenstraße, hat Boom und Pleite gesehen. Immerhin besitzt New Hampshire einen der populärsten Strände Neuenglands: Gleich hinter der Grenze zu Massachusetts liegt auf einer sandigen Halbinsel **Hampton Beach.** Allerdings hat der Urlaubsort – eine Anhäufung billiger Apartmenthäuser und schmieriger Fastfood-Restaurants unter Stromkabelsalat – seine besten Tage hinter sich.

Portsmouth ▶ D 8

Eine umso schönere Überraschung ist das einnehmende Städtchen an der Mündung des Piscataqua River. Es bezaubert mit guten Restaurants, funky Galerien und einer schönen Altstadt, der der raue Charme einer Hafenstadt nicht ausgetrieben wurde. Rotziegelige alte Stadthäuser säumen krumme Straßen im historischen Stadtkern, der 1623 – wegen der hier gefundenen wilden Erdbeeren – als ›Strawberry Banke‹ begann und wegen seines tiefen Naturhafens und holzreichen Hinterlands zum königlichen Schiffsbauzentrum Portsmouth aufstieg. Verheerende Brände und der Krieg von 1812 beendeten die Blütezeit des Ortes, doch die Fischerei fütterte Portsmouth durch, bis die Regierung hier wieder mit dem Schiffsbau begann. Heute verleihen junge Unternehmer und Künstler der 21 000 Einwohner zählenden Stadt ein weltoffenes Flair. Das europäische Feeling der historischen Innenstadt wird durch Dutzende kleiner Geschäfte verstärkt. Hochwertige Gift Shops, Bekleidungsläden und Funky-Boutiquen machen den Bummel zu einem erholsamen Vergnügen.

Sehenswertes

Mittelpunkt der von drei Seiten von Wasser umgebenen Altstadt ist seit 1700 der **Market Square.** Liebhaber alter Gemäuer besuchen von hier aus Paradebeispiele historischer Baustile, darunter das wunderbare, im Jahr 1760 im Georgian Style gebaute **Wentworth-Gardner House** (Mechanic und Gardner Sts., Juni–Okt. Di–So 13–16 Uhr) und das **John Paul Jones House** (43 Middle St., Mai–Okt. tgl. 11–17 Uhr) von 1758, in dem eine spannende Ausstellung die Karriere Jones' vom englischen Schiffsjungen zum Piraten, amerikanischen Admiral und Oberkommandeur der russischen Flotte beschreibt. Portsmouths Hauptattraktion ist jedoch das **Strawberry Banke Museum** (64 Marcy St., Mai–Okt. Mo–Sa 10–17, So 12–17, sonst Do–Sa 10–14, So 12–14 Uhr, Jan.–April geschl.) im ehemaligen Rotlichtviertel der Stadt. Auf einem umzäunten Gelände – hier stand einst die erste Siedlung – repräsentieren 42 Häuser 300 Jahre Portsmouth. Zehn der Gebäude sind zu besichtigen. Anders als in anderen Museumsdörfern, wo eine einheitliche, einer Epoche treue Rekonstruktion angestrebt wird, präsentiert dieses Museum seine Häuser als Wohnstätten, die von ihren wechselnden Besitzern nach der jeweiligen Mode eingerichtet und verändert wurden.

Übernachten

Mmmmh – **Sise Inn:** 40 Court St., Tel. 603 433 1200, 1 877 747 3466, www.siseinn.com, 120–240 $. Kaufmannshaus im Queen-Anne-Stil, 34 überaus einnehmende Zimmer. Im Herzen der Altstadt.

Mittendrin – **Ale House Inn:** 121 Bow St., Tel. 603 431 7760, www.alehouseinn.com, 100–200 $. Das Obergeschoss einer alten Ziegelfabrik, zu einem Hotel ausgebaut. Zehn Zimmer, rustikal-gemütlich eingerichtet.

Essen & Trinken

Stilvoll – **The Harbor's Edge Restaurant:** 250 Market St., Tel. 603 559 2626, tgl. 7.30–21.30 Uhr, ab 12,50 $. Modern im Portsmouth Sheraton, Weitwinkel-Blick auf den Hafen. Neue amerikanische Küche.

Fun – **Blue Mermaid Island Grill:** 409 The Hill, Tel. 603 427 2583, Mo–Do 11.30–21, Fr–Sa 11.30–22, So 10–21 Uhr, ab 16 $. Abseits der Touristenpfade, Treff der Locals. Vom Südwesten und der Karibik inspirierte Küche, Livemusik von Bands, die »Guts« oder »Pub Crawlers« heißen.

Aktiv & Kreativ

Kutterfahrten – **Portsmouth Harbor Cruises** (Ceres St. Dock, Tel. 603 436 8084 und 1 800 776 0915, www.portsmoutharbor.com) bietet nette Kutterfahrten sowohl durch den Hafen als auch die vogelreichen Feuchtgebiete im Mündungsgebiet des Piscataqua River und zu den Seevogelkolonien auf den vorgelagerten Isles of Shoals an.

Infos

Greater Portsmouth Chamber of Commerce: 500 Market St., Tel. 603 610 5510, www.portcity.org

Das Beste auf einen Blick

Maine

Highlight!

Portland: In den Adern der Portlander fließt nicht Blut, sondern Kaffee. Wahlweise ist es auch Cappuccino, Latte, Mocha. Ist die Zahl der Kaffeehäuser ein Indiz für Weltoffenheit, dann ist Portland am Ende der Casco Bay das San Francisco der Ostküste. S. 254

Auf Entdeckungstour

Sabbathday Lake Shaker Village: Das Paradies auf Erden liegt eine halbe Stunde nördlich von Portland. Dort leben und arbeiten die letzten Shaker, nach dem Willen ihrer Gründerin Ann Lee Perfektion anstrebend. Besucher heißen die Brüder und Schwestern willkommen – solange sie nicht allzu aufdringlich sind. S. 256

Kultur & Sehenswertes

Portland Museum of Art: Die Künstler und das Licht der Küste, aufgefangen von Schwergewichten der amerikanischen Malerei. S. 254

Maine Maritime Museum, Bath: Alte Werften, ein Modell des größten je gebauten Seglers und 400 Jahre Schiffsbau in Maine. S. 264

Aktiv & Kreativ

Windjammer-Törn: Die Segel knattern hören und selbst am Steuerrad eines dieser Zweimaster stehen – unvergesslich. S. 267

Precipice Trail: Vor dem Genuss der Schweiß: Zu den Panoramablicken im Acadia National Park muss man sich hinaufhangeln. S. 271

Rafting auf dem Kennebec: Strudel, Schnellen, hohe Wellen – aber immer ein feucht-fröhliches Erlebnis! S. 277

Genießen & Atmosphäre

›Mailboat Run‹ in der Casco Bay: Ein Stück Insel-Alltag erleben Sie an Bord einer der Fähren zu den Inseln in der Bay. S. 260

Acadia National Park: Die Loop Road führt zu den schönsten Aussichtspunkten des Stilllebens aus Land, Meer und Himmel. S. 270

Abends & Nachts

Geno's Rock Club: Art House Rock und Live Slamming, sieben Nächte die Woche in Portland. S. 259

L. L. Bean, Portland: Hier nach Mitternacht auf Einkaufstour zu gehen erhöht die Chancen, Hollywood-Promis zu begegnen. S. 261

Café Bluefish, Bar Harbor: Knuddelige Atmosphäre, hervorragendes Essen. Und Trivial-Pursuit-Karten zur Verkürzung der Wartezeit. S. 275

Küstenreicher Staat

Infobox

Tourist Information
Main Office of Tourism: State House Station 59, Augusta, ME 04333, Tel. 207 287 5711, www.visitmaine.com

Anfahrt & Weiterkommen
Viel Gelegenheit zum Verfahren haben Sie nicht. Halten Sie sich an die Rte. 1. Die führt Sie brav bis nach Bar Harbor.

»Maine-iac: Einheimischer des Bundesstaats Maine. Lebt in Maine und wurde dort geboren, von ebenfalls in Maine geborenen Eltern. Fremde bezeichnet er als *from away* (von außerhalb) oder gar als *summer complaints* (sommerliche Quälgeister).« Das real existierende Maine ist ein Ziel für Stadtmüde. New Yorker, so heißt es, kommen hierher, um normale Menschen zu sehen und echte Wildnis zu erleben. Und vor allem die schönste Küste Neuenglands, die nur dünn besetzt ist mit schläfrigen Fischernestern. Und natürlich gibt es auch, sonst wäre dies nicht das Rafting-Mekka Neuenglands, reißende Flüsse, durch Wälder so riesig, dass hier die meisten Elche und Schwarzbären des Nordostens hausen.

Doch Sie merken schon: Maine ist vor allem Küste. Im Jahr 1604 kreuzte Samuel de Champlain, der die Kolonialisierung von Kanada seitens Frankreich einleitete, vor Mount Desert Island. Engländer und Franzosen stritten noch lange um diesen Abschnitt. Deshalb und wegen des King Philip's War verlief die Besiedlung zäher als in der Massachusetts Bay Colony, die Maine bis 1820 mitregierte. Erst danach wurde Maine ein Bundesstaat. Dann traf die Industrialisierung und das Ende der Holzschiffe Maine bis ins Mark. Die Diversifizierung verlief nur schleppend. Immer mehr ›Maine-iacs‹ sehen deshalb das Heil im Tourismus. Wo sie sich übrigens keineswegs als schrullig, wie es das Urban Dictionary (www.urbandictionary.com) vermuten lässt (s. o.), sondern als überaus liebenswürdige Gastgeber erweisen.

Die Küste

3200 km Küstenlinie und 3000 vorgelagerte Inseln machen die Küste zu einem Ziel für Forschernaturen. An der Rte. 1 liegen Fischerdörfer, Leuchttürme, Strände, Hummer-Restaurants und Vogelschutzgebiete, hier donnert der Atlantik gegen dunklen, nass schimmernden Fels. Auf halber Strecke wartet Portland, die Stadt, in der die meisten Bewohner der Ostküste am liebsten leben würden, mit Espresso und Kunstgalerien. Und am Ende setzt der Acadia National Park mit seiner oft gemalten und nicht totzufotografierenden Symphonie aus Land und Meer den landschaftlichen Höhepunkt dieser Reise.

Kittery ►D 8

In Amerika ist Einkaufen Volkssport, auch shoppende Urlauber sind immer gern gesehen: So begrüßt Maine den Besucher gleich hinter der Grenze zu New Hampshire denn auch mit den

Maine hat die schönste Küste: Felsen auf Mount Desert Island

Kittery Factory Outlets. Auf 1,5 km mutiert die durch den gleichnamigen, schon 1623 gegründeten Ort führende Rte. 1 zu einer Mall, wo über 100 Markenhersteller ihre Produkte zu Niedrigpreisen anbieten.

York ▸ D 8

Mehr vom alten Maine sehen Sie erst im Stadtkern von York: York Village erinnern über 50 Gebäude aus dem 17. und 18. Jh. an die Anfänge: 1624 gegründet, von Indianer- und Franzosenüberfällen gebeutelt, wurde der Ort später durch Schiffsbau reich. Die schönsten Häuser kann man mit einem Ticket der **Old York Historical Society,** die in der alten **Jefferd's Tavern** ein Besucherzentrum betreibt, besichtigen (5 Lindsay St., alle Häuser Juni–Mitte Okt. Mo–Sa 10–17 Uhr). Die Guides weisen gern auch den Weg zum **Snowshoe Rock:** Dort ließen im Januar des Jahres 1692 rund 500 Abenaki-Indianer und Franzosen ihre Schneeschuhe zurück, bevor sie beim sogenannten Candlemas Massacre 80 Siedler umbrachten und den Rest der Bewohner entführten.

Cape Neddick Light

tgl. 10–20 Uhr
Wenige Autominuten weiter nördlich erreichen Besucher übrigens das liebevoll ›Nubble Light‹ genannte **Cape Neddick Light** (Rte. 1A, Nubble Rd.). Fotogen posiert der strahlendweiße Leuchtturm auf einer Klippe hoch über dem Meer.

Übernachten

Komplett – **Stage Neck Inn:** Stage Neck, York Harbor, Tel. 207 363 3850, 1 800 340 1130, www.stageneck.com, 155–300 $. Gemütlichkeit mal anders: modernes Resort über dem Meer, auf eigener Halbinsel. Viele der 58 Zimmer mit schönem Meeresblick. Restaurant, Tennis, Fitness, Pool, Golf.

Essen & Trinken

Traditionsreich – **Goldenrod Restaurant:** 2 Railroad Ave., York Beach, Tel. 207 363 2621, ab 10 $. Seit über 100 Jahren; Seafood und frittierte Kalorienbomben zu vernünftigen Preisen.

Einkaufen

Outlets/Outdoor – Die **Kittery Outlets** (306 State Rd., Mo–Sa 9–21, So 10–18 Uhr, www.thekitteryoutlets.com) bieten Ober- und Unterbekleidung, Schuhe, Schmuck und Accessoires, Haushaltswaren und Sportbekleidung. Outdoorkleidung und -ausrüstung finden Sie im **Kittery Trading Post** (301 Rte. 1, Mo–Sa 9–21, So 10–18, www.kitterytradingpost.com).

Ogunquit und Kennebunkport ▸ D 7/8

Auch in Maine haben die Ureinwohner kaum mehr als Namen hinterlassen. Ogunquit beispielsweise heißt ›schöner Ort am Meer‹. Zweifellos meinten sie den breiten, mehrere Kilometer langen Sandstrand. Bis in die 1950er-Jahre hinein war **Ogunquit** der Badeort der Reichen und Schönen, danach beendete die Demokratisierung des Tourismus die Exklusivität mit Apartmentblocks und Gift Shops. Immerhin, auf dem parallel zum Strand verlaufenden Fußweg Marginal Way zur felsigen **Perkins Cove** sieht man schon, was einen weiter nördlich erwartet: Sandstrände, Felsenküste und Fischkutter, Salzwassergeruch. Und – unvermeidlich – Kunstgalerien, mal mehr, mal weniger.

Das **Wells National Estuarine Research Reserve** (Laudholm Farm Rd., tgl.) schützt das Delta des Little River und verfügt über 10 km stille Spazierwege durch Wälder, Feuchtgebiete und Dünenlandschaften.

An diesem reizenden Landschafts- und Vogelschutzgebiet bei Wells vorbei geht es weiter nach **Kennebunkport.** Entschieden gepflegter und ein wenig versnobt, ist das alte Schiffsbauerstädtchen – zwischen 1800 und 1850 finanzierten hier über 1000 Stapelläufe teils grandiose Villen – der Sommersitz des ehemaligen US-Präsidenten George Bush. Sein sternenbannergeschmücktes Anwesen steht auf Walker's Point, einer schmalen Landzunge am kurvenreichen **Ocean Drive,** Anhalten verboten. Die schönsten Residenzen, allen voran das sogenannte **Wedding Cake House** (104 Summer St., s. S. 80), können Sie jedoch auf einer vom modernen Heimatkundemuseum **Brick Store Museum** (117 Main St., Di–Fr 10–16.30, Sa 10–13 Uhr) veranstalteten Tour bewundern – und anschließend in einem der vielen Restaurants und Cafés rund um den schönen, von kleinen Boutiquen umzingelten Dock Square die Beine strecken.

Old Orchard Beach wiederum besteht aus einem alten Pier und Videospielhallen. An der I–95 landeinwärts verrät statt ›Exit‹ das Schild ›Sortie‹, woher die meisten der Badegäste stammen: Der 10 km lange Sandstrand des einstigen Nobel-Seebads ist als ›Québec Riviera‹ fest in der Hand der Franko-Kanadier.

Ausflüge von Ogunquit aus

Von Perkins Cove aus können Sie an Bord eines **Hummerkutters** zu den Hummerkäfigen hinausfahren und alles über Maines Schalentierindustrie lernen (Perkins Cove Lobster Tours, Tel.

Stimmungsvoll: der Leuchtturm von Portland

Portland

Sehenswert
1 Portland Museum of Art
2 Longfellow House
3 Constellation Gallery
4 SPACE Gallery
5 Old Port Exchange

Übernachten
1 Inn by the Sea
2 Portland Regency
3 The Percy Inn

Essen & Trinken
1 DiMillo's Floating Restaurant
2 Fore Street Restaurant
3 Street & Co.
4 Becky's Diner

Einkaufen
1 Simply Chic
2 L. L. Bean Factory Store

Abends & Nachts
1 Geno´s Rock Club
2 Stone Coast Brewing Co.

207 646 7413, Mitte Mai–Anfang Sept.). Auch für **Radtouren, Strandspaziergänge, Segeltörns** ist Perkins Cove Ausgangspunkt.

Die beiden schönsten Strände in diesem Abschnitt sind **Ogunquit's Footbridge Beach** (selten richtig voll) und der **Crescent Beach** zwischen Wells und Moody (keine Duschen und Umkleiden, aber ruhig).

Übernachten

Entspannend – **Beachmere Inn:** 62 Beachmere Pl., Ogunquit, Tel. 207 646 2021, 1 800 336 3983, www.beachmereinn.com, 105–280 $. Altes Strandhotel mit Türmchen am Marginal Way. 44 modern eingerichtete Zimmer.
Einfach und günstig – **Footbridge Beach Motel:** 668 Main St. u. Ocean St., Ogunquit, Tel. 207 646 2796, www.footbridgemotel.com, 50–180 $. Helle, einfache Zimmer. Freundliches Strandmotel Nähe Footbridge.

Essen & Trinken

Essen mit Aussicht – **Hurricane:** Dock Square, Kennebunkport, Tel. 207 967 9111, tgl. 11.30–21.30 Uhr (im Sommer auch länger), ab 9 $. Lobster Rolls und Tuna-Burger sind hier mit Blick auf den Kennebunk River zu genießen. Ausladende Weinkarte.

Portland! ► E 7

San Francisco der Ostküste? Auch wenn dieser Vergleich – zugegebenermaßen – übertrieben ist: Die überwiegend jungen Gesichter, die sprudelnde Kunstszene, die Straßenmusiker, die zur Bucht abfallenden, steilen Straßen und das blaue Meer lassen einen die Autofenster herunterkurbeln und tief durchatmen. Viele großstadtmüde Unternehmer und Intellektuelle haben Portland seit den 1980er-Jahren zum Wohnsitz erkoren, über 200 Firmen der verarbeitenden Industrie unterhalten hier ihr Hauptquartier.

Noch eine Gemeinsamkeit mit San Francisco wäre die wechselvolle Geschichte. Dreimal brannte die im Jahr 1632 gegründete Stadt ab. Erst zündelten Indianer, dann rachsüchtige Engländer. Zuletzt war es wohl ein Betrunkener. Das war 1866, ältere Häuser gibt es daher kaum. Doch als Hafenstadt und Endstation der Eisenbahn von Montréal war Portland einmal mehr wichtig genug, um wieder aufgebaut zu werden.

Stadtrundgang

Die bedeutendste Attraktion dieser Stadt, die vor allem im Rechteck zwischen Commercial und Congress Street ›stattfindet‹, ist das international renommierte **Portland Museum of Art** 1 (7 Congress Sq., Di–Do/Sa–So 10–17, Fr 10–21 Uhr) oben in der Downtown.

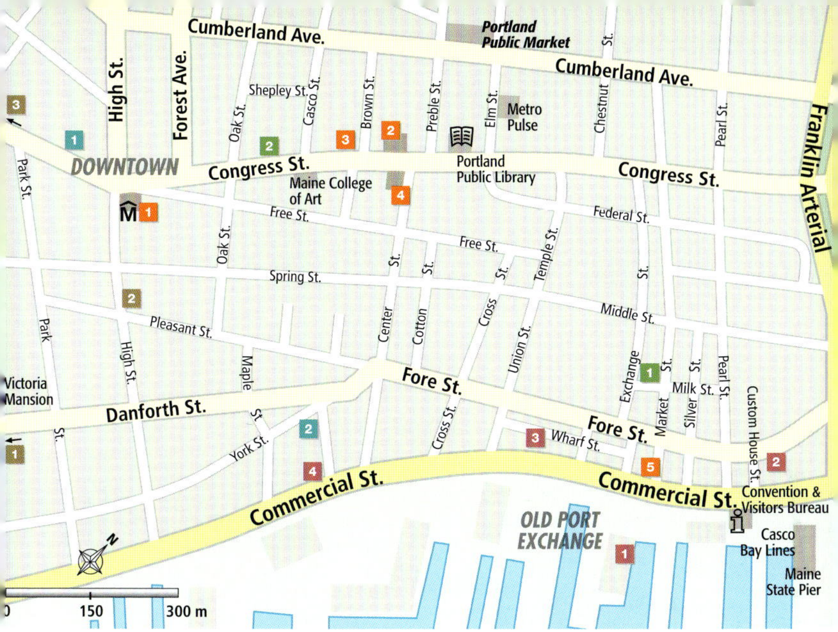

Das 1983 von I. M. Pei um ein Gebäude mit Bullaugen erweiterte Museum widmet sich Maine, wie Winslow Homer, Frederic Church und Edward Hopper es sahen, besitzt aber auch eine sehenswerte Impressionisten-Sammlung.

Bevor der Stadtrundgang Sie zu weiteren Hotspots für Liebhaber der bildenden Kunst führt, werden Sie womöglich das **Longfellow House** 2 besuchen wollen (485 Congress St., Juni–Okt. Führungen, Mi–So 10.30, 11.30, 13, 14, 15, 16 Uhr, Mo, Di geschl.). Amerikas Dichterfürst (u. a. »Evangéline«, »Song of Hiawatha«) verbrachte in dem schlichten Steinhaus seine Kindheit, zu sehen sind Original-Mobiliar und persönliche Gegenstände. Eindrücke vom zeitgenössischen Kunstschaffen vermitteln die **Constellation Gallery** 3 (511 Congress St., Mo–Do 11–15, Fr 12–20 Uhr), die sich auf Künstler aus Main spezialisiert hat, und die **SPACE Gallery** 4 (538 Congress St., Mi–Sa 12–18 Uhr, sonst nach Vereinb.), die vor allem Werke junger, experimentierfreudiger Talente zeigt.

Das sich über der Waterfront in rotem Backstein aufschichtende Hafenviertel **Old Port Exchange** 5 wurde in den 1970ern aufpoliert und ist seither das Juwel der Stadt. Das Ensemble aus viktorianischen Häusern und großen Lager- und Fabrikhallen entstand nach dem Brand von 1866. Zwischen Exchange und Pearl Street lässt sich der Nachmittag gemütlich in Boutiquen, esoterischen Schmuckläden und Antiquitätengeschäften verbummeln.

Portlands Umgebung

Der **Two Lights State Park** (Rte. 77, Cape Elizabeth) auf dem weit ins Meer reichenden **Cape Elizabeth** südlich von Portland bietet neben schönen Strandspaziergängen und einem fotogenen Leuchtturm auch schöne Sonnenuntergänge. Eine der schönsten Veranstaltungen der Stadt ist der an jedem ersten Freitag im Monat ▷ S. 259

Auf Entdeckungstour

Sabbathday Lake Shaker Village

Der von Feldern umgebene Weiler, 40 km nördlich von Portland, ist die Heimat der letzten aktiven Shaker Amerikas. Ein kleines Museum dokumentiert ihre Geschichte und organisiert geführte Touren. Beim Sonntagsgottesdienst um 10 Uhr heißen die Brüder und Schwestern Besucher herzlich willkommen.

Reisekarte: ▶ D 6/7

Zeit: 1–3 Stunden

Planung: 707 Shaker Rd., New Gloucester, Tel. 207 926 4597, www.shaker.lib.me.us, Ende Mai–Mitte Okt. Mo–Sa 10–16.30 Uhr

Ein spirituelles Aha-Erlebnis war ihm nicht beschieden. Arnold Hadds Bekehrung war vielmehr eine jahrelange Annäherung. »Als ich die Shaker zum ersten Mal besuchte, hatte ich nicht die Absicht, selbst einer zu werden.« Bruder Arnold streckt sich. Seit dem Morgengrauen ist er auf den Beinen. Jetzt ist es halb elf, und er hat bereits das Vieh versorgt, Frühstück für sich und die anderen gemacht, vorgekocht, Schwester Frances, die an einer Knieoperation laboriert, Arbeit abgenommen und Blumenkästen aus der Stadt abgeholt. Ein ganz normaler Tag im Sabbathday Shaker Village, das von Landwirtschaft, Gartenbau und etwas Tourismus lebt.

»Eine unbeschreibliche Freude«

Als ich vorfahre, verarzten er und Bruder Wayne gerade ein verletztes Rotkehlchen. Jetzt sitzen wir einander im spärlich möblierten Empfangsraum des großen Wohnhauses gegenüber. »Es hat auch nichts gefehlt in meinem Leben«, sagt er. »Ich wollte einfach mehr.« Die spirituelle Lebensweise der Shaker faszinierte ihn zutiefst. Schließlich verbrachte er einen ganzen Sommer bei ihnen. »Am Ende merkte ich, dass ich nicht heimgehen wollte.« Im Januar 1978 unterschrieb er das Shaker-Glaubensbekenntnis. Wie sich das angefühlt habe, ein Shaker zu werden? Lange mustert Bruder Arnold seine schwarzen Fingernägel. »Mir wurde sprichwörtlich warm ums Herz. Da drinnen war eine unbeschreibliche Freude auf das, was vor mir lag.« Ich schaue mich um. Nackte weiße Wände. Schlichte Möbel, massive dunkle Holzdielen, glatte, dekorlose Oberflächen überall. Alles hier strahlt friedvolle Ruhe aus. Und Bruder Arnold, heiter trotz aller Arbeit. Innere Anmut, nach außen gekehrt?

Das letzte Shaker-Dorf – ein Postkartenidyll aus 18 weißen Gebäuden, Obst- und Gemüsegärten – liegt eine halbe Autostunde nördlich von Portland an der Route 26. Hier leben und arbeiten die letzten vier der ›United Society of Believers‹ nach den Lehren von Mutter Ann Lee (1736–1874). Die Fabrikarbeiterin aus dem englischen Manchester, einst die Führerin der Shaking Quakers, war wegen ihrer damals radikalen Forderungen – Pazifismus, Keuschheit, die Doppelgeschlechtlichkeit Gottes und die Gleichberechtigung von Mann und Frau – mit der Obrigkeit in Konflikt geraten und mit acht Anhängern nach Amerika ausgewandert. In Neuengland erhielt sie schnell Zulauf. Auf dem Höhepunkt der Bewegung um 1840 zählten die ›Believer‹ 4000 Mitglieder in 19 autarken Gemeinden zwischen Maine und Kentucky. Nach dem Willen von Ann Lee strebten sie dort den Himmel auf Erden an – wozu sie frei von Gewalt, Habgier und Eitelkeit zu leben suchten. Doch nach dem Bürgerkrieg begann der Niedergang. Ein Shakerdorf nach dem anderen machte zu. Manche wurden in Museumsdörfer verwandelt. Nur das Sabbathday Lake Shaker Village hält noch aus.

Grundsätze der Shaker

Richtschnur im Shaker-Alltag waren – und sind – verschiedene Leitsätze. ›Hands to work, hearts to God‹ ist der bekannteste. Arbeit ist Gottesdienst. Leben, Arbeit und Glaube sind eins, alle Tätigkeiten folgen dieser Grundregel. Jeder ›Believer‹ hat am Himmel auf Erden mitzubauen. Dies verlangt demnach nach allerhöchster Qualität. Lee-Nachfolger Joseph Meacham: »Wir haben ein Recht darauf, die Erfindungen der Menschheit zu verbessern, solange es nicht eitlem Ruhm

Angestellte in einem Museumsdorf beim Verpacken von Saatgut

oder etwas Überflüssigem dient.« So werden Sie in den Museumsdörfern Hancock (s. S. 162) und Canterbury (s. S. 245) überall Indizien ihrer Suche nach Perfektion finden. Hier eine Haustür mit beweglicher, sich beim Schließen senkender Unterkante, um kalte Zugluft zu verhindern. Dort Stühle mit kurzer Lehne, leicht unter den Tisch zu stellen, um Platz zu sparen. Nagelschere, Kreissäge, Apfelentkerner, Flachbesen: Über 100 Erfindungen gehen auf das Konto der ›Believer‹. Wen wundert es da noch, dass diese praktisch denkenden Menschen 1877 sogar das metrische System übernahmen? Heute gelten Shakermöbel im Original, zeitlos schön und ungemein stabil, als unbezahlbar. Amerikanische Prominente blättern dafür astronomische Summen hin.

Blick nach vorne

Die Zukunft der letzten Shaker liegt in Gottes Hand. Oder, wie Bruder Arnold es formuliert: »Wir wollen Gottes Hände und Füße auf Erden sein.« Als solche inspirieren die Brüder Arnold und Wayne und die Schwestern Frances und June viele Außenstehende. Hoffnungsvolle Kandidaten gibt es durchaus. Die Zeit wird zeigen, ob sie mit Zölibat und Verzicht auf Privatbesitz werden leben können. Bruder Arnold: »Ich hoffe und bete, dass es bald wieder mehr von uns geben wird. Wer weiß, vielleicht haben wir in zwanzig Jahren die Landwirtschaft ja aufgegeben und machen etwas vollkommen anderes ... « Zumindest bis dahin jedoch sind für sie die Häuser und Felder an der parallel zur Rte. 26 verlaufenden Shaker Rd. der Himmel auf Erden.

stattfindende **First Friday Art Walk** (www.firstfridayartwalk.com), bei dem die Innenstadt mit Freiluftkonzerten und -ausstellungen den Kunstsinn der Portländer animiert.

Übernachten

Einnehmend – **Inn by the Sea** 1: 40 Bowery Beach Rd., Cape Elizabeth, Tel. 207 799 3134, 1 800 888 4287, www.innbythesea.com, 170–600 $. Herrliches, viktorianisch inspiriertes Resort am Cape Elizabeth, soeben renoviert, mit eigenem Strand, 44 Suiten und Fine-Dining-Restaurant. 10 Autominuten südlich von Portland.
Nostalgische Eleganz – **Portland Regency** 2: 20 Milk St., Tel. 207 774 4200, 1 800 727 3436, www.theregency.com, 150–250 $. Hanseatisch-kühle Eleganz mit Plasma-Bildschirmen hinter roten Backsteinmauern. 95 sehr angenehme Zimmer.
Urgemütlich – **The Percy Inn** 3: 15 Pine St., Tel. 207 871 7638, www.percyinn.com, 90–210 $. Rotziegeliges Reihenhaus im Federal Style, sieben zeitgenössisch eingerichtete Zimmer.

Essen & Trinken

Schaukelig – **DiMillo's Floating Restaurant** 1: 25 Long Wharf, Tel. 207 772 2216, tgl. 11–23 Uhr, ab 18 $. Amerikanisch-italienische Küche in stillgelegter Autofähre, ergo erstklassiger Blick auf Stadt, Hafen und Meer. Mo–Fr 16–19 Uhr Happy Hour.
Spitze – **Fore Street Restaurant** 2: 288 Fore St., Tel. 207 775 2717, So–Do 17.30–22, Fr–Sa 17.30–22.30 (Bar ab 17 Uhr), ab 18 $. Um alten Backsteinofen herum angelegt: Kreative, neue amerikanische Küche, mit Seafood und regionalen Produkten. Gute Weinkarte.
Verlässlich – **Street & Co.** 3: 33 Wharf St., Tel. 207 775 0887, tgl. 17.30–22 Uhr, 19–42 $. Als eines der besten Seafood-Restaurants Maines gerühmt. Hummer, Tintenfisch, Kabeljau, raffiniert zubereitet.
Altmodischer Treffpunkt – **Becky's Diner** 4: 390 Commercial St., Tel. 207 773 7070, tgl. 4–21 Uhr, ab 5 $. Original-Diner an der Hobson Wharf. Treff der Fischer und Hafenarbeiter.

Einkaufen

Mode – Neben den hinlänglich bekannten internationalen Marken haben überraschend viele junge unabhängige Designer hier ihre Nische. Eine interessante Auswahl für Damen (u. a. Catherine Malandrino, JOIE und Little Joe) präsentiert **Simply Chic** 1 (28 Exchange St., tgl.), Freizeit- und Outdoorbekleidung der **L. L. Bean Factory Store** 2 (542 Congress St., Mo–Sa 9–19, So 10–18 Uhr). Dutzende Galerien, esoterischer Shops und Kaffeestuben finden Sie im Old Port Exchange.

Abends & Nachts

Die Bars und Musikkneipen im Old Port kommen und gehen. Feste Größen sind **Geno's Rock Club** 1 (625 Congress St., Tel. 207 221 2382), Portlands angesagtester Livemusik-Joint, und das **Stone Coast Brewing Co.** 2 (14 York St., Tel. 207 773 2337), ein großräumiger Pub mit Platz für Livemusik und Schwoof.

Infos

Convention and Visitor's Bureau of Greater Portland: 245 Commercial St., Tel. 207 772 5800, www.visitportland.com

Freeport ► E 6/7

Im 20 Autominuten entfernten Freeport sagen einem die Verkäufer, man solle doch mal morgens um drei Uhr vorbeischauen, dann träfe man hier John Travolta, Kevin Spacey und Calista Flockhart.

Nein, dies ist nicht Beverly Hills. Dies ist L. L. Bean, in Amerika das Synonym für Outdoor-Artikel und strapazierfähige Freizeitbekleidung. Der Ort wuchs um dieses erste Outlet und nun liegt der 12 000 m² große, viergeschossige Laden im Herzen der Factory-Outlet-Hauptstadt des Landes. Die ganze Stadt ist eine – ästhetisch erträglich als Dorf verkleidete – Mall. Über 170 Textilienhersteller, darunter Nike, Gap, Donna Karan, Calvin Klein, Patagonia, Timberland und North Face, verkaufen hier ab Fabrik, mit Preisnachlässen bis zu 70 %. Mit dem rigorosen Schwenk in Richtung Kommerz rissen die Stadtväter Freeport Ende der 1970er-Jahre aus der Krise. Heute erinnert fast nichts mehr an das alte, 1681 gegründete Freeport: Allein L. L. Bean, die Mutter aller Outlets, registriert pro Jahr 3,5 Mio. Besucher.

Inselhüpfen

Sechs der 365 Inseln in Portlands Casco Bay sind bewohnt und mit der Stadt durch Fähren verbunden. Die Schiffe der Casco Bay Lines befördern neben Post und Baumaterialien auch Tagesausflügler. Ideal für einen kurzen Trip ist der sogenannte **›Mailboat Run‹**: Während des gut dreistündigen Törns werden alle bewohnten Inseln angelaufen, Sie haben Gelegenheit zum Plausch mit den Insulanern und schauen beim Be- und Entladen zu (Casco Bay Lines, 56 Commercial St., Tel. 207 774 7871, www.cascobaylines.com).

Übernachten

Shopper-Basis – **Harraseeket Inn:** 162 Main St., Tel. 207 865 9377, 1 800 342 6423, www.harraseeketinn.com, 125–320 $. 84 geschmackvolle Zimmer unweit L. L. Bean. Pool, Whirlpool, zwei Restaurants.
Verlässlich – **Comfort Suites:** 500 Rte. 1, Tel. 207 865 9300, 1 877 865 9300, www.freeportcomfortsuites.com, 75–190 $. Verlässliche Suiten in dem Ketten-Motel. Pool, Whirlpool.

Essen & Trinken

Stimmungsvoll – **Jameson Tavern:** 115 Main St., Tel. 207 865 4196, Bar tgl. 11.30–23, Restaurant tgl. 11.30–14, 17–22 Uhr, ab 8 $. Burger, Lobster Rolls und Salate dominieren die Speisekarte in diesem historischen Gemäuer.

Einkaufen

Outlets – ›Shop 'til you drop‹: bei Ralph Lauren, Patagonia, Clinique, Totes und vielen anderen. Als einziges der Factory Outlets hat **L. L. Bean** rund um die Uhr geöffnet (Main und Bow Sts., Tel. 1 877 755 2326, www.llbean.com).

Brunswick und Umgebung ► E 6

Brunswick

Kurz hinter Freeport kann man die Rte. 1 endlich Richtung Meer verlassen. Viele kleine Nebenstraßen zweigen ab in das unübersichtliche Gewirr aus Halbinseln, schmalen Landzungen und vorgelagerten Inselchen. Zuvor sollte man im 22 000-Einwohner-Städtchen **Brunswick** vorbeischauen. Das hiesige, 1794 gegründete Bowdoin College hat prominente Absolventen, darunter den Sexualforscher Alfred C. Kinsey, Longfellow und den Polarforscher Robert E. Peary, der im Jahr 1909 als Erster den Nordpol erreichte. Die Schriftstellerin Harriet Beecher Stowe schrieb hier »Onkel Toms Hütte«, während ihr Mann Calvin Stowe am College lehrte. Peary und seinem Mitstreiter MacMillan widmet sich im Universitätsgebäude Hubbard Hall das spannende **Peary-MacMillan Arctic Museum** (Di–Sa 10–17, So 14–17 Uhr). Demnächst wird Brunswicks Geschichte wohl noch stärker vermarktet werden: Angesichts der bevorstehenden Verlegung der hiesigen Naval Air Station nach Florida, die den Raum über 4000 Arbeitsplätze kosten wird, wollen die Stadtväter Ort und College noch intensiver bewerben.

Sehenswertes bei Brunswick

Marschen, Priele, Wälder – und immer wieder junge Leute, die Kanus oder Kajaks zu Wasser bringen, während bewegungslos im Wasser stehende Kraniche zuschauen: All das Grün und Blau wird Ihren Augen wohltun, vor allem auf dem Weg zum Weiler **South Harpswell** am Ende der Rte. 123. Oder aber auf der Rte. 24 nach **Bailey Island,** das mit dem dünnen Festlandfinger durch eine schmale Brücke verbunden ist und mit **Cook's Lobster House** (s. S. 265) das Hummerrestaurant mit dem besten Meeresblick weit und breit besitzt. Sportausrüster machen auch hier mit Kajaks vor der Tür auf die Hauptbeschäftigung vor Ort aufmerksam.

Popham Beach Park

April–Ende Okt.

Der schönste Strand Maines – Kennern gilt er übrigens als der schönste Badestrand Neuenglands – ist auch nicht weit. Auf der übernächsten Halbinsel führt die 22 km lange Rte. 209 zum

Lieblingsort

Popham Beach
Die Anfahrt allein ist ein Vergnügen: Von Bath aus kurvt die schmale Rte. 209 durch lichte Wäldchen und winzige Weiler mit General Store/Postamt/Tankstelle dem Atlantik entgegen. Ob die – etwas längere – Anfahrt der Grund dafür ist, dass der Popham Beach nie ein zweites Ogunquit wurde? Jedenfalls fühle ich mich jedes Mal ein bisschen wie ein Entdecker, wenn nach dem kurzen Fußweg durch die Dünen zunächst die vorgelagerte kleine Felseninsel auftaucht und einen Lidschlag später der 5 km lange Bogen des zuletzt im Dunst verschwindende Strandes. Vor allem das Inselchen entdecke ich immer wieder neu. Meerwärts die krachende Brandung, zur Strandseite hin windgeschützte Fleckchen und stille, klare Wasser: Selten sind die einfachen Freuden schöner als hier.

Popham Beach State Park. Mehrere Kilometer Sandstrand, windgeschützt, und vorgelagerte, bei Ebbe zu Fuß erreichbare Felsenklippen machen den Strand zu einem auch für mehrere Tage geeigneten Zwischenstopp.

Interessanter als der Anblick der wuchtigen Kasematten des nahen **Fort Popham** aus dem 19. Jh. ist deren Vorgeschichte. Hier endete 1608 nach nur einem Jahr der erste englische Siedlungsversuch – nicht ohne eine Tradition zu hinterlassen: Die Überlebenden der glücklosen Popham Colony segelten mit einem selbst gezimmerten Segelschiff, dem 30-Tonnen-Segler »Virginia«, in die alte Heimat zurück und überstanden auf ihrem Weg sogar einen schweren, dreitägigen Sturm. Seitdem werden in der Gegend um Fort Popham Schiffe gebaut.

Bath ►E 6

In der Arbeiterstadt liefen im 19. Jh. die größten Segelschiffe der Welt vom Stapel. Heute halten Regierungsaufträge für Fregatten und Zerstörer die 10 000 Einwohner, von denen über die Hälfte beim Schiffsbauer Bath Iron Works arbeiten, am Leben. Das **Maine Maritime Museum** (243 Washington St., tgl. 9.30–17 Uhr) beherbergt diverse historische Segler, die in den erhaltenen Hallen des Percy & Small Shipyard konstruiert wurden, und informiert über damalige Schiffsbautechniken. Angeboten werden auch Bootstouren auf den Flüssen Kennebec und Sasanoa. Der Blick vom Wasser auf die gewaltigen Werften und Kräne von Bath Iron Works, das während des Zweiten Weltkriegs alle 14 Tage ein Schiff ausspuckte, ist beeindruckend.

Kunsthandwerksladen in Boothbay Harbor

Übernachten

Traumhaft – **Popham Beach B & B:** 4 Riverview Ave., Popham Beach/Phippsburg, Tel. 207 389 2409, www.pophambeachbandb.com, 160–235 $. Gemütliche Strandpension mit 10 km Strand gleich vor der Tür, in altem Haus der Küstenwache. Freundliche Zimmer, tolles Frühstück.
Schnuckelig – **The Galen C. Moses House:** 1009 Washington St. (Rte. 1, Exit ›Historic District‹), Bath, Tel. 207 442 8771, 1 888 442 8771, www.galenmoses.com, 120–260 $. Auf ihren ursprünglichen Glanz zurückrestaurierte, pinkfarbene Residenz von 1874. vier elegante Zimmer, zwei Suiten.
Nüchtern – **Holiday Inn Bath/Brunswick:** 139 Richardson St. (Rte. 1, kurz vor Bath), Tel. 207 443 9741, 90–180 $. Verlässliche Qualität. 141 Zimmer, Pool. Es bietet eine gute Basis für Trips zum Strand.

Essen & Trinken

Hemdsärmelig – **Cook's Lobster House,** Rte. 24, Bailey Island, Tel. 207 833 2818, tgl. 11.30–21 Uhr, ab 16 $. Frischer Hummer, vom Fangboot direkt auf den Teller, in zünftiger Atmosphäre.
Lehrreich – **J.R. Maxwell & Co.:** 122 Front St., Bath, Tel. 207 443 2014, tgl. 11.30–14.30, 17–21, Fr und So bis 22 Uhr, ab 17 $. Geflügel, Seafood, Ribs und auch Steaks in großen Portionen. Maritimes Dekor zeichnet Baths Geschichte nach.

Aktiv & Kreativ

Kayaking – **Up the Creek** verleiht Kanus und Kajaks und organisiert eintägige Paddeltouren auf dem Winnegance River, der schließlich ins Meer mündet (Phippsburg, Tel. 207 443 4845, 1 866 443 4845).

Infos

Southern Midcoast Maine Chamber: 2 Main St., Topsham, Tel. 877 725 8797, www.midcoastmaine.com

Wiscasset ▸ E 6

Auch in dieser heute verschlafen blinzelnden Schönheit am Sheepscot River, wurden Schiffe gebaut. Von hier aus stachen die schnellsten Klipper Neuenglands in See. Heute markiert der Ort, mit seinen zwei Dutzend Antiquitätenläden ein Honigtopf für Liebhaber alter Accessoires, den Übergang der vierspurigen Rte. 1 in eine zweispurige und kurvenreiche Landstraße. Kurz hinter der Brücke zweigt die Rte. 27 nach **Boothbay Harbor** ab. Seien Sie jedoch vorgewarnt: Die Lage des geschützt zwischen großen Granitblöcken liegenden Hafens ist zwar bestechend, der Touristenrummel sorgt aber für Abstriche. Interessant ist Boothbay Harbor als Ausgangspunkt für Walbeobachtungstouren und Segeltörns mit einem historischen Windjammer.

Aktiv & Kreativ

Walbeobachtungstouren – **Boothbay Whale Watch** (Pier 6, 100 Commercial St., Tel. 207 633 3500) fährt von Ende Mai bis Mitte Oktober hinaus zu den sanften Säugern.

Pemaquid Peninsula ▸ E 6

Lohnenswerter ist die nächste Halbinsel. Über die 24 km weit in den Atlantik reichende **Pemaquid Peninsula** strebt die Rte. 130 Pemaquid Point entgegen. Dies ist Maine, wie es im Buche steht. Auf nacktem Fels biegen sich windgepeitschte Kiefern landeinwärts. Unten rollt der Atlantik gegen eine graubraune Felsenküste, es rauscht, kracht, die Möwen schreien. Nirgends sonst kann man sich die Beine schöner vertreten als auf den glatten Felsen unterhalb des Parkplatzes. Ganz in der Nähe posiert das **Pemaquid Point Lighthouse** (1827), es gilt als eines der schönsten Leuchtfeuer der Ostküste.

Rockland ► F 6

Den Eingang zur **Penobscot Bay** bewacht Rockland. Nach all den sauberen Marinas und blitzblanken Jachten tut der vom Hafen herüberwehende Fischgeruch fast gut. Die nüchterne 8000-Einwohner-Stadt, einer der größten Häfen Maines, ist besonders wegen ihrer Hummerbuden, den berühmten **»Lobster Shacks«** mit den draußen dampfenden Kesseln, bekannt: Ihre Hummerfischer hieven jährlich 10 Mio. Pfund aus dem Wasser. Also: Anhalten, gucken und genießen! Sie werden noch öfter der Versuchung erliegen .

Maine Lighthouse Museum at the Maine Discovery Center
Juni–Nov. Mo–Fr 9–17, Sa–So 10–16 Uhr
In Sichtweite bleibt das Meer auch im sympathischen Museum (1 Park Dr.) Geführt von einem pensionierten Offizier der Küstenwache, bewahrt es, von alten Nebelhörnern über Logbücher

Für seine Lobster Shacks ist Rockland berühmt

bis zu historischen Rettungsringen, eine der größten Sammlungen maritimer Memorabilien in den USA.

Farnsworth Art Museum
Mai–Okt. tgl. 10–17, sonst Di–So 10–17 Uhr
Wie Künstler wie Childe Hassam und Fitz Hugh Lane diese Küste erlebten, zeigt das hervorragende (16 Museum St.). Sehr stimmungsvoll inszeniert wurden die Wyeths. Die Bilder von ›America's First Family of Art‹ hängen in einer zur Galerie umfunktionierten Kirche. Im Hafen wartet ein rundes Dutzend schöner Segler, sieben der Maine Windjammer Association und herrliche Zweimaster wie die »American Eagle« darunter, deren Skipper ein- und mehrtägige Törns die Küste entlang anbieten.

Übernachten

Liebenswürdig – **Limerock Inn:** 96 Limerock St., Tel. 207 594 2257, 1 800 546 3762, www.limerockinn.com, 120–200 $. Acht große Zimmer im verspielten Queen-Anne-Stil, an ruhiger Straße.
Gemütlich – **Capt. Lindsey House Inn:** 5 Lindsey St., Tel. 207 596 7950, 1 800 523 2145, www.lindseyhouse.com, 140–210 $. Neun rustikal möblierte Zimmer in schönem Backsteingemäuer, Besitzer: ein vor Anker gegangenes Kapitänsehepaar.

Essen & Trinken

Urig – **Catch of the Day:** 745 Main St., Tel. 207/594 7770, ab 15 $. Gekocht, gedünstet, gebraten: Nichts als Hummer, in knallrotem, mit Bojen behängtem Schuppen.
Maine-typisch – **Rockland Café:** 441 Main St., Tel. 207/596 7556, Mai–Sept tgl. 6–21.30, sonst Mo–Fr 5.30–20.30, Sa–So 6–20.30 Uhr, ab 10 $. Essstube der Einheimischen. Frischer Hummer, Pasta und Pizza. Für den großen Hunger gibt's die ›All You Can Eat Plates‹ für 20 $.
Fun – **Café Miranda:** 15 Oak St., Tel. 207/594 2034, Mai–Okt tgl. 5–21.30, sonst Mo–Do 5–22, Fr–Sa bis 21 Uhr, ab 9 $. Rezepte aus aller Welt, immer voll.

Aktiv & Kreativ

Segeltörns – Die **Maine Windjammer Association** (Tel. 1 800 807 9463, www.sailmainecoast.com) vermittelt Plätze auf historischen Segelschiffen, die in Rockland, Camden und auch Rockport vor Anker liegen. Interessierte buchen direkt bei den Skippern, ihre Telefonnummern sind auf der Homepage der Maine Windjammer Association vermerkt.

Infos

Penobscot Bay Regional Chamber of Commerce: Tel. 207/596 0376, 1 800 562 2529, www.therealmaine.com

Von Camden nach Deer Isle ► F 6

Camden

Wer will seine Kinder nicht in der Sicherheit einer friedlichen Kleinstadt großziehen? Das fragte auch Regisseur Todd Field, als er Camden als Kulisse für seinen Film »In the Bedroom« aussuchte. Das unmittelbar zu Füßen des 260 m hohen Mount Battie in einer runden Bucht liegende Städtchen ist eines der schönsten, saubersten und gediegensten Neuenglands. Von den im Jachthafen dümpelnden Segel- und

Motorjachten gleitet der Blick über einen sorgfältig gepflegten Park hinüber zu mehreren Reihen schöner alter Holzhäuser mit Blumenkästen und bemalten Briefkästen. In dem Film werden Ruth und Matt Fowler (alias Sissy Spacek und Tom Wilkinson) aus dieser Idylle gerissen, als ihr einziger Sohn ermordet wird. Den Besucher braucht das nicht davon abzuhalten, sich die niedliche **Old Conway Homestead** (Rte. 1, Juli–Aug. Mo–Do), das älteste Haus dieses Abschnitts, anzuschauen, einen Segeltörn zu buchen (s. o.) oder auch Camden von oben zu betrachten: Der **Camden Hills State Park** (Zufahrt etwas nördlich der Stadt; Mai–Okt.) bietet in 260 m Höhe – von der Spitze des **Mount Battie** – eines der reizvollsten Panoramen Neuenglands und nahezu 50 km schöner Wanderwege.

Blue Hill Peninsula

Ab Camden kennen die meisten Reisenden kein Halten mehr. Bar Harbor, Maines berühmtester Ferienort, ist nahe, da wird durchgestartet – wobei die Peninsula gern links bzw. rechts liegen gelassen wird. Auf diese Weise würden sie jedoch einen hübschen Landstrich verpassen: Untouristisch und weitgehend naturbelassen, kurven schmale Landstraßen wie die Rtes. 15 und 175 durch dichte Wälder und kleine Weiler, wo Kinder ungestört auf dem Asphalt Fußball spielen.

Castine

Herrschaftlich empfängt den Besucher das von Meer umgebene Castine. Viktorianische Residenzen auf weitläufigen Rasen und breite Alleen, über die sich das Geäst mächtiger alter Ulmen wölbt, sind das Markenzeichen dieses 1200-Seelen-Städtchens. Die Franzosen bauten hier 1613 ein Fort, 1667 erhielt ein Pariser Adliger namens Castin das Land als Lehen, doch die Engländer vertrieben die Konkurrenz schon wenig später. Während des Unabhängigkeitskriegs erlitten die Amerikaner hier eine unnötige, durch ihre unentschlossenen Offiziere verursachte Niederlage, an der auch Bostons liebster Rebell, der Silberschmied Paul Revere, nicht ganz unschuldig gewesen sein soll. Seitdem geht es jedoch ruhiger zu. Gestresste Städter erholen sich auf den Veranden schöner Country Inns, der Tourismus in Castine ist entschieden unaufgeregter als in Bar Harbor, woran auch die renommierte Maine Maritime Academy nichts geändert hat. Zu ihr gehört das Ausbildungsschiff **»State of Maine«,** ein ehemaliger Truppentransporter, der zehn Monate im Jahr hier vor Anker liegt und dann besichtigt werden kann (Zeiten erfragen unter Tel. 207 326 2206). Und noch eine irgendwie zu Castine passende, leicht schläfrige Attraktion: **das Wilson Museum** (Juni–Sept. Mo–Fr 10–17, Sa–So 14–17 Uhr), es enthält die aus Mineralien, afrikanischen Masken und neolithischen Steinwerkzeugen bestehende Sammlung eines gewissen Dr. John Howard Wilson.

Übernachten

Stilvoll – **Camden Harbour Inn:** 83 Bayview St., Camden, Tel. 207 236 4200, 1 800 236 4266, www.camdenharbourinn.com, 175–450 $. Von alten Bäumen umstellt, begann dieses Haus 1874 als Hotel für Dampfschiffpassagiere. 20 schnuckelige Zimmer, gut bestückte Bar.

Nostalgisch – **Pentagöet Inn:** 26 Main St., Castine, Tel. 207 326 8616, 1 800 845 1701, www.pentagoet.com, 140–300 $. Ein perfekter Rückzugsort: schönes Queen-Anne-Haus mit herrlicher Veranda, Erker, Türmchen. 20 schnuckelige Zimmer, B & B.

Romantisch – **Maine Stay:** 22 High St., Camden, Tel. 207 236 9636, www.mainestay. com, 100–250 $. Weißes Greek-Revival-Refugium, zwischen Zentrum und Mount Battie. Acht knuddelige, nach Themen eingerichtete Zimmer.
Einfach gut – **The Castine Inn:** 41 Main St., Castine, Tel. 207 326 4365, www.castineinn.com, 100–275 $. Typisch Castine: Elegantes Federal-Style-Haus mit weitläufiger Veranda. 17 in schlichter Eleganz gehaltene Zimmer. Hervorragende, international inspirierte Küche.

Essen & Trinken

Zünftig – **Cappy's Chowder House:** 1 Main St., Camden, Tel. 207 236 2254, ab 7 $. Cremig und nahrhaft: Hier gibt's die wohl beste Fischsuppe der Küste. Seit nun fast 30 Jahren!

Einkaufen

Bücher – Falls Sie der Anblick der stolzen Windjammer inspiriert: Im **Owl & Turtle Bookshop** (32 Washington St., Camden, Mo–Mi 9–18, Do–Sa 9–20, So 10–18 Uhr), einer der besten unabhängigen Buchhandlungen Neuenglands, finden Sie einen ganzen Raum mit Segler-Lektüre.
Kunsthandwerk – ›made in‹ finden Sie bei **Maine Gathering** (8 Bay View St., Camden, Tel. 207 236 9004, tgl.), dem Schaukasten der besten Handwerker und Künstler Maines. Die Palette reicht von indianischen Körben über Schmuck und Keramik bis zu Schokolade und kunstvollen Drucken.

Aktiv & Kreativ

Paddeln – Kajaktouren von Hafen zu Hafen und rund um Camden bietet **Maine Sports Outfitters** an (Rte. 1, kurz hinter Rockport, Tel. 1 800 722 0826, www.mainesport.com).
Segeltörns – **Maine Windjammer Association,** Camden (s. S. 267).

Infos

Camden Rockport Lincolnville Chamber of Commerce: 2 Public Landing, Tel. 207 236 4404, 1 800 223 5459, www.camdenme.org

Deer Isle und Isle au Haut ▶ F 6

Auch **Deer Isle** blieb, obgleich der Rte. 1 so nahe, verschont von den Massen. Die Insulaner – seit Menschengeden-

Mein Tipp

Reif für die Insel?
Die einzige Unterkunft auf der Isle au Haut ist das vier gemütliche Zimmer bietende **Keeper's House**, das alte Häuschen des Leuchtturmwärters (Achtung: Seit 2008 steht es zum Verkauf, allerdings empfängt es – wie auch das angrenzende Lighthouse Woodshed – weiterhin Gäste, wenn diese sich für wenigstens eine Woche einmieten (Keeper's House: 5000 $; Woodshed: 1500 $). Im Preis inbegriffen ist die Nutzung der Fahrräder. Selbstversorger. Hinüber gelangen Sie von Stonington aus mit einem der beiden mehrmals täglich verkehrenden Postschiffchen der Isle au Haut Boat Services Company (Stonington, Tel. 207 367 5193, www.isleauhaut.com).

ken Farmer, Fischer und Arbeiter im Granitbruch von Stonington – erhalten den Sommer über nur von einigen Dutzend Sommerfrischlern Gesellschaft und von neugierigen Reisenden, die gerne bis ans Ende einer Straße fahren.

Stonington, ein ungeschminktes Fischernest, wo Hummerreusen am Wegesrand gestapelt auf den nächsten Einsatz warten, lohnt die Fahrt v. a. wegen des Postschiffs zur **Isle au Haut**. Über die Hälfte dieses 11 km vor Stonington liegenden Eilands gehört zum Acadia National Park (s. u.). Ein Campingplatz, das Büro des Parkrangers, das bescheidene **Robinson Point Lighthouse** und ein einfaches, im Voraus zu buchendes B & B sind alles, was der Besucher erwarten darf. Abgeschiedenheit ist garantiert. Und Gelegenheit zum Wandern: Tagesausflüglern bleibt Zeit für die Trails durch den Park.

Acadia National Park

▶ G 5/6

Das Ellsworth vorgelagerte, mit dem Festland durch Damm und Brücke verbundene **Mount Desert Island** bietet mit dem nur 142 km² kleinen Acadia National Park Neuenglands einzigen Nationalpark. Samuel de Champlain, der die Insel 1604 entdeckte, nannte sie schlicht »L'Isle des monts déserts«, ihrer kahlen Bergkuppen wegen. Gewürdigt wird die Schönheit der bis zu 500 m hohen Felsenbuckel, die abrupt aus dem Atlantik aufragen, erst seit 1850. Künstler bannten den grandiosen Zusammenklang aus Himmel, Fels und Meer auf die Leinwand und zeigten ihre Bilder in Boston. Die Brahmins (s. S. 64) reagierten schnell. Rund um das Fischerdorf East Eden bauten sie ihre ›bescheidenen‹ Cottages und benannten ›ihr‹ Dorf alsdann in Bar Harbor um. Einige aus der Milliardärsriege nahmen allerdings nicht nur, sondern gaben auch zurück. So spendierten John D. Rockefeller und Co. Anfang des 20. Jh. einen Teil ihrer Besitzungen der Bundesregierung. Die nähte aus dem Patchwork privater Ländereien auf Mount Desert Island, der ihm gegenüberliegenden Schoodic-Halbinsel und der Isle au Haut den Acadia National Park zusammen. Der fünftkleinste Nationalpark der USA wurde 1919 eröffnet und entwickelte sich so schnell zum Publikumsmagneten (jährlich 5 Mio. Besucher), dass der Naturgenuss inzwischen streng reglementiert wird und eine Armee von Umweltexperten die sehr fragile Balance zwischen Tourismus und gesundem Ökosystem beaufsichtigt.

Bar Harbor

Der Ort ist die Basis für Tagestouren in den Park. Zwischen Berghängen und Meer führt die Rte. 3 von Ellsworth aus an der **Frenchman Bay** entlang geradewegs zur Town Pier. Die Astors und Rockefellers sind längst fort, vertrieben von der Wirtschaftskrise und dem Feuer von 1947, das die meisten ihrer prächtigen Sommerhäuser in Schutt und Asche legte. Danach genoss Bar Harbor eine kurze Verschnaufpause, bis es von Auto- und Bustouristen entdeckt wurde. Heute ist es, T-Shirt- und Souvenirläden sei Dank, ein Rummelplatz, aber dennoch – wohl des Meeres wegen – erträglich. Unterkünfte und Restaurants aller Art säumen die Straße, und im Hochsommer, an Feiertagen und an langen Wochenenden platzt der Ort aus allen Nähten. Den Rest des Jahres über lässt es sich in Bar Harbor jedoch durchaus aushalten. Vom Stadtbummel sollte man außer Window Shopping nichts erwarten. Die schönsten Beschäftigungen führen aus dem Ort hinaus: Geführte Kajak-

Viel Wasser und wilde Natur: der Acadia National Park

touren werden überall angeboten, und die am Town Pier beginnenden Walbeobachtungstouren gehören zu den besten Neuenglands.

Sehenswertes im National Park

Natürlich ahnte Champlain, als er der Insel den Ödnis suggerierenden Namen gab, nichts vom Artenreichtum im **Acadia National Park.** 500 Baum- und Pflanzenarten wurden hier gezählt und über 300 Vogelarten. Die letzte Eiszeit hobelte 15 Gipfel aus dem Granit, darunter den etwas über 500 m hohen **Mount Cadillac,** der heute auf einer kurvenreichen Panoramastraße ›bezwungen‹ werden kann. Die Aussicht ist grandios, reicht über die Bay und bis zur Isle au Haut.

Auch die übrigen Sehenswürdigkeiten sind dank der 50 km langen, am Hulls Cove Visitor Center beginnenden **Loop Road** vom Auto aus erkunden. Die nur im Uhrzeigersinn befahrbare Straße begleitet zunächst die spektakuläre Felsenküste und biegt dann ins felsige Innere ab. Höhepunkte sind u. a. der schöne **Sand Beach** und der Blick von den **Otter Cliffs** über die Frenchman Bay (s. S. 272).

Hiking-Trails

Allerdings sieht man auf Wanderungen in das Innere mehr vom Park. Ein etwa 200 km langes Netz aus Wanderwegen aller Schwierigkeitsgrade entlockt selbst verwöhnten Hikern Komplimente. Trails aller Schwierigkeitsgrade ziehen über kahle Granitkuppen und durch wilde Täler, nah und doch so fern von den Besuchermassen. Von den zahlreichen Trails im Park ist der **Precipice Trail,** ein 5 km langer Rundwanderweg, der schönste – und schwierigste. Der Trailhead liegt an der Loop Road. Dort klettert man zunächst über Granitblöcke und mit Hilfe eiserner Leitern und Stufen eine 300 m aufragende Wand hinauf. Ein fantastischer Rundblick und fortan leichteres Wandern über kahle Felsplateaus belohnen die Mühe.

Lieblingsort

Mt Cadillac, Acadia National Park

Das Gipfelplateau des Cadillac Mountain ist einer jener Orte, an die ich bei jedem Besuch wie selbstverständlich zurückkehre. Nicht nur, um die fantastische Aussicht auf Bar Harbor, die Frenchman Cove und die vielleicht in der Bucht kreuzenden, schneeweißen Kreuzfahrtschiffe zu genießen. Sondern auch, um sicher zu sein, dass sich nichts verändert hat hier oben, dass dieser Ort auch weiterhin eine Konstante in meinem Leben ist. Denn nirgendwo sonst an Neuenglands Küsten umarmen sich Land und Meer inniger als hier, läuft das Meer übergangsloser in den Horizont über und schimmern die moosbekleckerten Granitplatten pinkfarbener (s. auch S. 271).

Biking im Acadia National Park
Radfahrern bieten sich die **›Carriage Roads‹** an: Die durch den Park führenden Straßen und Pisten, von John D. Rockefeller jr. Anfang des 20. Jh. gebaut, sind für Autos gesperrt. Insgesamt gut 80 km lang, führen sie durch herrliche Ahorn- und Birkenwälder und zwischen mächtigen Granitblöcken hindurch.

Übernachten

Perfekt – **Balance Rock Inn:** 21 Albert Meadow, Bar Harbor, Tel. 207 288 2610, 1 800 753 0494, www.balancerockinn.com, 125–300 $. Im Stadtzentrum und zugleich am Wasser: Allein der Blick durch die Lounge auf die Frenchman Bay ist das Geld wert.

(Strategisch) Günstig – **Sea Breeze Motel:** 323 State Highway 3, Bar Harbor, Tel. 207 288 3565, 800 441 3123, www.seabreeze.us, 50–170 $. Für Bar Harbor eine günstige Bleibe, mit Meeresblick und dem Nationalpark vor der Tür.

Vernünftig – **Acadia Inn:** 98 Eden St., Tel. 207 288 3500, 1 800 638 3636, www.acadianinn.com, 80–190 $. Neueres Hotel/Motel mit 95 Standard-Zimmern, am Ortseingang.

Essen & Trinken

Schön bunt – **Miguel's Mexican Restaurant:** 51 Rodick St., Bar Harbor, Tel. 207 288 5117, tgl. ab 16.30 Uhr, die Schließzeiten variieren, ab 8 $. Sprung von Yankee-Land nach Mexiko: Terrakottawände und Mariachi-Musik, Ta-

Unmittelbar am Wasser lässt sich auch in Bar Harbor Stille genießen

cos, Burritos sowie Maisgerichte in allen nur erdenklichen Variationen.

Heimelig – **Café Bluefish:** 122 Cottage St., Tel. 207 288 3696, tgl. 11–15, 17–22 Uhr, 16–29 $. Gemütliches Restaurant in zwei kleinen Räumen, mit köstlichen Überraschungen wie »Chicken Apricot« und »Seafood Strudel«.

Einkaufen

Bücher – Das Einkaufserlebnis in Bar Harbor hält sich angesichts der Unzahl der T-Shirts mit Elchen anbietenden Läden in Grenzen. Eine nette Ausnahme ist **Sherman Books & Stationery** (56 Main St., tgl.), ein über 120 Jahre alter Buchladen mit den besten Büchern über Maine und den Nationalpark.

Aktiv & Kreativ

Walbeobachtung – Die Schiffchen der **Bar Harbor Whale Watch Co.** (1 West St., Tel. 207 288 2386, www.barharborwhales.com) fahren zu den Walen hinaus wie auch zu Seevogelkolonien und historischen Leuchttürmen.

Kayaking – Mehrstündige wie auch mehrtägige Paddeltouren bietet u. a. **Coastal Kayaking Tours** (48 Cottage St., Tel. 807 288 9605, www.acadiafun.com) an.

Biking – Räder für Touren durch den Park können in Bar Harbor gemietet werden, u. a. bei **Acadia Bike** (48 Cottage St., Tel. 800 526 8615, www.acadiabike.com).

Infos

Bar Harbor Chamber of Commerce: 1201 Bar Harbor Rd., Tel. 207 288 5103 und 1 800 345 4617, www.barharborinfo.com

Das Landesinnere von Maine

›Neuenglands Kanada‹, ›New Hampshire ohne Touristen‹: Das Hinterland des größten Neuengland-Staates lässt solche Vergleiche ohne Weiteres zu. Menschenleere Wälder mit Elchen und einsame Seen mit Biberdämmen prägen das Bild. Hierher reisen Sie, um Wildnis hautnah zu erleben: Wandern und Paddeln werden großgeschrieben.

Immer blickte der Staat Maine zur See: Das Hinterland lieferte das Holz für den Schiffsbau, die Küste lieferte die Arbeitskräfte. Viele der landeinwärts führenden Straßen folgen alten Holzfällerwegen und wechseln irgendwann abrupt von Asphalt zu Schotter. Sehenswürdigkeiten sind dünn gesät. Wer geradewegs nach Norden in die grüne Endlosigkeit strebt, sollte eine konkrete Vorstellung von seinem Ziel haben. Bangor, einst wichtiger Holzumschlaghafen am Penobscot River, und die Hauptstadt Augusta können Sie getrost übergehen. Konzentrieren Sie sich stattdessen auf drei Regionen: die Gegend um Bethel, den Moosehead Lake und den Baxter State Park.

Bethel ► D 6

Bethel ist Stowe vor dem (touristischen) Sündenfall. 110 km nördlich von Portland liegt das 2500-Einwohner-Städtchen zwischen den Falten der auslaufenden White Mountains, mit hübschem Green, Kirche und alten Häusern fotogenes, nicht übermäßig herausgeputztes Neuengland. Von ein paar schönen Inns, B & Bs und Restaurants abgesehen, hält sich der Tourismus deutlich zurück. Das gilt sogar für den herrlich altmodischen, am Green liegenden **Bethel Inn and Country Club,** hinter dem der Golfplatz beginnt. Einmal am Green, ist das **Dr. Moses Mason House** (14 Broad St., Führungen Juli–Aug. Di–So 13–16, sonst nach Vereinbarung) empfehlenswert, es gilt als schönstes Beispiel des Federal Style im Norden Neuenglands.

Umgebung von Bethel

Am Ostrand des White Mountains National Forest liegend, ist das unaufgeregte Bethel eine gute Basis für die Erkundung der Umgebung. So führt von hier aus die Rte. 26 durch das im Norden enger werdende Bear Valley zum **Grafton Notch State Park** (Mitte Mai–Mitte Okt.). Etliche Wanderwege führen hier von der Straße zu Wasserfällen und beeindruckenden Aussichten auf die steile **Mahoosuc Range.** Das für viele schönste Tal der White Mountains erreicht man von Bethel aus in westlicher Richtung auf den Rtes. 2 und 113. Letztere führt durch die enge **Evans Notch,** eine unbesiedelte, mehrere Kilometer lange Kerbe, die von den bis Juni schneebedeckten White Mountains überragt wird.

Hiking im Grafton Notch State Park

An der Stelle, wo der Appalachian Trail die Rte. 26 kreuzt, befindet sich ein Parkplatz. Vier weitere Trails haben hier ihren Ausgangspunkt: Der **Eyebrow Loop Trail** (3,3 km) führt in die Grafton Notch zu spektakulären Aussichtspunkten, der **Table Rock Loop** (3,8 km) zum 300 m über dem Parkplatz liegenden Aussichtspunkt Table Rock, der zahlreiche- Gebirgsbäche überquerende **Old Speck Mountain Trail** (13 km) zu Blicken jenseits der Baumgrenze und der **Baldpate Mountain Trail** (9 km) zu schönen Rundumblicken sowohl auf die Mahoosuc Range als auch die White Mountains.

Übernachten

Gemütlich – **Austin's Holidae House B & B:** 85 Main St., Bethel, Tel. 207 824 3400, 1 877 224 3400, www.holidaehouse.com, 100–130 $. 100 Jahre altes viktorianisches B & B mit sieben zeitgenössisch eingerichteten Zimmern.
Herzlich – **Chapman Inn:** 2 Church St., Bethel, Tel. 207 824 2657, 1 877 359 1498, www.chapmaninn.com, 90–130 $. Große Zimmer in altem Kapitänshaus.

Essen & Trinken

Sympathisch – **S. S. Milton:** 43 Main St., Bethel, Tel. (207) 824 2589, tgl. 11.30–14.30, 17–21 Uhr, ab 12,50 $. ›Fine Dining‹ in relaxter Stimmung: solides Angebot, mit Lamm, Steak und Seafood.

Moosehead Lake ▸ E 4

Nordöstlich von Bethel übernimmt recht bald die Wildnis das Zepter. Die Holzfällersiedlung **Monson** an der Rte. 15 nach Kanada ist der letzte Ort am Appalachian Trail vor der **100-Mile-Wilderness:** Hiker unterwegs zum **Mount Kathadin,** dem amerikanischen Endpunkt des Trails, ruhen sich hier in einfachen Unterkünften ein paar Tage aus, bevor sie aufbrechen. Nicht nur Bestseller-Autor Bill Bryson, der seine Erlebnisse auf Amerikas berühmtestem Fernwanderweg in »Picknick mit Bären« beschrieb, scheiterte glorreich in dieser unter Wanderern berüchtigten Wildnis. Ungleich angenehmer ist das Naturerlebnis dagegen am 187 km^2 großen **Moosehead Lake.** Als eine der von der Holzindustrie seit Jahrzehnten nicht mehr angerührten Enklaven ist der buchten- und inselreiche See ein Mekka für Sportangler und Kanuwanderer. Hobby-Fotografen finden hier ihr Traummotiv: Nirgends in Neuengland sind die Chancen besser, Biber, Wölfe oder Weißkopf-Seeadler vor die Linse zu bekommen. Und Elche. Vor allem Elche: Ob Restaurant, Veranstalter oder Hotel, jedes Unternehmen scheint das Wörtchen »Moose« im Namen zu führen.

Greenville

Ausgangspunkt für Trips in die Wildnis ist der hübsche Ort am Südende. Hier können Sie Trailkarten kaufen oder sich einer mehrtägigen geführten Kanuwanderung anschließen. Für die Wartezeit bis dahin lohnt sich der Besuch des **Moosehead Marine Museum** (N. Main St., variierende Öffnungszeiten), das an die Zeit der Dampfschiffe auf dem See erinnert und Exkursionen an Bord des historischen Dampfers anbietet.

Rafting- und Canoeing-Reviere in der Umgebung

Die Rafting-Hauptstadt **The Forks,** ein winziges 100-Seelen-Dorf an der Rte. 201 zwischen West Forks und Caratunk, ist nicht weit. Eine Handvoll professioneller Veranstalter organisiert von hier aus ein- und mehrtägige Raftingtouren auf den Flüssen Kennebec und Penobscot. Die enge Kennebec Gorge ist ein Leckerbissen für Wildwasser-Spezialisten.

Berühmt-berüchtigt ist das sogenannte **Kennebec Whitewater Adventure,** ein 20 km langer, tosender Abschnitt des aus dem Moosehead Lake nach Südwesten fließenden Kennebec River. Ebenbürtig ist der 22 km lange Westarm des technisch sehr anpruchsvollen **Penobscot River** zwischen Baxter State Park und Moosehead Lake, einige Stromschnellen sind Class-V-Schnellen. Kanuwanderer bevorzugen ruhigere Gewässer. Mehrtägige Expeditionen führen Sie auf Seen und Flüssen bis zur kanadischen Grenze. Eine

Unendliche Weite für Kajakfahrer: die Flüsse Maines

Liste profilierter Ausrüster und Veranstalter erhalten Sie beim Chamber of Commerce (s. S. 279). Den passenden Rafting-Anbieter finden Sie bei **Raft Maine.** Die Outfitter-Vereinigung bietet ein- und mehrtägige Exkursionen auf den Flüssen Kennebec, Penobscot und Dead River an (Raft Maine, West Forks, Tel. 207 723 8633, 1 800 723 8633, www.raftmaine.com).

100-Mile-Wilderness

Die **100-Mile-Wilderness** beginnt bei Monson und endet bei Abol Bridge am Südrand des Baxter State Park. Erfahrene Hiker schaffen die anspruchsvolle Strecke durch die tiefsten Wälder von Maine in 12 bis 14 Tagen (s. S. 53).

Übernachten

Urig – **Little Lyford Lodge and Cabins:** P. O. Box 310, Greenville, ME 04441, Tel. 207 280 0708, www.outdoors.org, 70–90 $. 25 km nordwestlich von Greenville betreibt der AMC (s. S. 53) in einer 150 km^2 großen Wildnis diese rustikale Lodge sowie acht urige Blockhütten. Hiking, Paddeln, Wildbeobachtung.

Mit Liebe zum Detail – **Pleasant Street Inn:** 26 Pleasant St., Tel. 207 695 3400, www.pleasantstreetinn.com, 110–160 $. Sieben mit Wert auf künstlerische Akzente eingerichtete Zimmer in viktorianischer Villa. In Seenähe: zum ›Katahdin‹ sind es nur 100 m.

Essen & Trinken

Zünftig – **Stress-Free Moose Pub & Café:** 65 Pritham Ave., Greenville, Tel. 207 695 3100, variable Öffnungszeiten, ab 6 $. Einheimischen-Treff im Zentrum, Terrasse, gute Burger.

Hemdsärmelig – **Kelly's Landing Restaurant:** Rtes. 6 und 15, Greenville, Tel. 207 695 4438, Mai–Okt., unterschiedli-

Eine Enklave ursprünglicher Wildnis: Baxter State Park und Mount Katahdin

che Zeiten, ab 8 $. Hausmacherkost in Skihütten-Atmosphäre, Steaks, Burger, Salate. Seeblick. Auch Unterkünfte.

Einkaufen

Kunsthandwerk – Die beste Auswahl Elche zeigender Tassen und T-Shirts und dergleichen bietet wohl **Moosin' Around Maine** (Pritham Ave., Greenville, tgl.), daneben auch Kunsthandwerk aus Ateliers der Umgebung.

Infos & Termine

Moosehead Lake Chamber of Commerce: Indian Hill Plaza, Greenville, Tel. 207 695 2702, 1 888 876 2778, www.mooseheadlake.org
Moose Mania in Greenville, Mitte Mai–Mitte Juni. Einmonatiges Festival zu Ehren des Elchs, mit Kanurennen und Elch-Beobachtung.

Baxter State Park ►F 3

Jede Menge Eigeninitiative müssen Sie auch aufbringen, wenn Sie im **Baxter State Park** wandern wollen. Das Straßennetz wird zusehends dünner, wenn Sie sich dieser 80 000 ha großen Enklave ursprünglicher Wildnis über die I-95 und Rte. 11 nähern. **Millinocket,** eine um 1900 von Holzfirmen aus dem Boden gestampfte Waldarbeiter-Stadt, ist in dieser Gegend der letzte Außenposten der Zivilisation. Hier befindet sich die Parkverwaltung, wo Sie sich mit Trailkarten und Informationen über den Trailzustand und das Wetter versorgen können. Der Park ist eines der unerschlossensten Wildnisgebiete im Osten, zehn Campingplätze bieten die einzigen Übernachtungsmöglichkeiten (reservieren, s. u., Baxter State Park Authority). Es empfiehlt sich, frühzeitig am Haupteingang Togue Pond Gate zu erscheinen, denn der Zugang zum Park ist reglementiert: Sobald die Parkplätze im Innern voll sind, wird niemand mehr eingelassen.

Hiking auf dem Mount Katahdin

Baxters Hauptattraktion ist der 1606 m hohe **Mount Katahdin**. Der allein stehende Inselberg besitzt zwei Gipfel, die ein schmaler Pfad miteinander verbindet, und ist der Endpunkt des Appalachian Trail. Seine Verlängerung, der International Appalachian Trail, führt von hier aus durch Québec (Kanada) bis zum Forrillon National Park. Insgesamt durchziehen rund 300 km Wanderwege den State Park. Sind Sie erst mal hier, werden Sie den Berg auch besteigen wollen. Doch Vorsicht: Steil und glitschig, kommt es hier immer wieder zu Unfällen. Nehmen Sie sich besonders vor ›Knife's Edge‹ in Acht: Der keinen halben Meter breite Grat zwischen den Gipfeln Baxter und Chimney Peak sollte bei starken Windböen auf keinen Fall versucht werden.

Andere Gipfel im Park werden weit weniger frequentiert. Trails wie der **Owl Trail** und der **Marston Trail** sind nicht minder schwierig, sehen jedoch während einer ganzen Saison gerade mal zwei Dutzend Wanderer.

Übernachten

Den Platz auf einem der zehn einfachen **Campingplätze** bei der Parkverwaltung reservieren (s. u., Infos).

Infos

Baxter State Park Authority: 64 Balsam Dr., Millinocket, Tel. 207 723 5140, www.baxterstateparkauthority.com

Sprachführer

Allgemeines

guten Morgen	good morning
guten Tag	good afternoon
guten Abend	good evening
auf Wiedersehen	good bye
Entschuldigung	excuse me/sorry
hallo/grüß dich	hello
bitte	you're welcome/ please
danke	thank you
ja/nein	yes/no
Wie bitte?	Pardon?
Wann?	When?
Wie?	How?

Unterwegs

Haltestelle	stop
Bus	bus
Auto	car
Ausfahrt/-gang	exit
Tankstelle	petrol station
Benzin	petrol
rechts	right
links	left
geradeaus	straight ahead/ straight on
Auskunft	information
Telefon	telephone
Postamt	post office
Bahnhof	railway station
Flughafen	airport
Stadtplan	city map
alle Richtungen	all directions
Einbahnstraße	one-way street
Eingang	entrance
geöffnet	open
geschlossen	closed
Kirche	church
Museum	museum
Strand	beach
Brücke	bridge
Platz	place/square
Schnellstraße	dual carriageway
Autobahn	motorway
einspurige Straße	single track road

Zeit

3 Uhr (morgens)	3 a.m.
15 Uhr (nachmittags)	3 p.m.
Stunde	hour
Tag/Woche	day/week
Monat	month
Jahr	year
heute	today
gestern	yesterday
morgen	tomorrow
morgens	in the morning
mittags	at noon
abends	in the evening
früh	early
spät	late
Montag	Monday
Dienstag	Tuesday
Mittwoch	Wednesday
Donnerstag	Thursday
Freitag	Friday
Samstag	Saturday
Sonntag	Sunday
Feiertag	public holiday
Winter	winter
Frühling	spring
Sommer	summer
Herbst	autumn

Notfall

Hilfe!	Help!
Polizei	police
Arzt	doctor
Zahnarzt	dentist
Apotheke	pharmacy
Krankenhaus	hospital
Unfall	accident
Schmerzen	pain
Panne	breakdown
Rettungswagen	ambulance
Notfall	emergency

Übernachten

Hotel	hotel
Pension	guesthouse
Einzelzimmer	single room

Doppelzimmer	double room
mit zwei Betten	with twin beds
mit/ohne Bad	with/without bathroom
mit WC	ensuite
Toilette	toilet
Dusche	shower
mit Frühstück	with breakfast
Halbpension	half board
Gepäck	luggage
Rechnung	bill

Einkaufen

Geschäft	shop
Markt	market
Kreditkarte	credit card
Geld	money
Geldautomat	cash machine
Bäckerei	bakery
Metzgerei	butchery
Lebensmittel	food
Drogerie	chemist's
teuer	expensive
billig	cheap
Größe	size
bezahlen	to pay

Zahlen

1	one
2	two
3	three
4	four
5	five
6	six
7	seven
8	eight
9	nine
10	ten
11	eleven
12	twelve
13	thirteen
14	fourteen
15	fifteen
16	sixteen
17	seventeen
18	eighteen
19	nineteen
20	twenty
21	twenty-one
30	thirty
40	fourty
50	fifty
60	sixty
70	seventy
80	eighty
90	ninety
100	one hundred
150	one hundred and fifty
1000	a thousand

Die wichtigsten Sätze

Allgemeines

Sprechen Sie Deutsch?	Do you speak German?
Ich verstehe nicht.	I do not understand.
Ich spreche kein Englisch.	I do not speak English.
Ich heiße ...	My name is ...
Wie heißt Du/ heißen Sie?	What's your name?
Wie geht's?	How are you?
Danke, gut.	Thanks, fine.
Wie viel Uhr ist es?	What's the time?
Bis bald (später).	See you soon (later).

Unterwegs

Wie komme ich zu/nach ...?	How do I get to ...?
Wo ist bitte ...	Sorry, where is ...?
Könnten Sie mir bitte ... zeigen?	Could you please show me ...?

Notfall

Können Sie mir bitte helfen?	Could you please help me?
Ich brauche einen Arzt.	I need a doctor.
Hier tut es weh.	Here I feel pain.

Übernachten

Haben Sie ein freies Zimmer?	Do you have any vacancies?
Wie viel kostet das Zimmer pro Nacht?	How much is a room per night?
Ich habe ein Zimmer bestellt.	I have booked a room.

Einkaufen

Wie viel kostet ...?	How much is...?
Ich brauche ...	I need ...
Wann öffnet/ schließt ...?	When does ... open/ ... close?

Kulinarisches Lexikon

Zubereitung

baked	im Ofen gebacken
broiled/grilled	gegrillt
deep fried	frittiert (meist paniert) gebraten)
fried	in Fett gebacken, oft paniert
hot	scharf
rare/medium rare	blutig/rosa
steamed	gedämpft
stuffed	gefüllt
well done	durch

Frühstück

bacon	Schinken
boiled egg	hart gekochtes Ei
cereals	Getreideflocken
cooked breakfast	englisches Frühstück
eggs (sunny side up/ over easy)	Spiegeleier (Eigelb nach oben/beidseitig)
jam	Marmelade (alle außer Orangen-marmelade)
marmalade	(ausschließlich) Orangenmarmelade
scrambled eggs	Rühreier

Fisch und Meeresfrüchte

bass	Barsch
clam chowder	Venusmuschelsuppe
cod	Kabeljau
crab	Krebs/Krabbe
flounder	Flunder
haddock	Schellfisch
halibut	Heilbutt
gamba	Garnele
lobster	Hummer
mussel	Miesmuschel
oyster	Auster
prawn	Riesengarnele
salmon	Lachs
scallop	Jakobsmuschel
shellfish	Schalentiere
shrimp	Krabbe
sole	Seezunge
swordfish	Schwertfisch
trout	Forelle
tuna	Thunfisch

Fleisch und Geflügel

bacon	Frühstücksspeck
beef	Rindfleisch
chicken	Hähnchen
drumstick	Hähnchenkeule
duck	Ente
ground beef	Hackfleisch vom Rind
ham	Schinken
meatloaf	Hackbraten
porc chop	Schweinekotelett
prime rib	saftige Rinderbraten-scheibe
rabbit	Kaninchen
roast goose	Gänsebraten
sausage	Würstchen
spare ribs	Rippchen
turkey	Truthahn
veal	Kalbfleisch
venison	Reh bzw. Hirsch
wild boar	Wildschwein

Gemüse und Beilagen

bean	Bohne
cabbage	Kohl
carrot	Karotte
cauliflower	Blumenkohl
cucumber	Gurke
eggplant	Aubergine
french fries	Pommes frites
garlic	Knoblauch
lentil	Linse
lettuce	Kopfsalat
mushroom	Pilz
pepper	Paprikaschote
peas	Erbsen
potatoe	Kartoffel
hash browns	Bratkartoffeln
squash/pumpkin	Kürbis
sweet corn	Mais
onion	Zwiebel
pickle	Essiggurke

Obst

apple	Apfel
apricot	Aprikose
blackberry	Brombeere
cherry	Kirsche
fig	Feige
grape	Weintraube
lemon	Zitrone
melon	Honigmelone
orange	Orange
peach	Pfirsich
pear	Birne
pineapple	Ananas
plum	Pflaume
rasberry	Himbeere
rhubarb	Rhabarber
strawberry	Erdbeere

Käse

cheddar	kräftiger Käse
cottage cheese	Hüttenkäse
goat's cheese	Ziegenkäse
curd	Quark

Nachspeisen und Gebäck

brownie	Schokoplätzchen
cinnamon roll	Zimtschnecke
french toast	Toast in Ei gebacken
maple sirup	Ahornsirup
muffin	Rührteiggebäck
pancake	Pfannkuchen
pastries	Gebäck
sundae	Eisbecher
waffle	Waffel
whipped cream	Schlagsahne

Getränke

beer (on tap/draught)	Bier (vom Fass)
brandy	Kognac
coffee	Kaffee
(decaffeinated/decaf)	(entkoffeiniert)
lemonade	Limonade
icecube	Eiswürfel
iced tea	gekühlter Tee
juice	Saft
light beer	alkoholarmes Bier
liquor	Spirituosen
milk	Milch
mineral water	Mineralwasser
red/white wine	Rot-/Weißwein
root beer	dunkle Limonade
soda water	Selterswasser
sparkling wine	Sekt
tea	Tee

Im Restaurant

Ich möchte einen Tisch reservieren.	I would like to book a table.
Bitte warten Sie, bis Ihnen ein Tisch zugewiesen wird.	Please wait to be seated.
Essen nach Belieben zum Einheitspreis	all you can eat
Die Speisekarte, bitte.	The menu, please.
Weinkarte	wine list
Die Rechnung, bitte.	The bill, please.
Frühstück	breakfast
Mittagessen	lunch
Abendessen	dinner
Vorspeise	appetizer/starter
Suppe	soup
Hauptgericht	main course
Nachspeise	dessert
Beilagen	side dishes
Tagesgericht	meal of the day
Gedeck	cover
Messer	knife
Gabel	fork
Löffel	spoon
Glas	glass
Flasche	bottle
Salz/Pfeffer	salt/pepper
Zucker/Süßstoff	sugar/sweetener
Kellner/Kellnerin	waiter/waitress
Trinkgeld	tip
Wo sind die Toiletten?	Where are the toilets please?

Abbildungsnachweis

Aurora/Getty Images, München: Peter Essick S. 12 o.re., 238/239; David McLain S. 13 u. li., 262/263
Corbis, Düsseldorf: Rob Howard S. 114, George Steinmetz Umschlagklappe vorn
Getty Images, München: Jose Azel S. 52; Amanda Hall S. 100; Gina Martin S. 157; Sami Sarkis S. 120; Travelpix Ltd. S. 82/83
Ole Helmhausen, Montréal/Kanada: S. 10
ifa, Düsseldorf: Jon Arnold Images S. 256, 258, 274
laif, Köln: Heeb S. 11, 12 o. li., 18, 25, 45, 60, 84 o. li., 87, 102, 158, 166 o. li., 175, 176, 200 o. li., 205, 222 o. li., 235, 223 o. li., 243, 248 o. li., 253, 272/273, 278; Hemis S. 12 u. re., 162/163; Hub S. 189; Kristensen S. 74; Le Figaro Magazine/Massimo Ripani: S. 76/77; Modrow: S. 7, 13 u. re., 13 o., 14/15, 40/41, 63, 65, 128/129, 133, 135, 138/139, 143, 149, 182 o. li., 182 o. re., 183 o. li., 185, 186, 194/195, 196, 198, 200 o. M., 215, 225, 248 o. M., 251, 271, Umschlagrückseite; NewYorkTimes/TheBostonGlobe/ Redux S. 121; TheBostonGlobe/Redux S. 49, 66, 144, 210; TheNewYorkTimes/Redux S. 68, 78/79, 104, 127, 128 o. li., 147, 159, 167 o. li., 180, 211, 219, 266
look, München: age fotostock S. 50, 80, 136, 171, 212; Elan Fleisher S. 56/57, 85 o., 109; Franz Marc Frei Titelbild, S. 31, 174, 201 o., 216, 249 o. li., 277; Heeb S. 208, 236; Karl Johaentges S. 222 o.M., 226
mauritius images, Mittenwald: age S. 88, 151, 203, 260; Walter Bibikow S. 155; SuperStock S. 190; Westend61 S. 264
National Geographic/Getty Images, München: Sam Abell S. 12 u. li., 230/231
Okapia, Frankfurt: Michael H. Francis S. 54; Andrea Wilfried Steffen S. 71
picture alliance/dpa, Frankfurt: S. 59, 84 o. M., 95; Bildagentur Huber S. 26; maxppp S. 145;
Stockfood/Studio R. Schmitz, München: S. 28

Kartografie

DuMont Reisekartografie, Fürstenfeldbruck

Umschlagfotos
Titelbild: Craftsbury Common, Vermont
Umschlagklappe vorn: Kanufahrer im Morgennebel, Massachusetts

Hinweis: Autor und Verlag haben alle Informationen mit größtmöglicher Sorgfalt geprüft. Gleichwohl sind Fehler nicht vollständig auszuschließen. Alle Angaben erfolgen ohne Gewähr. Bitte, schreiben Sie uns! Über Ihre Rückmeldung zum Buch und über Verbesserungsvorschläge freuen sich Autor und Verlag:
DuMont Reiseverlag, Postfach 3151, 73751 Ostfildern,
info@dumontreise.de, www.dumontreise.de

2., aktualisierte Auflage 2011

Lektorat/Redaktion: Christiane Wagner, Silvia Engel
Grafisches Konzept: Groschwitz-Blachnierek, Hamburg
Printed in Hungary